中國孔子基金會資助項目系列成果

孔子博物館 編

孔子博物館藏珍貴古籍圖鑒

國家圖書館出版社

圖書在版編目（CIP）數據

孔子博物館藏珍貴古籍圖鑒 / 孔子博物館編. — 北京：國家圖書館出版社, 2021.12

ISBN 978-7-5013-7407-6

Ⅰ. ①孔… Ⅱ. ①孔… Ⅲ. ①博物館—古籍—圖書目録—山東 Ⅳ. ①Z838

中國版本圖書館CIP數據核字（2021）第241936號

書　　名　孔子博物館藏珍貴古籍圖鑒

著　　者　孔子博物館　編

責任編輯　王燕來　景晶

出版發行　國家圖書館出版社（北京市西城區文津街7號　100034）

（原書目文獻出版社　北京圖書館出版社）

010-66114536　63802249　nlcpress@nlc.cn（郵購）

網　　址　http://www.nlcpress.com

排　　版　愛圖工作室

印　　裝　北京雅圖新世紀印刷科技有限公司

版次印次　2021年12月第1版　2021年12月第1次印刷

開　　本　889×1194　1/16

印　　張　17

書　　號　ISBN 978-7-5013-7407-6

定　　價　280.00圓

編纂委員會

主　編：郭思克

副主編：楊金泉　孔淑娟

編　委（按姓氏筆畫排序）：

于　芳　孔祥軍　孔維亮　孔慶偉

孔　燕　林　琳　邱清峰　馬　寧

韋　勇　徐　冉　唐　麗　楊孝瑜

褚紅軒　管　杰　鄭　建　魯　鳳

撰　稿：孔　燕　孔維亮

前　言

歷史上的孔府，不僅因世襲衍聖公爵位而成爲世人矚目的“安富尊榮公府第”，更因勤於修身與治學而成爲海内公認的“文章道德聖人家”。歷代王朝多奉行崇儒重道之策，在尊崇孔子的同時優渥聖裔，尤其是明清時期，隆之以高爵、待之以賓禮，使其較少地參與政治事務。衍聖公在祭祀孔子、管理林廟、統攝宗族之餘，得以有充足的時間和優越的條件進行詩文創作、學術研究，孔氏族人中由此涌現出孔尚任、孔毓圻、孔繼汾、孔廣森、孔慶鎔等一批文采風流的文學名家和厚德飽學的經史學者。孔府作爲典型的文化世家，長期的文化積纍自然留下了豐富的私家藏書，孔府專設典籍官掌管孔廟奎文閣藏書事宜。儘管經歷了火災與兵燹等天災人禍，留存至今的孔府舊藏古籍數量仍然十分可觀，其中不乏宋刻本《皇朝仕學規範》、元刻本《周易經傳集解》等珍稀善本。

作爲全國古籍重點保護單位和山東省古籍重點保護單位，孔子博物館收藏古籍6400餘部40000餘册，其中在級古籍106部2400餘册，包括一級文物5部，二級文物52部，三級文物49部，目前已有14部古籍入選《國家珍貴古籍名録》，57部入選《山東省珍貴古籍名録》。這些館藏古籍除少部分爲社會徵集，絶大部分爲孔府舊藏，其來源主要有三：一是歷朝御賜書籍。歷史上的孔府與中央王朝的關係密切，皇帝十分看重孔府的獨特地位，經常對其進行賞賜，這其中就包含有不少的古籍圖書。如明代正德年間，曲阜孔廟遭到劉六、劉七起義軍破壞，奎文閣中藏書被焚毁殆盡，明武宗爲此命禮部頒賜《五經》《四書》《性理大全》《通鑑綱目》等御書，以充實典藏。又如嘉慶皇帝六旬壽辰時就賞賜衍聖公孔慶鎔《四書纂疏》《春秋左傳》等八部珍貴宋版古籍。乾隆皇帝八次親臨曲阜祭祀孔子，賞賜古籍、字畫更是不計其數。二是孔府自行購置，各地贈送、進獻的圖書。孔府恪守先祖孔子“詩禮傳家”的庭訓，非常重視文化教育，經常購置各種圖書以作讀書治學、教育子弟之用，如明宣德四年（1429），衍聖公孔彦縉打算派人前往福建購買書籍，皇帝得知後命購買送至曲阜；民國時期，孔府順應時代潮流，購買了大量新學書籍；孔府作爲傳承孔子血脉的文化世家，名重儒林，聲譽甚隆，士人官宦争相與之交游，相互之間饋贈書籍是常有之事，如民國二十五年（1936）孔德成大婚所收賀禮中就包括了《宋元學案》《方輿考證》等圖書。各地進獻書籍也是孔府藏書的重要來源，如明代弘治年間奎文閣擴建竣工之後，巡撫都御史徐源購書數百卷贈與衍聖公孔聞韶，各地得知後紛紛進獻，閣中藏書日益豐富。三是孔府家刻本。孔府在山東地區乃至全國範圍内堪稱首屈一指的書香門第，歷代衍聖公多飽讀詩書，著作頗豐，文化修養較高，明清時期又盛行私家刻書之風，因此孔氏刻本大量出現，如衍聖公孔毓圻爲記録康熙皇帝曲阜祭孔而刊刻的《幸魯盛典》，孔尚任在續修家譜之餘編纂的家族志書《闕里志》，衍聖公孔慶鎔删定詩稿之後刊刻的《鐵山園詩集》，等等。這些著作都極富孔府特色，是研究孔氏家族和曲阜地方歷史文化的重要文獻。除刻本之外，一些珍稀的孔氏族人稿抄本存世稀少，如衍聖公孔傳鐸的抄本《春秋三傳合纂》、經學家孔廣森的稿本《顨軒經説》等，也極富學術價值。

古籍是中華優秀傳統文化的重要載體。近年來，爲深入踐行習近平總書記關於讓“書寫在古籍裏的文字都活起來”的重要指示精神，孔子博物館與國家圖書館（國家古籍保護中心）合作，相繼舉辦了第一届和第二届全國曬書活動，社會反響良好。而隨着《國家寶藏》（第三季）、《典籍裏的中國·論語》的熱播，大衆對孔子博物館所藏的文獻典籍有了更多的期待。2021年，爲加强館藏文物的創新性發展、創造性轉化，在尼山世界儒學中心（中國孔子基金會秘書處）的支持下，我們從衆多的館藏古籍中擷取入選《國家珍貴古籍名録》《山東省珍貴古籍名録》的珍貴古籍，采用高清彩色原圖展示書影，以饗讀者，也希望對古籍研究者提供一些必要的便利。

凡　例

一、收録範圍

本書收録的古籍均爲孔子博物館藏，且入選《國家珍貴古籍名録》《山東省珍貴古籍名録》，具有鮮明的孔府舊藏特色及較高的歷史文獻價值。

二、編排次序

本書依中國古籍傳統分類法，即經、史、子、集四部分類編排，各部類内部按照入選《珍貴古籍名録》的時間排序。

三、選圖標準

所選圖片均爲古籍原件高清掃描，每部古籍選取反映該書基本信息的正文卷端和主要特徵的其他書影 1 至 5 幅不等。

四、著録規則

著録内容依據原書，包括該書題名卷數、著者、版本等基本信息；异體字一般改爲規範繁體字。

目録

經　部

目録

史部

子部

集　部

經部

周易經傳集程朱解附録纂注十四卷朱子易圖附録纂注一卷朱子啓蒙五贊附録纂注一卷朱子筮儀附録纂注一卷朱子説易綱領一卷

（元）董真卿撰　元元統二年（1334）刻本

董真卿，字季真，元鄱陽人。早承家學，又師從胡一桂。此書乃尊崇程頤、朱熹、胡一桂《易》説，并廣采歷代《易》家之解，集爲是編。《四庫全書提要》載“元董真卿撰，斯編實本一桂之《纂疏》而廣及諸家”。元元統二年其子董僎作專記。書内有鈐印“孔德成印”。此書於2009年入選第二批《國家珍貴古籍名録》，曾參加國家典籍博物館“聖賢的足迹　智者的啓迪——孔府珍藏文獻展”。

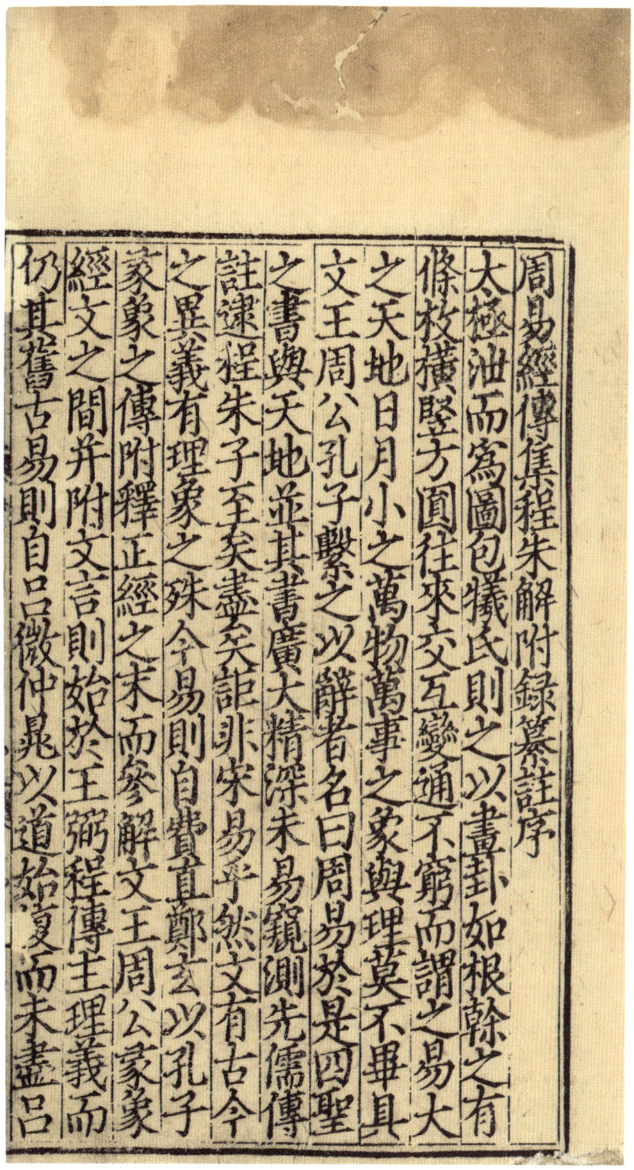
周易經傳集程朱解附録纂註序
太極泏而爲圖包犧氏則之以畫卦如根榦之有
條枚橫竪方圓往來交互變通不窮而謂之易大
之天地日月小之萬物萬事之象與理莫不畢具
文王周公孔子繫之以辭者名曰周易於是四聖
之書與天地並其書廣大精深未易窺測先儒傳
註逮程朱子至矣盡矣詎非宋易乎然文有古今
之異義有理象之殊今易則自費直鄭玄以孔子
彖象之傳附釋正經之末而參解文王周公彖象
經文之間并附文言則始於王弼程傳主理義而
仍其舊古易則自吕微仲晁以道始复而未盡吕

周易會通引用諸書羣賢姓氏

程子門人

明道先生顥伯淳元豐八年除宗正寺丞卒年五十四謚純公淳祐元年詔与周張朱五賢從祀夫子 本朝至順二年詔封豫国公伊川先生洛国公○餘詳見因革

李氏 籲端伯洛人傳師說伊川先生曰語録只有李籲得其意不拘言語无錯編者

呂氏 大臨与叔藍田人學於横渠張先生之門先生卒乃入洛元豐己未東見二先生語録

謝氏 良佐顯道上蔡人記憶平日語元豐中從學謝發言旨在二先生之門學者皆有語録惟良佐所著録然則此書蓋追記之

游氏 酢定夫建州人元豐中從學又游氏本拾遺

蘇氏 昞季明關中人張子門人然有録二先生洛陽議論乃熙寧十年横渠先生過洛与二先生議論最在語録之前

劉氏 安節元承永嘉人録伊川先生語

劉氏 絢質夫緱氏人録明道先生語

周氏 行己恭叔録伊川先生語

楊氏 迪遵道延平人襲文靖公之長子也録伊川先生語所記有元符後歸自涪陵後事

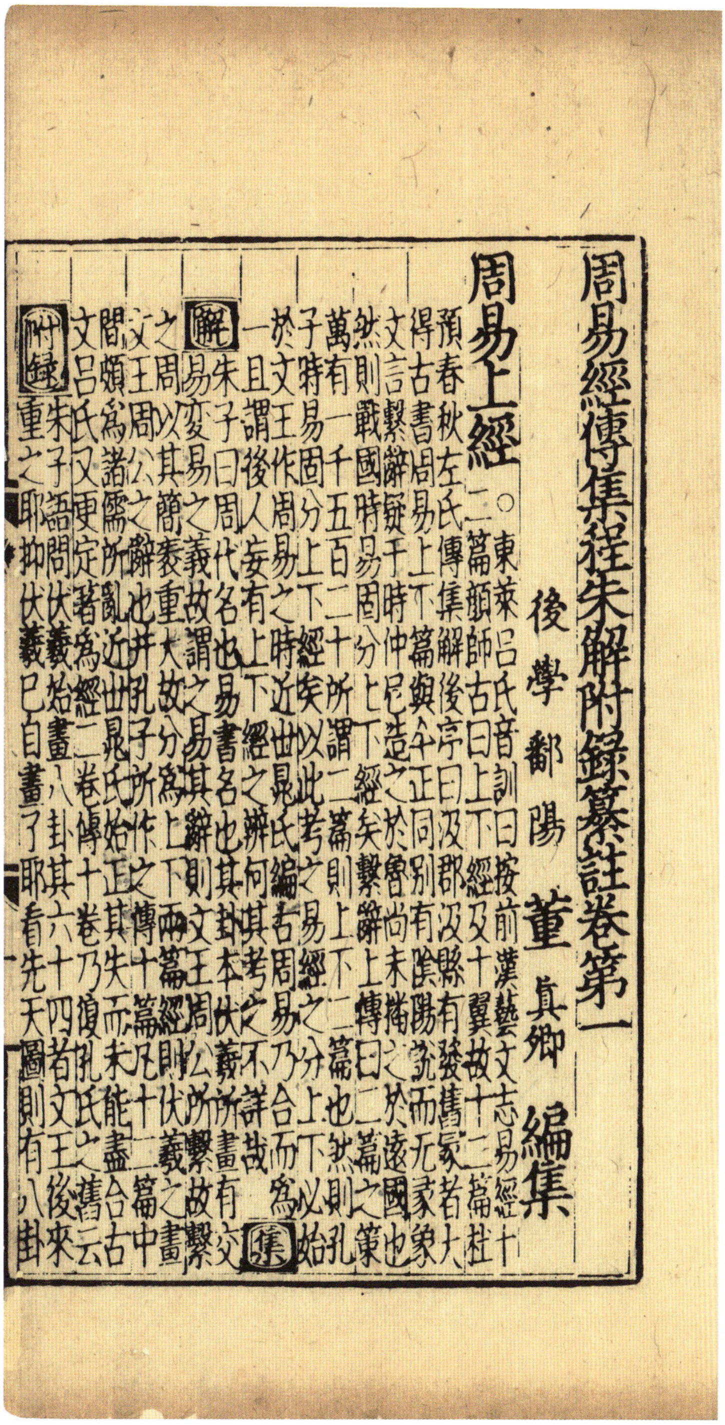
周易經傳集程朱解附録纂註卷第一
後學鄱陽董真卿編集
周易上經 二篇○東萊呂氏音訓曰按前漢藝文志易經十
二篇顔師古曰上下經及十翼故十二篇杜
預春秋左氏傳集解後序曰汲郡汲縣有發舊冢者大
得古書周易上下篇與今正同別有陰陽説而无彖象
文言繫辭疑于時仲尼造之於魯尚未播之於遠國也
然則戰國時易固分上下經矣繫辭上傳曰二篇之策
萬有一千五百二十所謂二篇則上下二篇也然則孔
子時易固分上下經矣以此考之易經之分上下以始
於文王作周易之時近世晁氏編古周易乃合而爲
一且謂後人妄有上下經之辨何其考之不詳哉集
解朱子曰周代名也易書名也其卦本伏羲所畫有交
易變易之義故謂之易其辭則文王周公所繫故繫之周
之周以其簡袠重大故分爲上下兩篇經則伏羲之畫
文王周公之辭也并孔子所作之傳十篇凡十二篇中
間頗爲諸儒所亂近世晁氏始正其失而未能盡合古
文呂氏又更定著爲經二卷傳十卷乃復孔氏之舊云
附録朱子語問伏羲始畫八卦其六十四者文王後來
重之耶抑伏羲已自畫了耶看先天圖則有八卦

朱子筮儀附錄纂註

後學鄱陽董　真卿　編集

擇地潔處爲蓍室南戶置牀于室中央 牀大約長五尺廣三尺毋太近壁 蓍五十莖韜以纁帛貯以皂囊納之櫝中置于牀北 櫝以竹筒或堅木或布漆爲之圓徑三寸如蓍之長半爲底半爲蓋下別爲臺函之使不偃仆 設木格于櫝南居牀二分之北 格以橫木板爲之高一尺長竟牀當中爲兩大刻相距一尺大刻之西爲三小刻相距各五寸許下施橫足側立案上 置香爐一于格南香合一于爐南日炷香致敬將筮則灑掃拂拭滌硯一注水及筆一墨一黃漆板一于爐東東上 筮者齊潔衣冠北面盥手焚香致敬 筮者北面見儀禮若使人筮則主人焚香畢少退北面立筮者進立於牀前少西南向受命主人直述所占之事筮者許諾主人右還西

禮儀器制考釋不分卷

（清）孔廣森撰　稿本

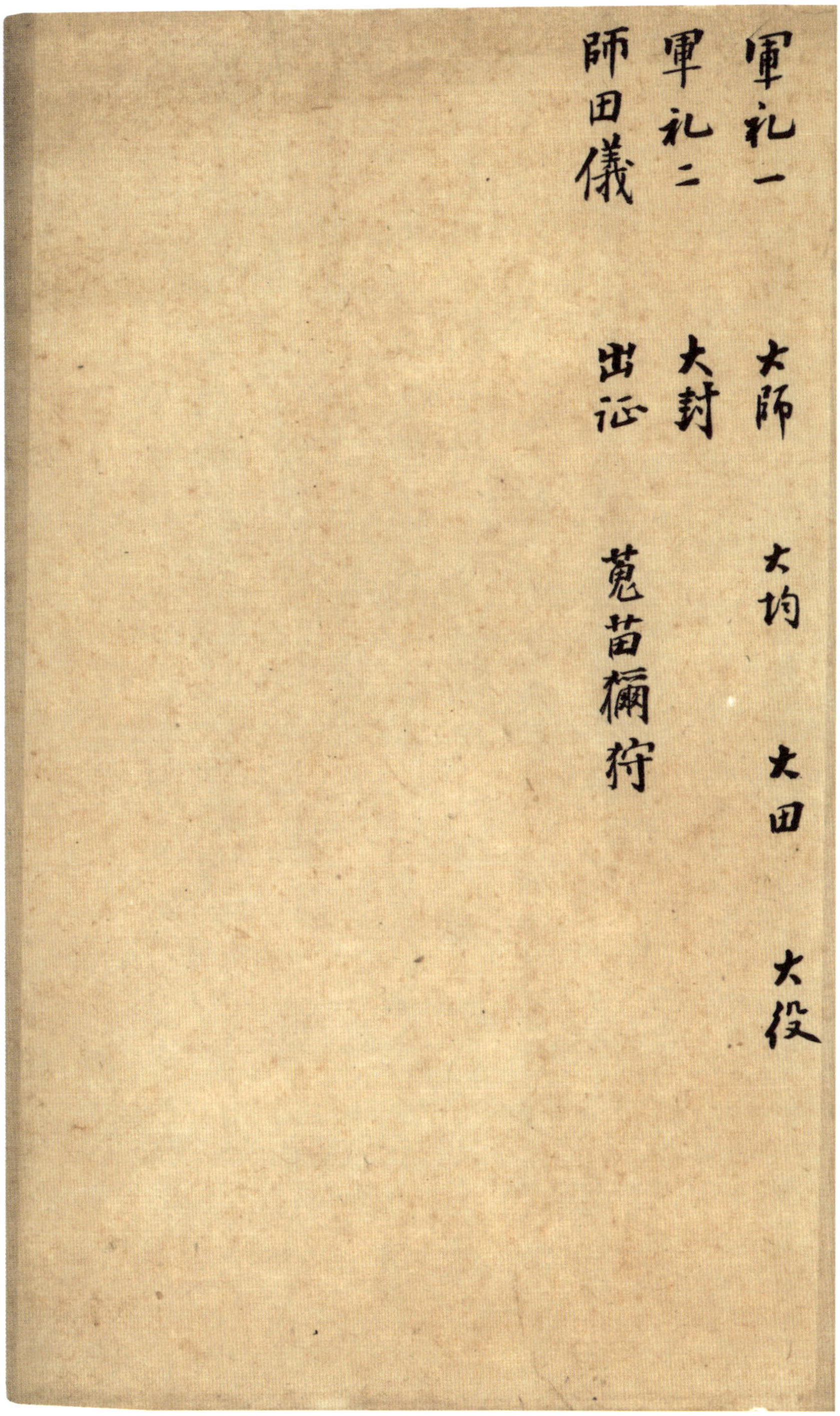
軍礼一　大師　大均　大田　大役
軍礼二　大封
師田儀　出征　蒐苗獮狩

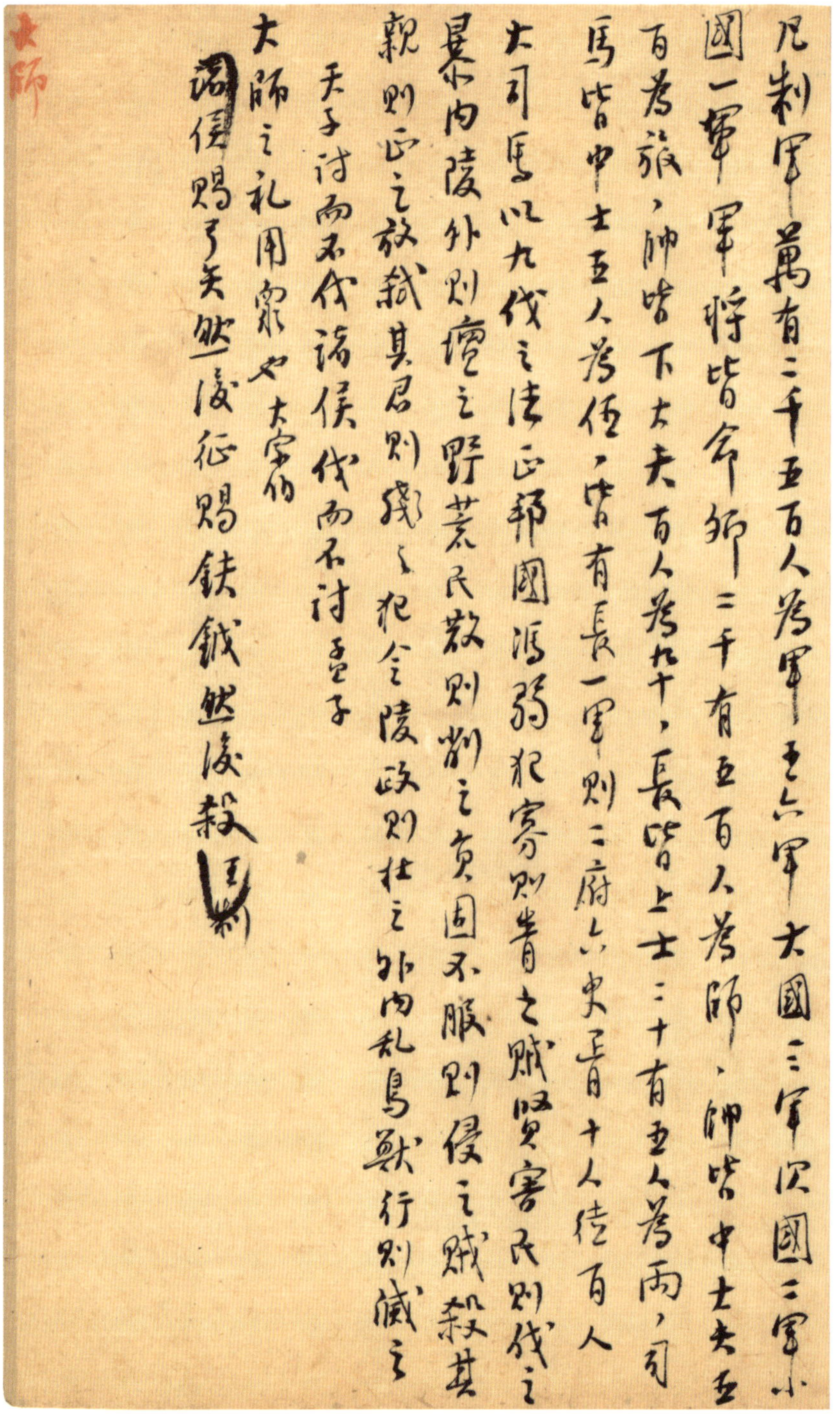

大師

凡制軍萬有二千五百人為軍王六軍大國三軍次國二軍小國一軍軍將皆命卿二千有五百人為師師帥皆中大夫五百為旅旅帥皆下大夫百人為卒卒長皆上士二十有五人為兩兩司馬皆中士五人為伍伍皆有長一軍則二府六史胥十人徒百人

大司馬以九伐之法正邦國馮弱犯寡則眚之賊賢害民則伐之暴內陵外則壇之野荒民散則削之負固不服則侵之賊殺其親則正之放弒其君則殘之犯令陵政則杜之外內亂鳥獸行則滅之

天子討而不伐諸侯伐而不討 孟子

大師之禮用衆也 大宗伯

諸侯賜弓矢然後征賜鈇鉞然後殺 王制

大師掌六律六同以合陰陽之聲陽聲黃鍾大蔟姑洗蕤賓
夷則無射陰聲大呂應鍾南呂函鍾小呂夾鍾
孟春之月律中太蔟仲春之月律中夾鍾季春之月律中姑洗
孟夏之月律中中呂仲夏之月律中蕤賓季夏之月律中林鍾
中央土律中黃鍾之宮孟秋之月律中夷則仲秋之月律中
南呂季秋之月律中無射孟冬之月律中應鍾仲冬之月律
中黃鍾季冬之月律中大呂　月令

五聲六律十二管還相爲宮也　禮運

王將鑄無射問律於伶州鳩對曰律所以立均出度也古之神瞽
考中聲而量之以制度律均鍾百官軌儀紀之以三平之以六成於十二
天之道也夫六中之色也故名之曰黃鍾所以宣養六氣九德也由是第

樂律

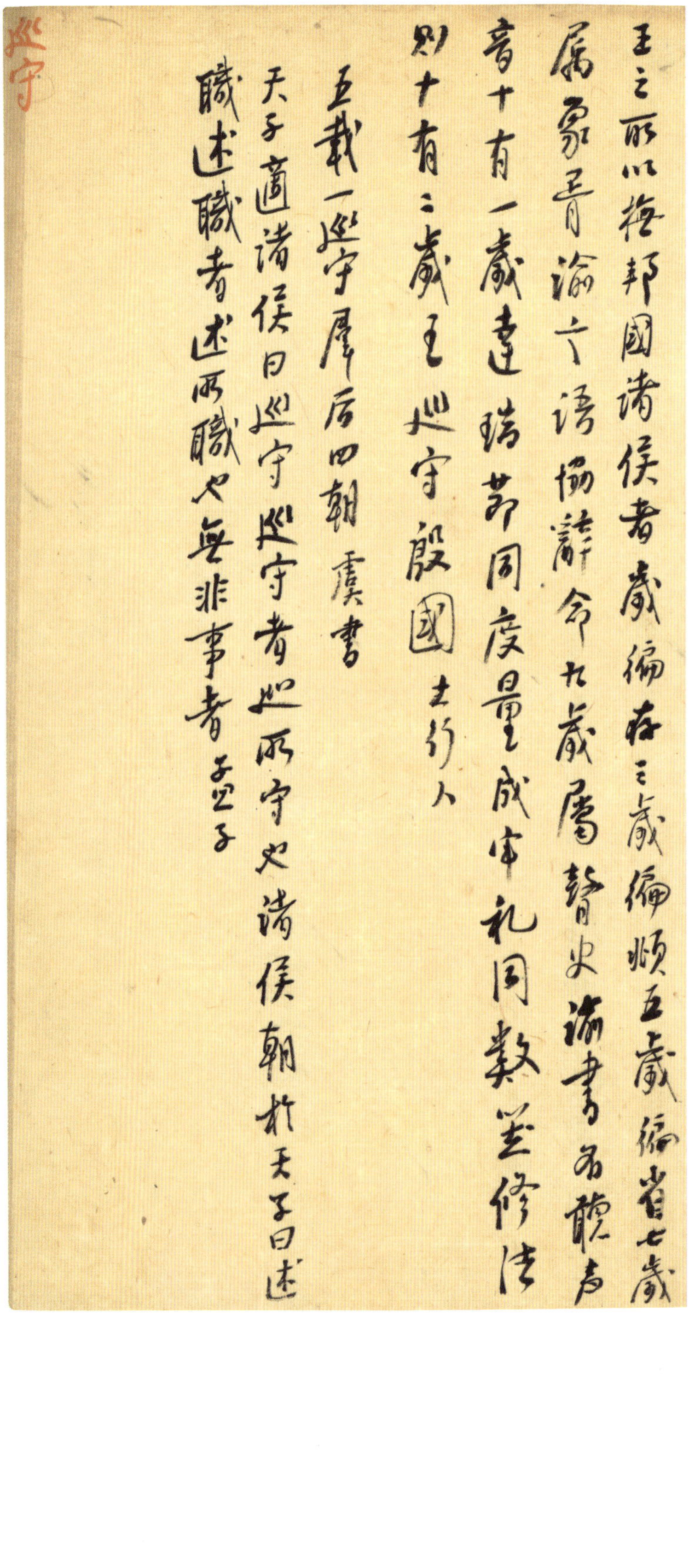
巡守

王之所以撫邦國諸侯者歲徧存三歲徧頫五歲徧省七歲屬象胥諭言語協辭命九歲屬瞽史諭書名聽聲音十有一歲達瑞節同度量成牢禮同數器修法則十有二歲王巡守殷國 大行人

五載一巡守羣后四朝 虞書

天子適諸侯曰巡守巡守者巡所守也諸侯朝於天子曰述職述職者述所職也無非事者 孟子

禮記注疏補缺一卷

（清）孔廣森撰　稿本　存三卷（一、二、四）

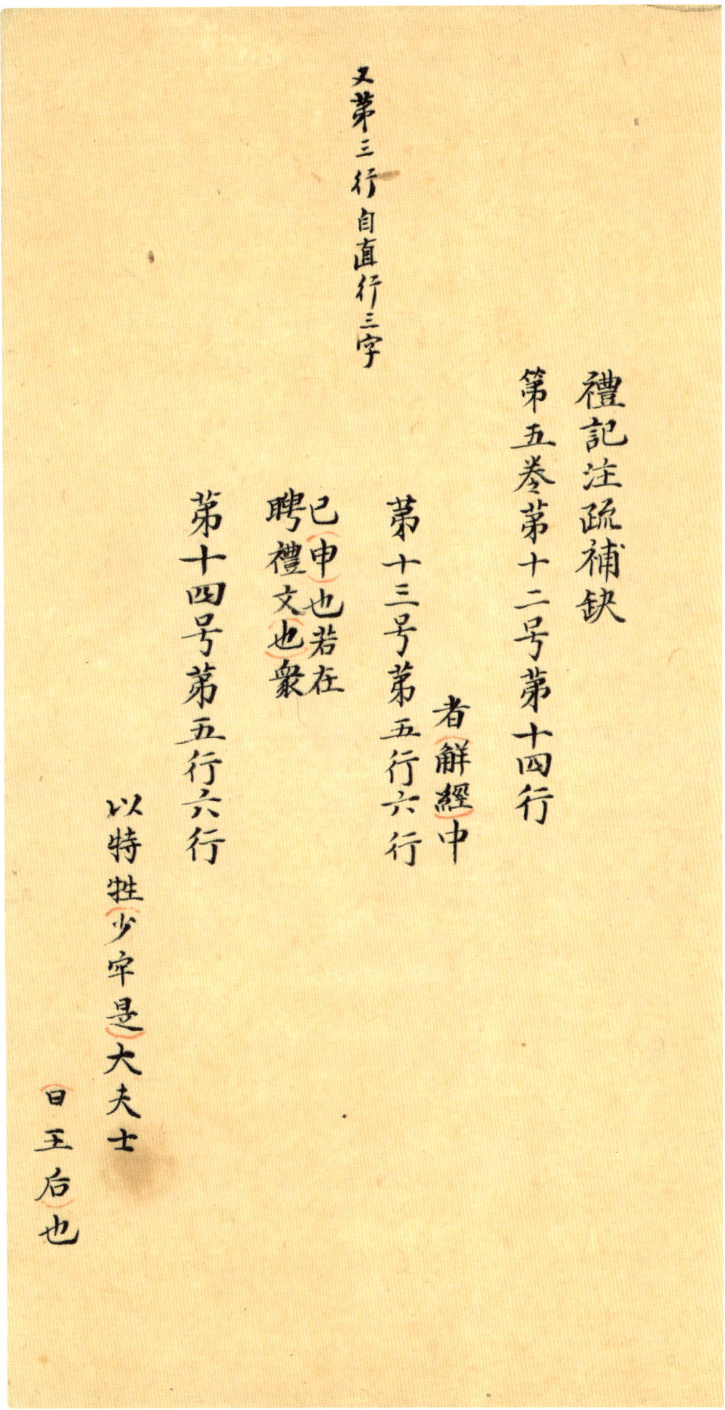
禮記注疏補缺
第五卷第十二号第十四行
者解經中
第十三号第五行六行
又第三行自直行三字
已申也若在
聘禮文也象
第十四号第五行六行
以特牲少牢是大夫士
曰王后也

第十三行　其數二八

第八卷第十号第十九行

又卷十第十一号六行
今此云陳四字

今本作所

仍財食送之

第十九卷第二十五号第九行以下缺

不可葬於成人之墓故用土周而葬於園中也◦遂輿
機而往者輿猶抗也機者以木為之狀如牀無脚及輗
簀也先用一繩直於中央繫著兩頭之楔又別取一繩
繫一邊材橫鈎中央　直繩報還鈎材往還取而兩邊
悉然而後以尸置於繩上抗舉以往園中臨斂時當
塈周之上先縮除直繩則兩邊交鈎之繩悉各離解而
尸從機中央翣落入於塈周中故曰輿機而往也
◦塗邇故也者塗路也邇近也若成人墓遠則以棺衣

棺於宮中此下殤葬於園是路去家甚近故先用機舉
尸往園中而後棺飲故曰塗適故也◦注土周至餘機
◦正義曰案檀弓云夏后氏之塈周葬中殤故知土周
是塈周也云周人以夏后氏之塈周葬下殤於園中者
檀弓云中殤下殤此直云葬下殤土周葬於園者以經
云下殤故指下殤為言檀弓所言據士及庶入也若諸
侯長中殤適者車三乘下殤車一乘既有遣車即不得
塈周輿機而葬也諸侯庶長殤中殤車一乘則宗子亦
不用塈周輿機而葬其下殤則輿機其大夫之適長殤
中殤遣車一乘亦不輿機下殤無遣則輿機也然則王
之適庶長中下殤皆有遣車並不輿機士及庶人適庶
皆無遣車則中下殤並皆輿機故熊氏云若無遣車中
從下殤其長殤既無遣車年又長大不可與下殤同蓋
棺歛於宮中載棺而往之墓從成人也◦今墓遠則其
葬也如之何◦今謂曾子見時世禮變皆棺歛下殤於
宮中而葬之於墓與成人同隆今既遠不後用輿機於
尸為當用人抗與棺而往墓為當用車載棺而往墓邪
問其葬儀故云如之何◦昔者史佚有子而死下殤也

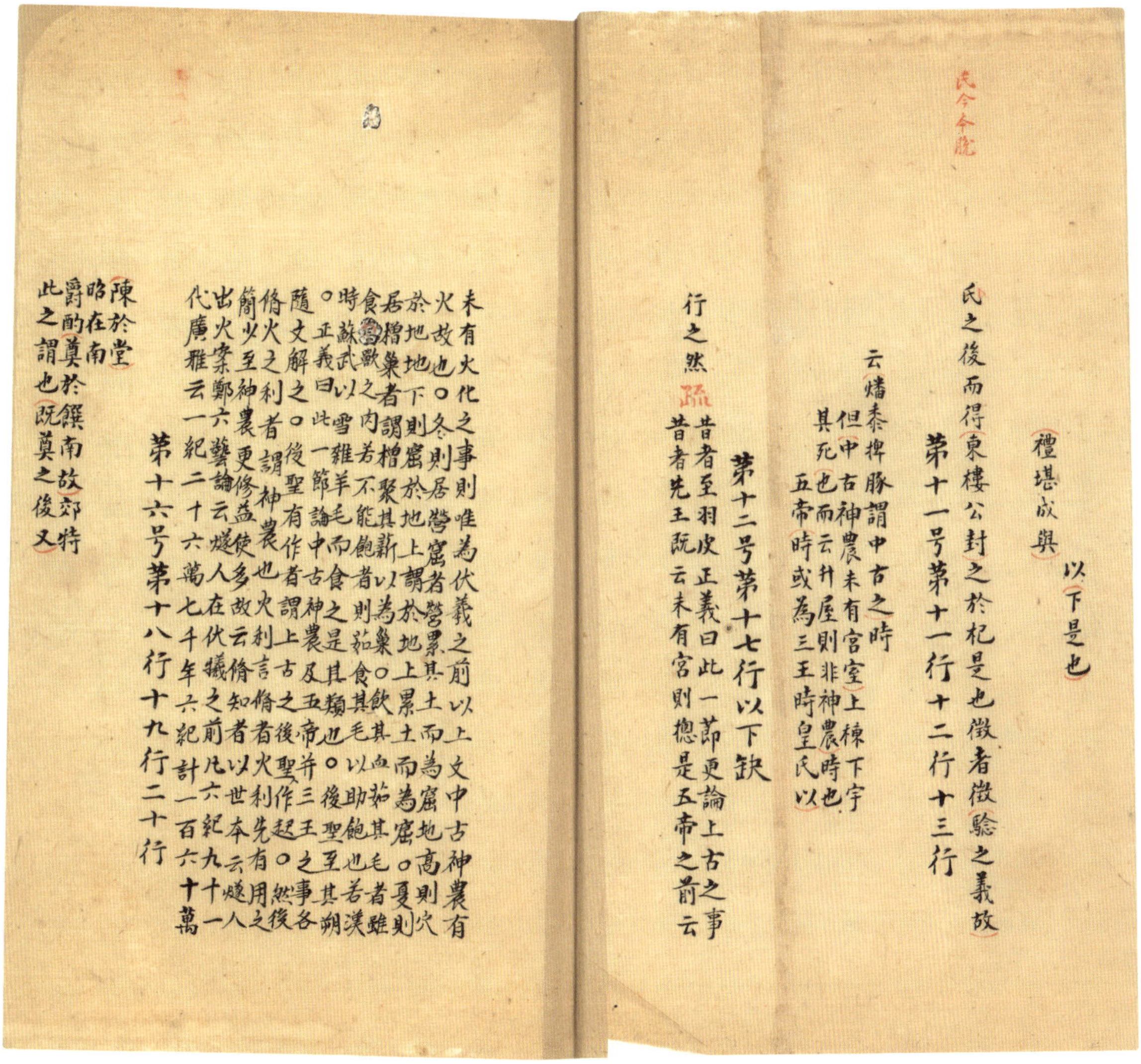
氏今今臆

禮堪成與 以下是也
氏之後而得東樓公封之於杞是也徵者徵驗之義故
第十一号第十一行十二行十三行
云燔黍捭豚謂中古之時
但中古神農未有宮室上棟下宇
其死也而云升屋則非神農時也
五帝時或為三王時皇氏以
第十二号第十七行以下缺
疏昔者至羽皮正義曰此一節更論上古之事
行之然
昔者先王既云未有宮則摠是五帝之前云

未有火化之事則唯為伏羲之前以上文中古神農有
火故也○冬則居營窟者營累其土而為窟地高則穴
於地地下則窟於地上謂於地上累土而為窟○夏則
居橧巢者謂橧聚其薪以為巢○飲其血茹其毛者雖
食鳥獸之肉若不能飽者則茹食其毛以助飽也若漢
時蘇武以雪雜羊毛而食之是其類也○後聖至其朔
○正義曰此一節論中古神農及五帝并三王之事各
隨文解之○後聖有作者謂上古之後聖作起○然後
脩火之利者謂神農也火利言脩者火利先有用之
簡少至神農更修益使多故云脩知者以世本云燧人
出火案鄭六藝論云燧人在伏犧之前凡六紀九十一
代廣雅云一紀二十六萬七千年六紀計一百六十萬
第十六号第十八行十九行二十行
陳於堂
略在南
爵酌奠於饌南故郊特
此之謂也既奠之後又

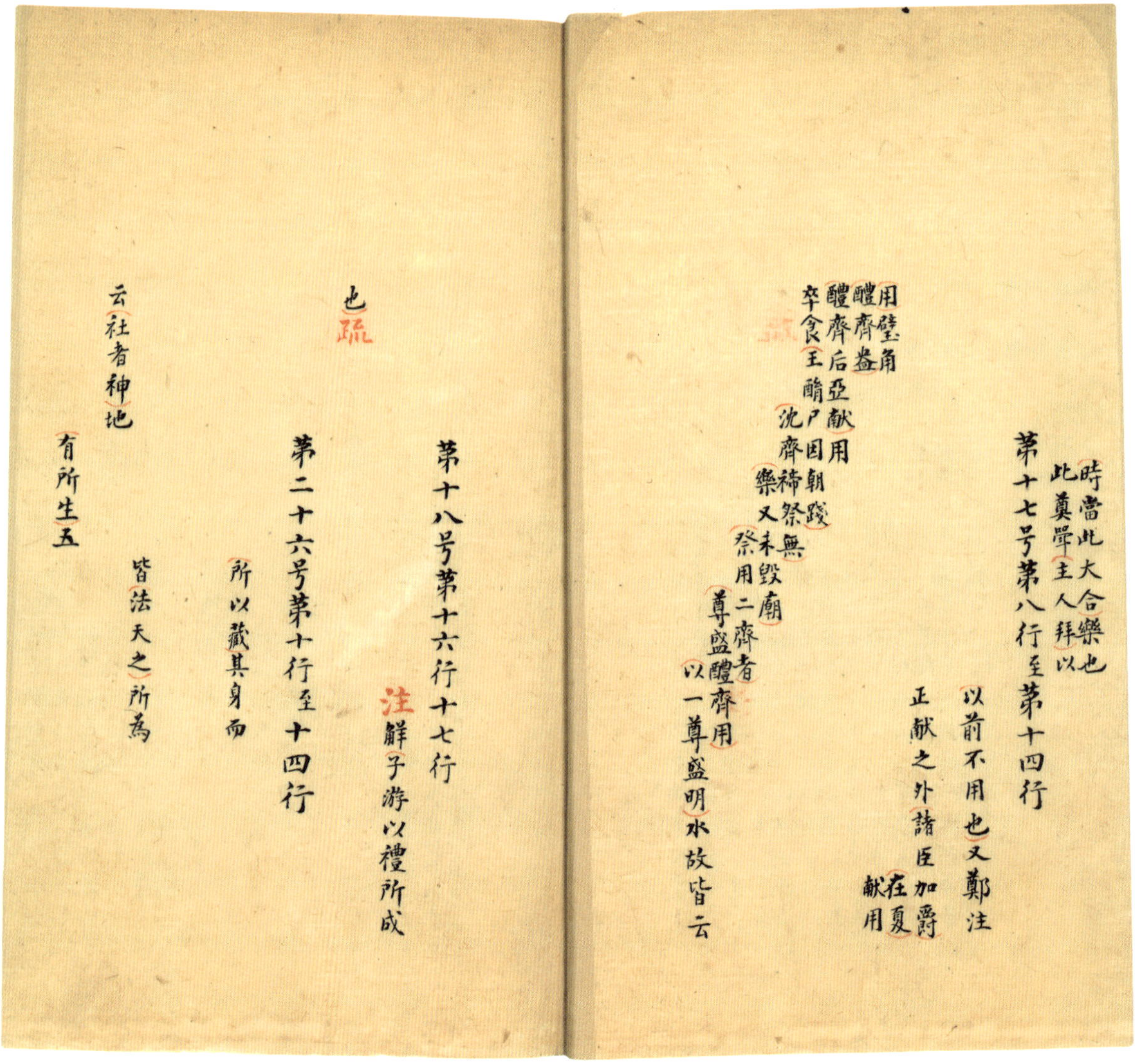
時當此大合樂也
此奠斝主人拜以
第十七号第八行至第十四行
以前不用也又鄭注
正獻之外諸臣加爵
在夏
獻用
用璧角
醴齊盎
醴齊后亞獻用
卒食王酳尸因朝踐
沈齊禘祭無
樂又未毀廟
祭用二齊者
尊盛醴齊用
以一尊盛明水故皆云
第十八号第十六行十七行
注
解子游以禮所成
也
疏
第二十六号第十行至十四行
所以藏其身而
云社者神地
皆法天之所為
有所生五

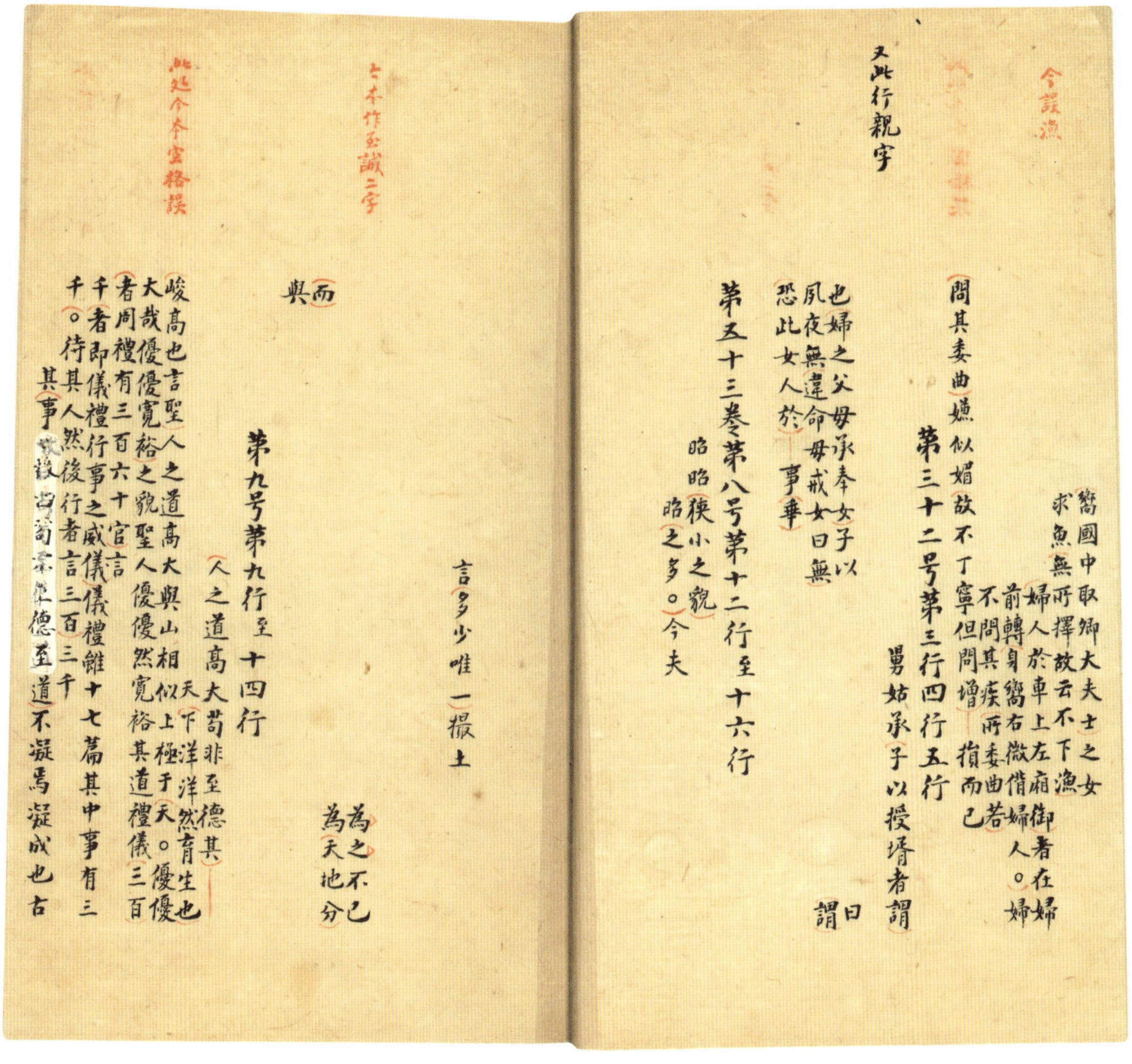
今誤漁
鬻國中取卿大夫士之女
求魚無所擇故云不下漁
婦人於車上左廂御者在婦
前轉身鬻右微借婦人。婦
不問其疾所委曲若
閒其委曲嫿似媚故不丁寧但問增損而已
第三十二号第三行四行五行
舅姑承子以授壻者謂
曰
謂
又此行親字
也婦之父母承奉女子以
夙夜無違命母戒女曰無
恐此女人於事華
第五十三卷第八号第十二行至十六行
昭昭狹小之貌
昭之多。今夫
言多少唯一撮土
為之不已
為天地分
七本作至誠二字
與而
第九号第九行至十四行
人之道高大苟非至德其
天下洋洋然育生也
峻高也言聖人之道高大與山相似上極于天。優優
大哉優優寬裕之貌聖人優優然寬裕其道禮儀三百
者周禮有三百六十官言
千者即儀禮行事之威儀儀禮雖十七篇其中事有三
千。待其人然後行者言三百三千
其事
德至道不凝焉凝成也古
此處今本空格誤

大戴禮記補注十三卷序録一卷

（清）孔廣森撰　稿本

孔廣森（1752—1786），字衆仲，又字㢍軒，乾隆三十三年（1768）舉人，三十六年（1771）進士，授翰林院檢討，清代樸學大師，孔子第七十代孫。尤工駢體文，又精測算之學，兼工書法，其篆隸有名於世。一生博涉群經，曾問學於著名經學家戴震、姚鼐，是清朝著名的經學家，同時在文學和數學方面也造詣頗深。此書爲孔廣森考釋、注疏經書的稿本，具有極高的文獻價值，是研究孔氏家族文化活動的重要資料。此書曾參加國家典籍博物館“聖賢的足迹　智者的啓迪——孔府珍藏文獻展”，於 2010 年入選第三批《國家珍貴古籍名録》。

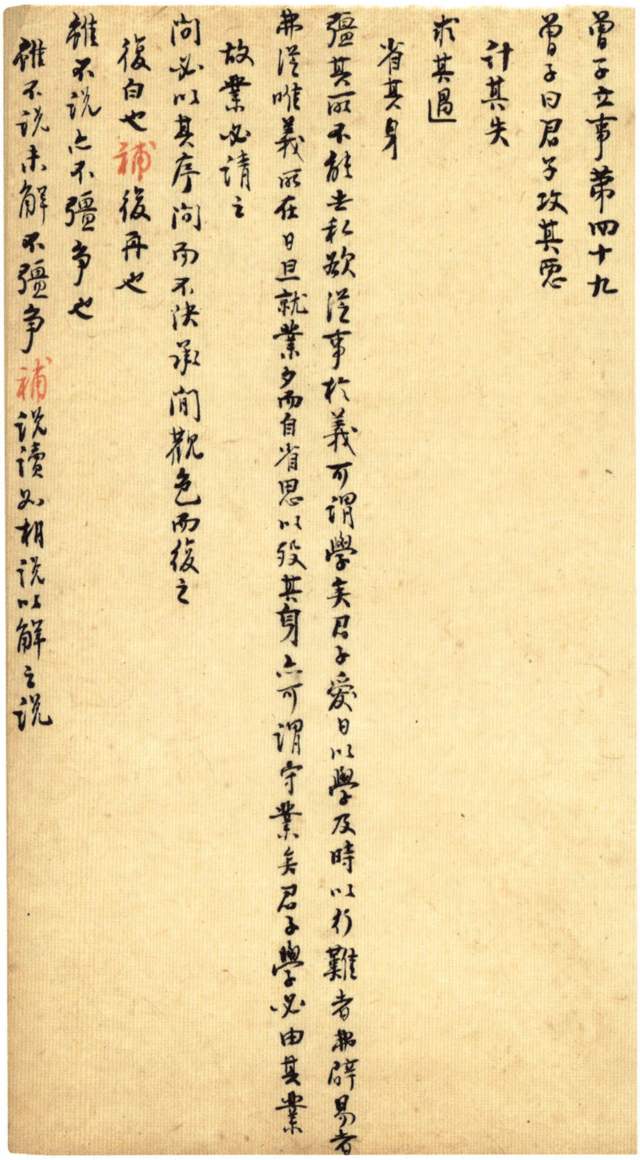
曾子立事第四十九
曾子曰君子攻其惡
計其失
求其過
省其身
強其所不能去私欲從事於義可謂學矣君子愛日以學及時以行難者弗辟易者
弗從唯義所在日旦就業夕而自省思以歿其身亦可謂守業矣君子學必由其業
故業必請之
問必以其序問而不決承間觀色而復之
復白也補復再也
雖不說亦不強爭也
雖不說未解不強爭補說讀如相說以解之說

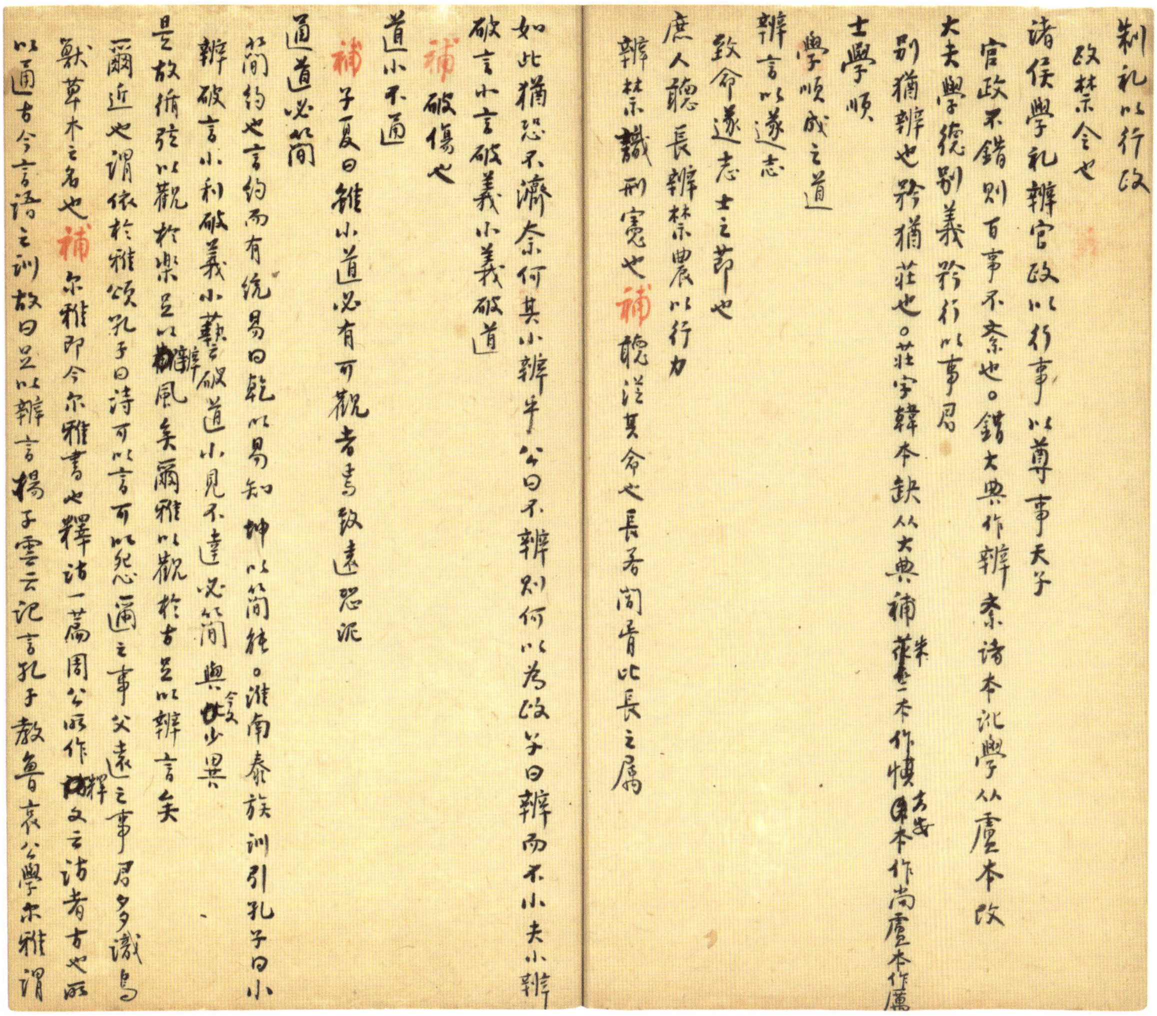
制礼以行政
政禁令也
諸侯學礼辨官政以行事以尊事天子
官政不錯則百事不紊也。錯大典作辨紊諸本訛學从盧本改
大夫學德別義矜行以事君
別猶辨也矜猶莊也。莊字韓本缺从大典補莊朱一本作慎古安本作尚盧本作厲
士學順
學順成之道
辨言以遂志
致命遂志士之節也
庶人聽長辨禁農以行力
辨禁識刑憲也補聽從其命也長者閭胥比長之屬
如此猶恐不濟奈何其小辨乎公曰不辨則何以為政子曰辨而不小夫小辨
破言小言破義小義破道
補破傷也
道小不通
補子夏曰雖小道必有可觀者焉致遠恐泥
通道必簡
簡約也言約而有統易曰乾以易知坤以簡能。淮南泰族訓引孔子曰小
辨破言小利破義小藝破道小見不達必簡與今文少異
是故循弦以觀於樂足以辨風矣爾雅以觀於古足以辨言矣
爾近也謂依於雅頌孔子曰詩可以言可以怨邇之事父遠之事君多識鳥
獸草木之名也補爾雅即今爾雅書也釋詁一篇周公所作釋文云詁者古也所
以通古今言語之訓故曰足以辨言揚子雲云記言孔子教魯哀公學爾雅謂

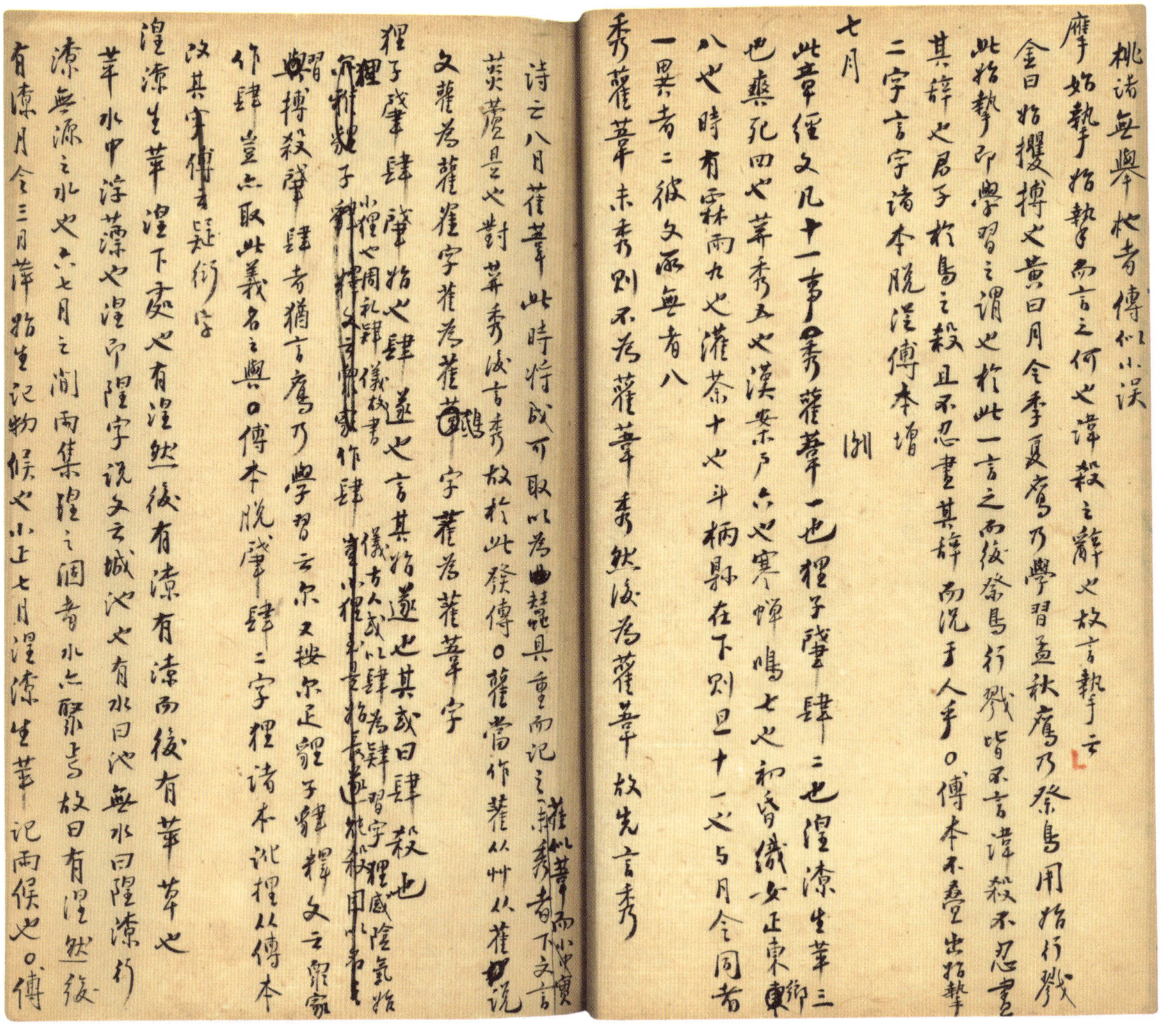
桃諸無與，於省傳似小誤
摯始摯，始摯而言之，何也？謹殺之辭也，故言摯云
金曰始攫搏也。黄曰月令季夏鷹乃學習，孟秋鷹乃祭鳥，用始行戮
此始摯，即學習之謂也。於此一言之，而後祭鳥行戮皆不言，謹殺不忍書
其辭也。君子於鳥之殺且不忍書其辭，而況于人乎。○傳本不疊出始摯
二字，言字諸本脫，從傳本增
七月　刪
此章經文凡十一事，秀雚葦一也，貍子肇肆二也，湟潦生苹三
也，爽死四也，荓秀五也，漢案戶六也，寒蟬鳴七也，初昏織女正東鄉
八也，時有霖雨九也，灌荼十也，斗柄縣在下則旦十一也。五月令同者
一，異者二，彼文脈無者八
秀雚葦，未秀則不為雚葦，秀然後為雚葦，故先言秀
詩云八月萑葦，此時始成，可取以為曲薄，具重而記之
蒹葭是也。對荓秀後言秀，故於此發傳。○雚當作萑，从艸从雈。說
文萑為雚，雈字雚為萑字，萑為萑葦字
貍子肇肆。肇，始也；肆，遂也。言其始遂也。其或曰肆，殺也
與摯搏殺。肇肆者，猶言鷹乃學習云尔。又按尔正覺子雜釋文云衆家
作肆，豈亦取此義名之與。○傳本脫肇肆二字，貍諸本訛狸，从傳本
改。其實傳者疑衍字
湟潦生苹。湟，下處也。有湟然後有潦，有潦而後有苹，苹草也
苹，水中浮萍也。湟即隍字，說文云城池也，有水曰池，無水曰隍。潦，行
潦無源之水也。亦七月之間雨集隍之謂者，水亦聚焉，故曰有湟然後
有潦。月令三月萍始生，記物候也；小正七月湟潦生苹，記雨候也。○傳

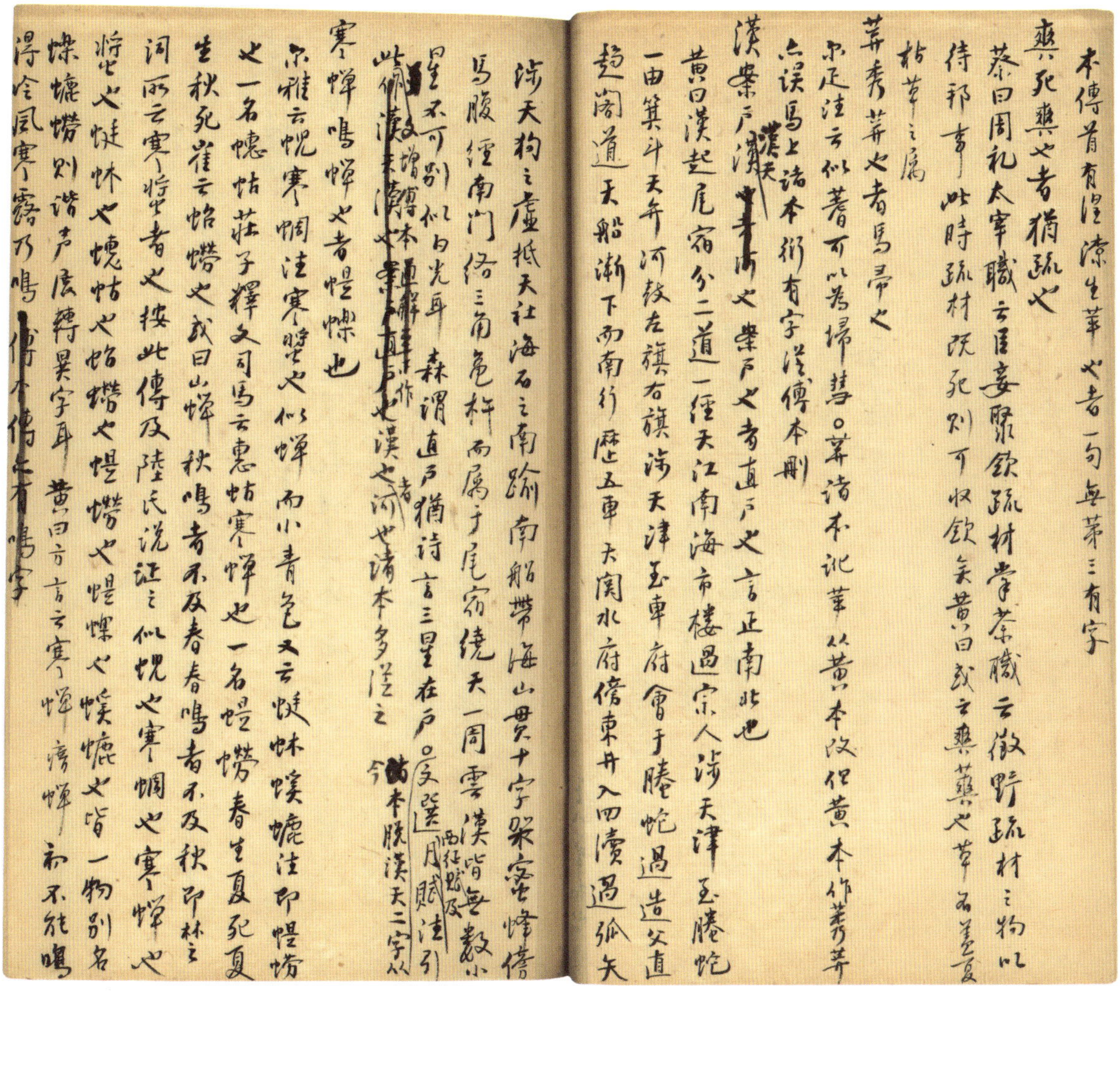
本傳首有湛潦生華也者一句無第三有字
蕪死蕪也者猶疏也
荼曰周礼太宰職云臣妾聚斂疏材掌荼職云徵野疏材之物以
待邦事此時疏材既死則可收斂矣黃曰或云蕪蕪也草名蓋夏
枯草之屬
莽秀莽也者馬帚也
宋氏注云似蓍可以為埽彗。莽諸本訛革从黃本改但黃本作莽莽
亦誤馬上諸本衍有字從傳本刪
漢案戶[illegible]也案戶也者直戶也言正南北也
黃曰漢起尾宿分二道一經天江南海市樓過宋人涉天津至螣蛇
一由箕斗天弁河鼓左旗右旗涉天津至東府會于螣蛇過造父直
趨閣道天船漸下而南行歷五車大陵水府傍東井入四瀆過狐矢
涉天狗之虛抵天社海石之南踰南船帶海山貫十字架蜜蜂傍
馬腹經南門絡三角龜杵而屬于尾宿繞天一周雲漢皆無數小
星不可別但白光耳 森謂直戶猶詩言三星在戶是也文選月賦注引
此傳[illegible]漢也河也諸本多從之 今本脫漢天二字从[illegible]
寒蟬鳴蟬也者唐蜩也
爾雅云蜺寒蜩注寒螿也似蟬而小青色又云蛥蚗螇螰注即蝭蟧
也一名蟪蛄莊子釋文司馬云惠蛄寒蟬也一名蝭蟧春生夏死夏
生秋死崔云蛁蟧也或曰山蟬秋鳴者不及春春鳴者不及秋即林之
閒所云寒螿者也按此傳及陸氏說証之似蜺也寒蜩也寒蟬也
螿也蛥蚗也蟪蛄也蛁蟧也蝭蟧也螇螰也皆一物別名
然螇螰則諸聲展轉異字耳 黃曰方言云寒蜩瘖蜩 而不能鳴
得冷風寒露乃鳴 傳本傳無有鳴字

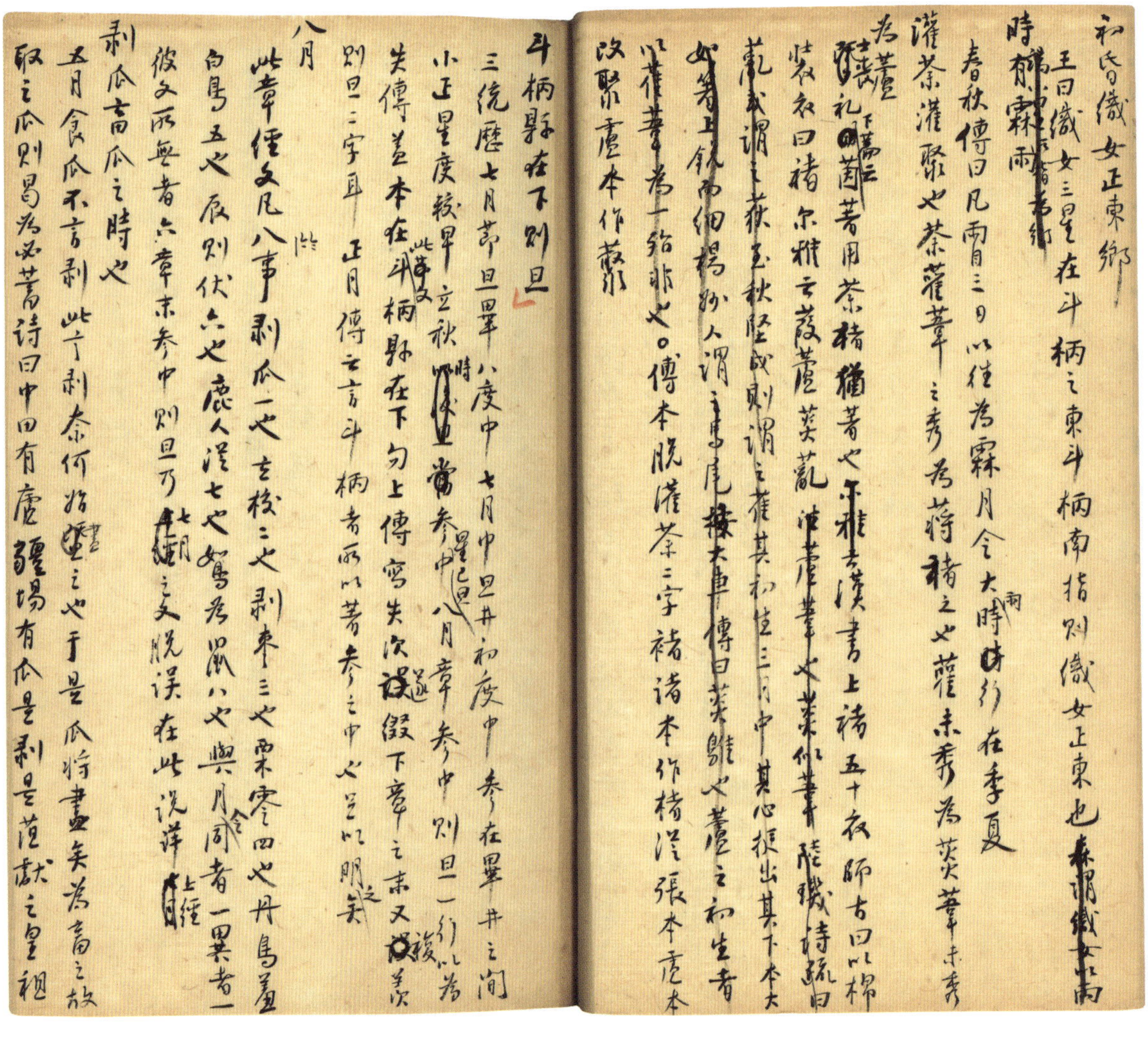

和昏織女正東鄉
王曰織女三星在斗柄之東斗柄南指則織女正東也
時有霖雨
春秋傳曰凡雨自三日以往為霖月令大雨時行在季夏
灌荼灌聚也荼萑葦之秀為蔣褚之也萑未秀為菼葦未秀
為蘆
褚禮記玉藻下篇云著用荼精猶著也爾雅云漢書上褚五十衣師古曰以綿
裝衣曰褚爾雅云葭蘆菼薍注蘆葦也菼似葦陸璣詩疏曰
薍或謂之荻至秋堅成則謂之萑其初生三月中其心挺出其下本大
如箸上銳而細楊州人謂之馬尾故大車傳曰菼騅也蘆之初生者
以萑葦為一殆非也。傳本脫灌荼二字褚諸本作楮從張本蘆本
改聚蘆本作蘩

斗柄縣在下則旦
三統歷七月節旦畢八度中七月中旦井初度中參在畢井之間
小正星度較早立秋時旦當參中星已見八月章參中則旦一行以為
失傳蓋本在此章文斗柄縣在下句上傳寫失次遂錯下章之末又復羨
則旦二字耳 正月傳云言斗柄者所以著參之中也足以明之矣
八月
此章經文凡八事剝瓜一也玄校二也剝棗三也栗零四也丹鳥羞
白鳥五也辰則伏六也鹿人從七也駕為鼠八也與月令同者一異者一
彼文所無者六章末參中則旦乃七月之文脫誤在此說詳上經
剝瓜畜瓜之時也
五月食瓜不言剝此言剝奈何將畜之也于是瓜將盡矣為畜之故
取之瓜則曷為必著詩曰中田有廬疆場有瓜是剝是菹獻之皇祖

禮服釋名一卷

（清）孔廣森撰　稿本

卷二

冊一

禮服釋名

大裘冕十有二旒其服十有二章朱衣彤裳朱芾赤舄冕一作絻旒一作斿璗芾一作市紱韍紼

周官司服王祀昊天上帝則服大裘而冕祀五帝亦如之按郊特牲祭之日王被袞以象天戴冕璪十有二旒則天數也鄭司農説大裘黑羔裘玄衣冕無旒並與記文不合先儒辨之詳矣

冕俛也其形前俛上覆曰延左傳作綖以麻衣木玄表朱裏充耳謂之瑱天子諸侯以玉大夫士以石詩瓊華瓊瑩並石之次玉者衡下縣瑱者紞國語王后親織玄紞天子以玄也漢書黈纊塞耳諸侯以黃也士喪禮瑱用白纊士以素也著之次章充耳以青毛云卿大夫

二

（之制理 或然歟）固冠謂（諸）之笄天子諸侯以玉大夫士以象（知者 喪服）

（傳云吉笄者象笄 容男子亦象也）武上貫笄者紐其纓謂之紘（紘以一條屬 兩端於武冕）

（弁之飾纓以兩條結 垂綏于頤冠之飾）天子以朱諸侯以青（見祭義）大夫士以緇

（据冠禮皮弁爵 弁緇組紘纁邊）貫玉之組謂之繅（禮記作璪 又作藻）繅一帀為一就

就各如其命數天子繅玉皆五采諸侯三采大夫

士二采（聘禮所以朝天子圭與繅皆九寸繅三采六等 朱白蒼問諸侯朱綠繅八寸冕繅之色當視此）大裘冕十二

旒旒十二玉用玉百四十四（漢礼器制度冕廣八寸 長尺有六寸）

記云天子玉藻十有二旒禮圖前後垂珠則二十

四旒矣且大戴禮云冕而前旒所以蔽明也後何

取乎（漢[illegible]制[illegible]古冕 則後皆無旒）

四

並移入後段

芾制長三尺下廣二尺上廣一尺頸五寸肩二寸皆上接革

虞書十二章之次日月星辰山龍華蟲繪於衣宗

彝藻火粉米（說文作 黺絑）黼黻繡於裳鄭氏云王者相變

至周而以日月星辰畫于旌旂冕服九章登龍于

山登火于宗彝其注郊特牲又云魯禮有日月星

辰之章則（諸侯）之服反加於天子誤矣傳不云乎

周之王也制禮上物不過十二

荀子曰天子袾（同朱）裷衣冕諸侯玄裷衣冕九章以下

天子諸侯同服袾裷衣殆大裘冕耳

詩傳曰芾者天子純朱諸侯黃朱箋曰芾太古蔽

膝之象也冕服謂之芾其他服謂之韠以韋為之

帶以繫之說文云市象連帶之
形其頸不會故雜
記云會去上五寸會畫
也明堂位曰有虞氏服韍
夏后氏山殷火周龍章
紕以爵韋六寸純以五寸
素紃以五采在邊曰紕在下曰純
施于縫 其制天子直上狹
中曰紃下廣用 公侯前後方
整幅也 謂先裁整幅上下皆廣一
尺又以兩斜幅左右益之
成下廣二尺也 大夫前方後
挫角
士前後正 與諸侯同位遠不嫌

按玉藻韠下廣二尺上廣一尺長三尺其頸五寸
肩革帶博二寸注頸中央肩兩角皆上接革帶以繫
之故說文韠市字云象連帶之形

複下曰舄禪下曰屨凡冕服皆舄王之舄見於周
禮者止赤黑二色蓋舄同於裳冕服之裳不過朱
與玄也鄭氏謂王以赤舄為上白舄黑舄為次后
以黑舄為上青舄赤舄為次皆以臆推測未必可
信

屨端有鼻曰絇縫中有紃曰繶繞邊有緣曰純凡
舄屨之飾必備此三者屨人掌王及后之服屨為

其色天子純朱諸
侯黃朱大夫三命再
命赤一命緼祭服謂
之韠 玉藻韠君朱大夫素士爵韋皆
言祭服也君祭于己冕
服故朱韠大夫祭于己
朝服故素韠士祭于己
玄端服故爵韠鄭注
然以為玄端之韠又云
玄端有朱裳素裳
並非也森謂舄帶皆
未必視裳色

赤舄黑舄赤繶黃繶青句素屨葛屨此文錯舉不
倫又有繶無純皆難強解鄭注舄如繢次赤舄黑
飾白舄青飾黑舄赤飾玄舄黃飾青舄白飾屨如
繡次黃屨白飾白屨黑飾黑屨青飾及於爵弁纁
屨黑飾說不可通又以為尊祭之服之屨亦用繢次
何如是之煩而鑿也且詩赤芾金舄正義云加金
為飾故謂之金舄然則赤舄繶絇純皆以金必不
如鄭說用黑飾明甚

公之服自袞冕而下如王之服惟袞冕不得如王

[illegible]記云杞之郊也禹也宋之郊也契也是天子之

世守也二王之後既得郊祀亦用衮冕可知但
服十二章公服九章玉藻唯君有黼裘以誓省誓
聽誓命省省牲鑊並郊天之事也黼裘以狐白黑
羔相雜成文其道上公之裘冕與後世列國僭侈有用
王之大裘者矣故知甲本裘非古也

公以為上服主白衮冕

衮冕九旒其服九章 衮一作卷襈 舊說王

王享先王之服也九旒旒十二玉用玉百有八

公九旒九玉以下五等 倣此 按
諸侯之繅斿九就瑉

九章衣山龍華蟲宗彝藻裳火粉米黼黻凡成

龍在山上以衮之取義象龍首卷然因附會其名

衣用繢裳用繡此

宗彝也青與白相次康成說周九章之次

赤與黑相次之與黃 以立說耳荀子周人而其書曰天子山冕知九章

相次繢之色也青與赤謂之文赤與白謂之章白與黑謂之黼黑與青謂之黻

之服首山不首龍矣然而曰龍卷者從其大者名
之也

覲禮天子乘龍載大旂象日月升龍降龍以是例
之鄭氏謂畫龍有升降是已但交龍為旂載於金
路舊說上公九章有降龍無升龍豈可遂于旂獨
不可繢於衣乎且既云龍章止一升一降又云小
章各依命數亦自相矛盾之說

天子祀先王服衮祀先公服鷩主人與尸同服
士虞記云尸服卒者之上服

明堂位君卷冕立于阼夫人副褘立于房中明公
祭用衮也鄭云諸侯非二王後其餘皆玄冕而祭

諸侯非二王後皆玄冕而祭
助祭于王乃申

列國事語分類考釋一卷

（清）孔廣森撰　稿本

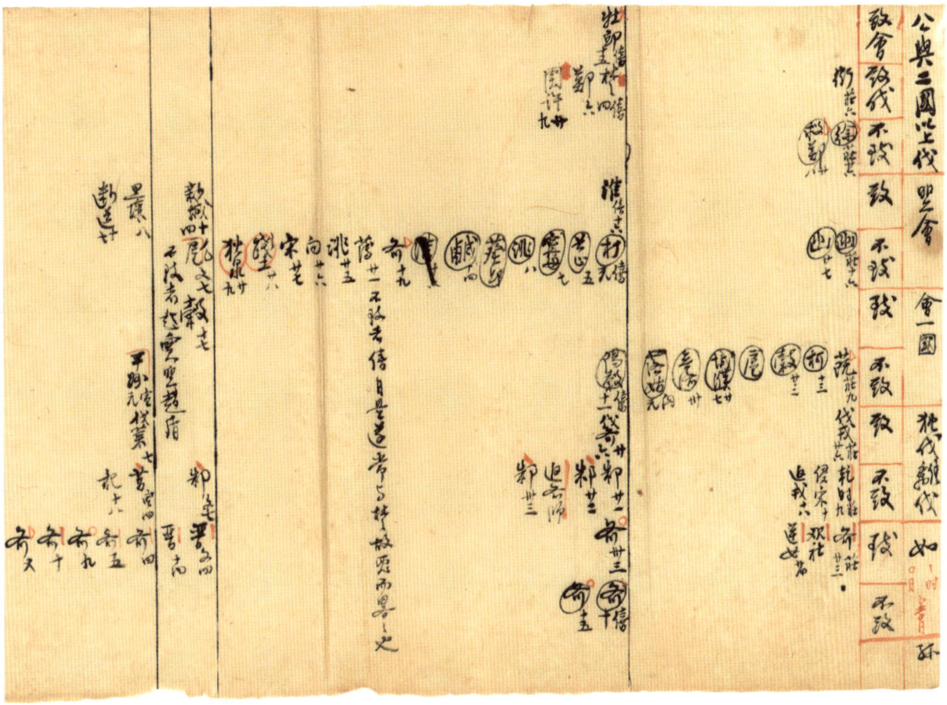

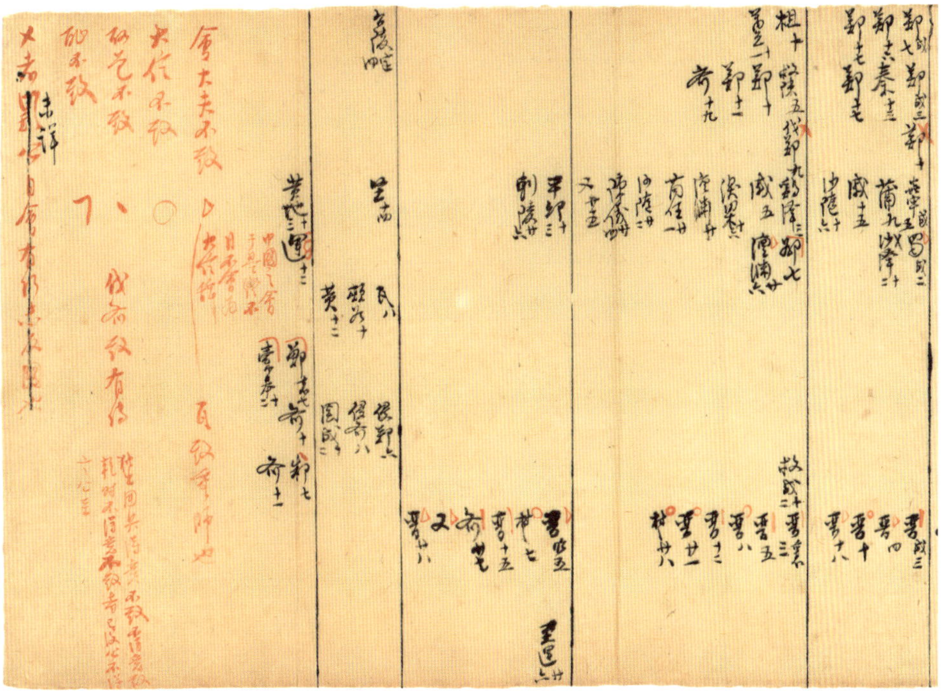

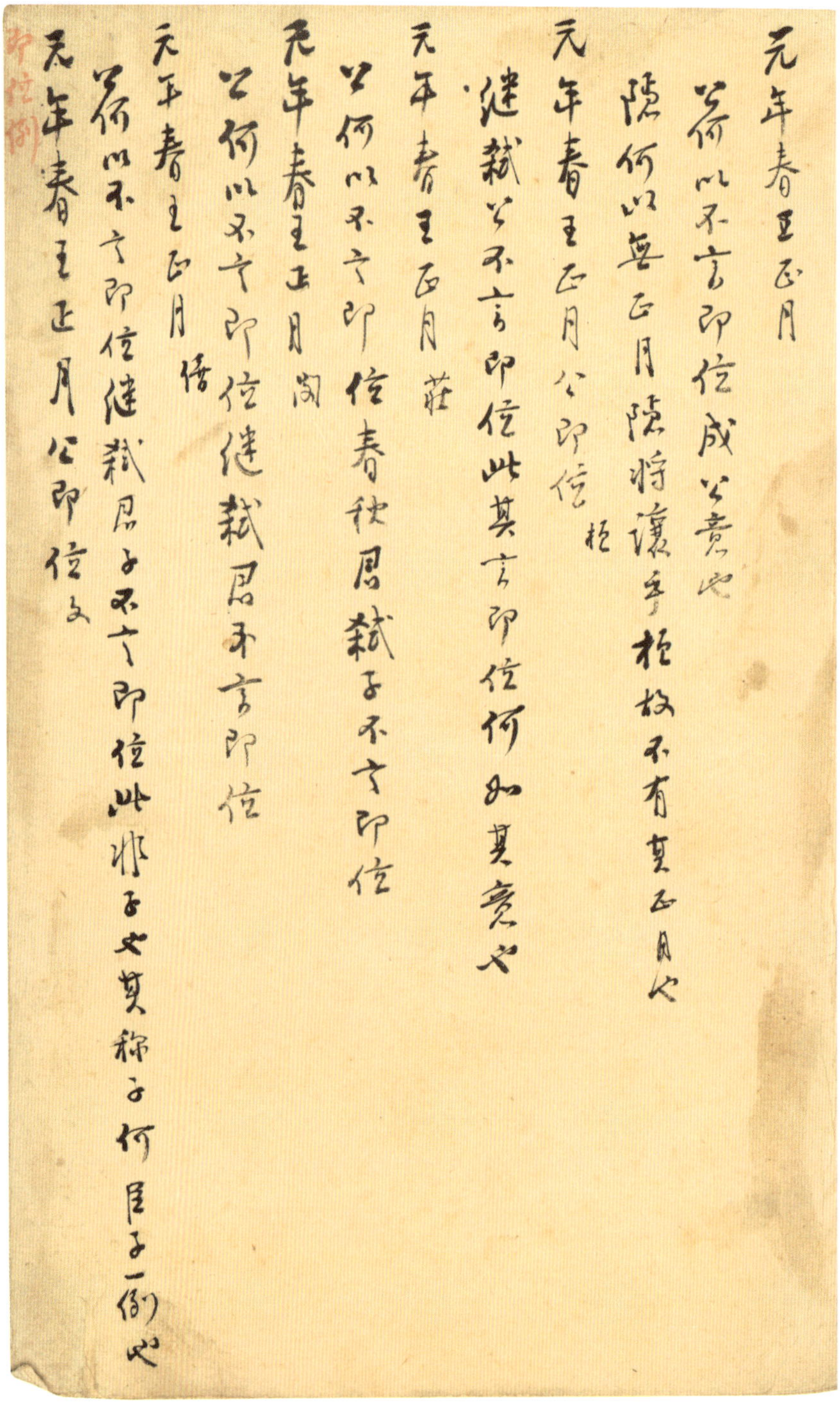
元年春王正月
公何以不言即位成公意也
隱何以無正月隱將讓乎桓故不有其正月也
元年春王正月公即位 桓
繼弒君不言即位此其言即位何如其意也
元年春王正月 莊
公何以不言即位春秋君弒子不言即位
元年春王正月 閔
公何以不言即位繼弒君不言即位
元年春王正月 僖
公何以不言即位繼弒君子不言即位此非子也其稱子何臣子一例也
元年春王正月公即位 文
即位例

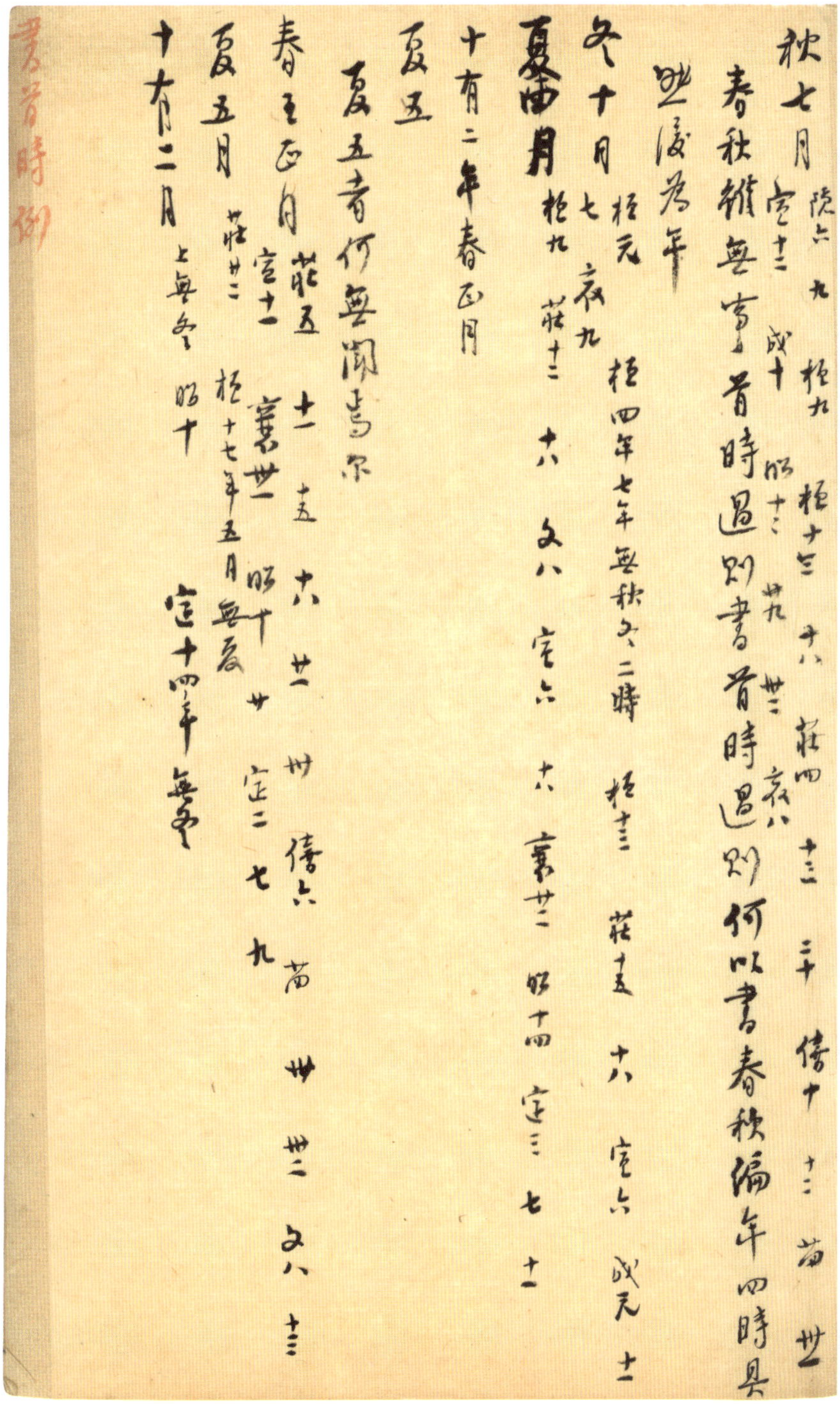
書首時例
秋七月 隱六 九 桓九 桓十三 十八 莊四 十三 三十 僖十 十二
春秋雖無事首時過則書首時過則何以書春秋編年四時具
然後為年
冬十月 桓元 七 哀九 桓四年七年無秋冬二時 桓十三 莊十五 十六 宣六 成元 十一
夏四月 桓九 莊十二 十六 文八 宣六 六 襄廿二 昭十四 定三 七 十一
十有二年春正月
夏五
夏五首何無聞焉爾
春王正月 莊五 宣十一 十一 十五 襄廿 十六 廿一 卅 僖六 卅 廿二 文八 十三
夏五月 莊廿二 桓十七年五月無夏 昭十 廿 定二 七 九
十有二月 上無冬 昭十 定十四年無冬

盟會例

三月公及邾婁儀父盟于眛 隱元

及者何與也會及暨皆與也曷爲或言會或言及或言暨會猶最也及猶汲汲也暨猶暨暨也及我欲之暨不得已也

二年春公會戎于潛

秋八月庚辰公及戎盟于唐

夏公及宋公遇于清 四

遇者何不期也一君出一君要之也

夏五月辛酉公會齊侯盟于艾 六

冬公會齊侯于邴 九

十年春王二月公會齊侯鄭伯于中丘

夏五月公會鄭伯于祁黎 十一

三月公會鄭伯于垂　夏四月丁未公及鄭伯盟于越 桓元

埤雅二十卷

（宋）陸佃撰　明刻本

陸佃，字農師，號陶山，宋越州山陰（今浙江紹興）人，陸游之祖父。少從學於王安石，宋神宗時曾任尚書左丞，精禮學和名物訓詁之學。此書爲《爾雅》之輔也，物性門類精詳，文亦簡要，分"釋魚""釋獸""釋鳥""釋蟲""釋馬""釋木""釋草""釋天"八類。訓釋頗詳，爲後來的辭書編纂和名物訓詁提供了諸多寶貴素材。此書於2010年入選第三批《國家珍貴古籍名録》。

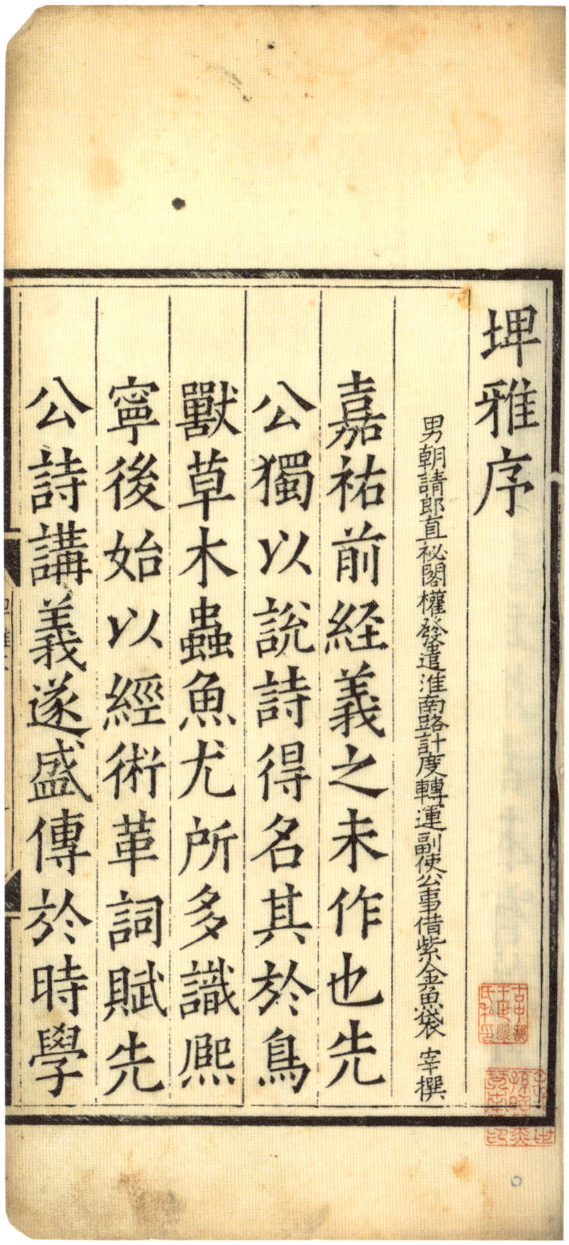

埤雅卷第一

中大夫守尚書左丞上柱國吳郡開國公賜紫金魚袋陸佃撰

釋魚

龍　鯉　魴　鱨
鱧　鰋　鱒　鮪
鱣　魦　鰷　鮒
鱮　鮫　鰌　蛟

龍

龍八十一鱗具九九之數九陽也鯉三十六鱗具六六之數六陰也龍亦卵生思抱雄鳴上風雌鳴下風

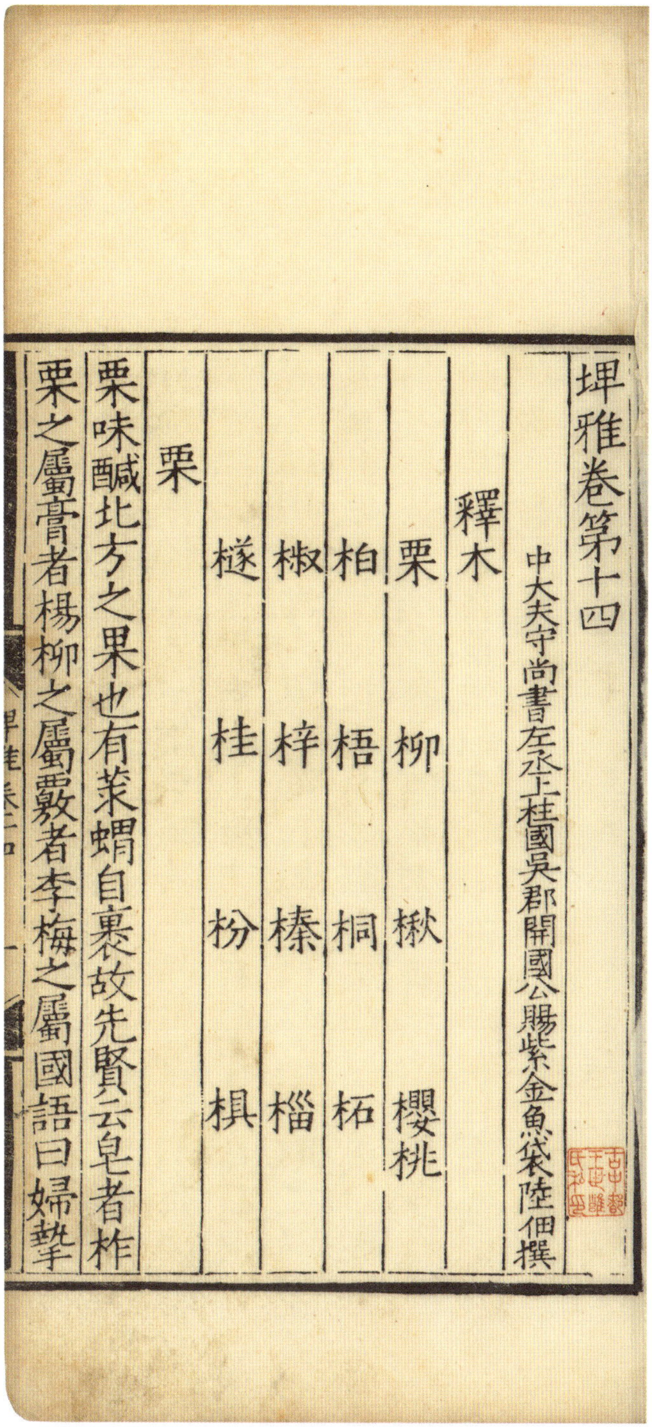

埤雅卷第十四

中大夫守尚書左丞上柱國吳郡開國公賜紫金魚袋陸佃撰

釋木

栗 柳 楸 櫻桃

柏 梧 桐 柘

椒 梓 榛 櫧

樧 桂 枌 椇

栗

栗味鹹北方之果也有莍蝟自裹故先賢云皂者柞栗之屬膏者楊柳之屬覈者李梅之屬國語曰婦贄

埤雅卷二十

音釋

褻思列 讟瀆 壘雷 噬視制 嗑磕

暵漢 爗為輒 眩胡遍 眺勅了 朒女六

姝殊 朏芳尾 遡蘇故 蠋竹救 娣徒厲

螣以證 旂渠希 斿尤 旟于 旐除矯

涸固 雩羽俱 蔀步口 醹如庚 卬昂

跂奇逆 睆華綰 捄求 翕許及 蝃丁計

蝀丁孔 挈苦結 潰會 縠斛

春秋公羊考釋一卷

（清）孔廣森撰　稿本

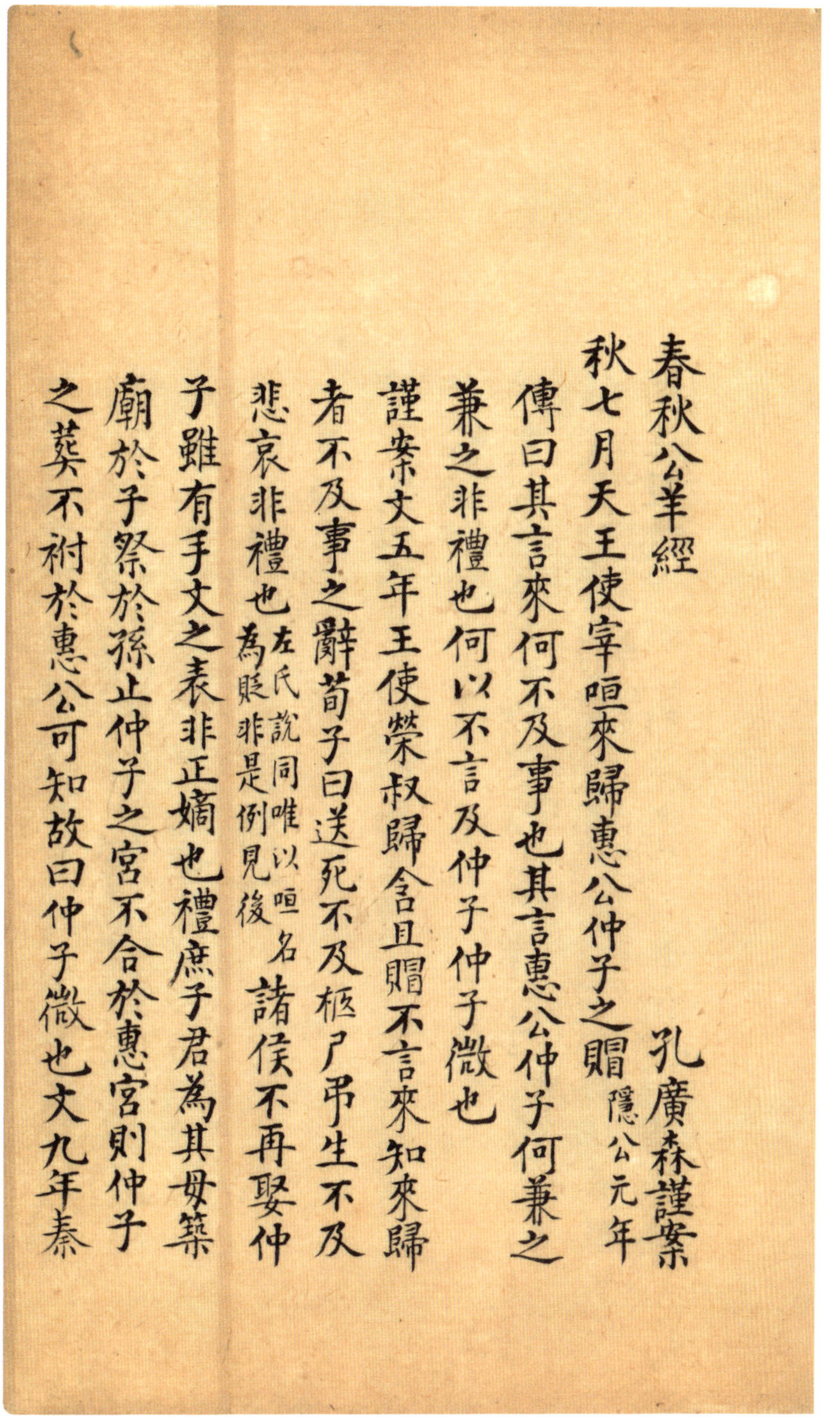

春秋公羊經　孔廣森謹案

秋七月天王使宰咺來歸惠公仲子之賵隱公元年

傳曰其言來何不及事也其言惠公仲子何兼之兼之非禮也何以不言及仲子仲子微也

謹案文五年王使榮叔歸含且賵不言來知來歸者不及事之辭荀子曰送死不及柩尸弔生不及悲哀非禮也左氏說同唯以咺名為貶非是例見後諸侯不再娶仲子雖有手文之表非正嫡也禮庶子君為其母築廟於子祭於孫止仲子之宮不合於惠宮則仲子之葬不祔於惠公可知故曰仲子微也文九年秦

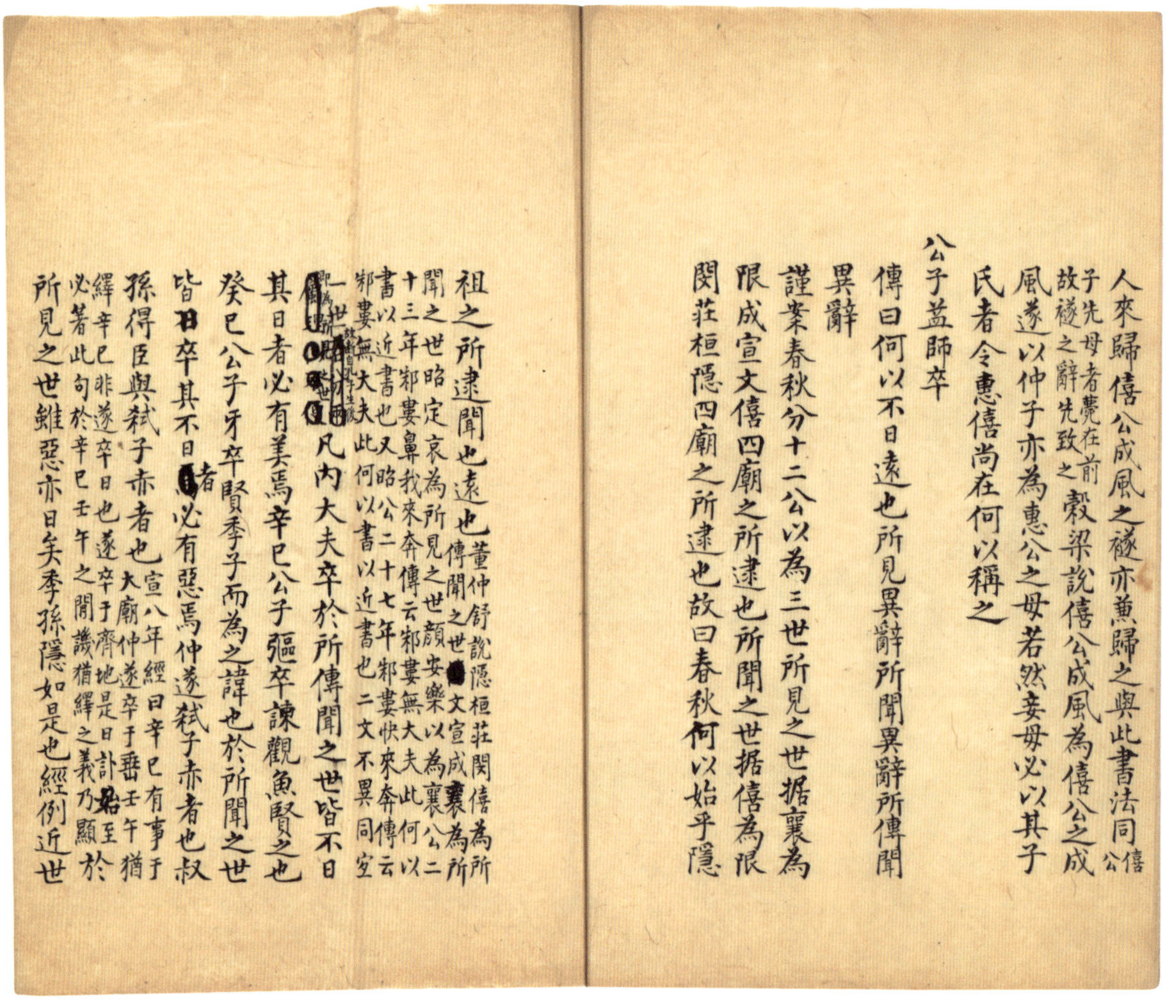
人來歸僖公成風之禭亦兼歸之與此書法同僖公子先母者薨在前故禭之辭先致之穀梁說僖公成風為僖公之成風遂以仲子亦為惠公之母若然妾母必以其子氏者今惠僖尚在何以稱之

公子益師卒

傳曰何以不日遠也所見異辭所聞異辭所傳聞異辭

謹案春秋分十二公以為三世所見之世據襄為限成宣文僖四廟之所逮也所聞之世據僖為限閔莊桓隱四廟之所逮也故曰春秋何以始乎隱祖之所逮聞也遠也董仲舒說隱桓莊閔僖為所傳聞之世[illegible]文宣成襄為所聞之世昭定哀為所見之世顏安樂以為襄公二十三年邾婁鼻我來奔傳云邾婁無大夫此何以書以近書也又昭公二十七年邾婁快來奔傳云邾婁無大夫此何以書以近書也二文不異同宜一世[illegible]凡內大夫卒於所傳聞之世皆不日其日者必有美焉辛巳公子彄卒諫觀魚賢之也癸巳公子牙卒賢季子而為之諱也於所聞之世皆日卒其不日者必有惡焉仲遂弒子赤者也叔孫得臣與弒子赤者也宣八年經曰辛巳有事于大廟仲遂卒于垂壬午猶繹辛巳非遂卒日也遂卒于齊地是日訃始至於必著此句於辛巳壬午之間譏猶繹之義乃顯所見之世雖惡亦日矣季孫隱如是也經例近世

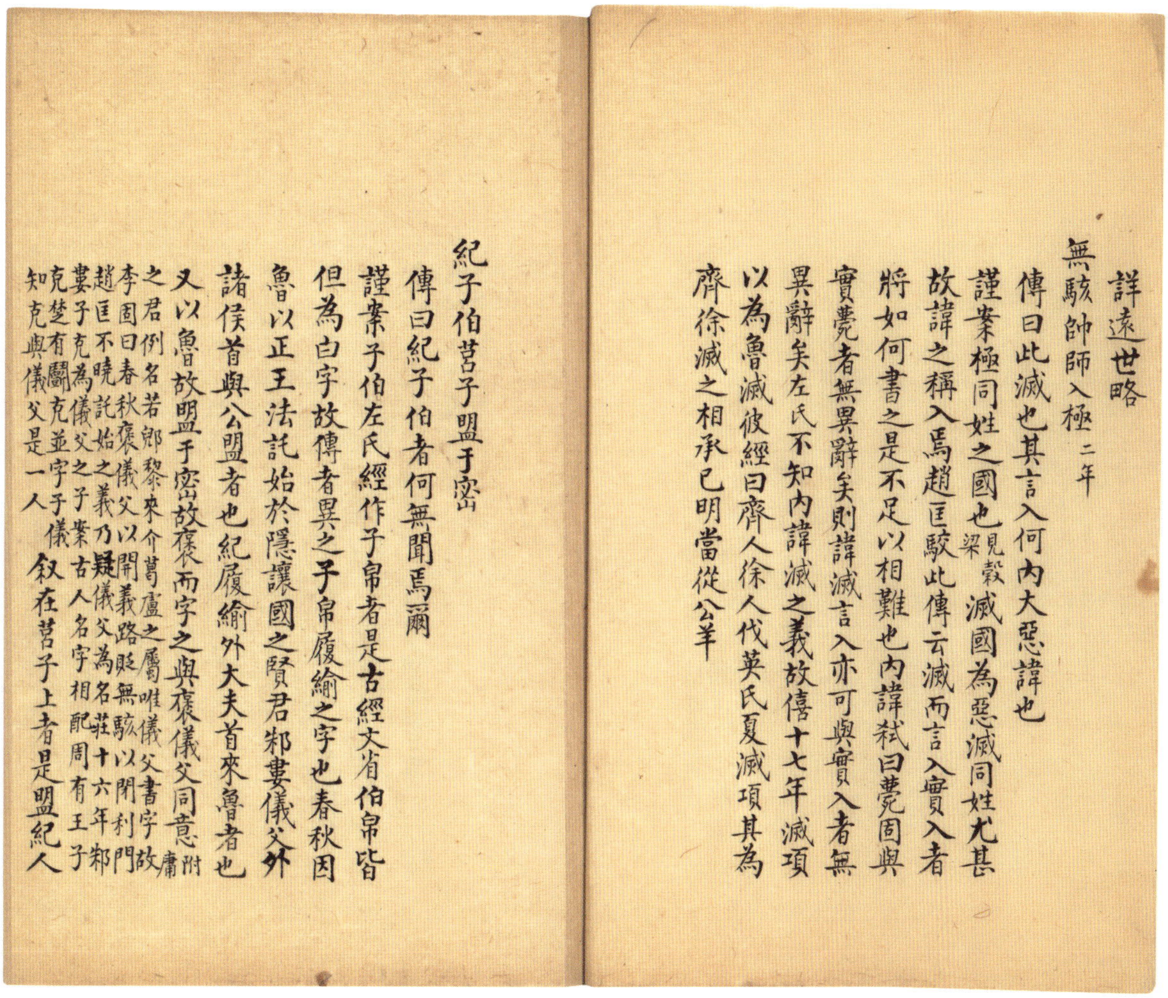

詳遠世略
無駭帥師入極二年
傳曰此滅也其言入何内大惡諱也
謹案極同姓之國也見穀梁滅國為惡滅同姓尤甚
故諱之稱入焉趙匡駮此傳云滅而言入實入者
將如何書之是不足以相難也内諱弒曰薨固與
實薨者無異辭矣則諱滅言入亦可與實入者無
異辭矣左氏不知内諱滅之義故僖十七年滅項
以為魯滅彼經曰齊人徐人伐英氏夏滅項其為
齊徐滅之相承已明當從公羊

紀子伯莒子盟于密
傳曰紀子伯者何無聞焉爾
謹案子伯左氏經作子帛者是古經文省伯帛皆
但為白字故傳者異之子帛履緰之字也春秋因
魯以正王法託始於隱讓國之賢君郳婁儀父外
諸侯首與公盟者也紀履緰外大夫首來魯者也
又以魯故盟于密故褒而字之與褒儀父同意附
庸之君例名若郳黎來介葛盧之屬唯儀父書字故
李固曰春秋褒儀父以開義路貶無駭以閉利門
趙匡不曉託始之義乃疑儀父為名莊十六年郳
婁子克為儀父之子案古人名字相配周有王子
克楚有鬬克並字子儀
知克與儀父是一人
叙在莒子上者是盟紀人

主之公羊經師失其傳故言無聞焉爾為闕疑之辭而何休於桓二年紀侯來朝下注云稱侯者天子將取於紀與之奉宗廟傳之無窮重莫大焉故封之百里則竟以是年紀子即後經紀侯非傳意矣莊四年傳曰哀公亨乎周紀侯譖之是西周之世紀固稱侯可證傳不以紀子伯為紀君子爵也白虎通亦曰紀子以嫁女於天子故增爵稱侯漢書曰后父據春秋褒紀之義帝舅緣大雅申伯之意蓋說公羊者相承有之以附會漢事耳漢藝文志公羊外傳五十篇此等之說疑出外傳

三年春王二月己巳日有食之

謹案春秋二百四十二年以歷術步之日食不啻四百然其見於經者唯三十有六何也日月交而食常也或頻食非朔而食不入交限而食則變也春秋常事不書變然後書凡所書日食皆不當食者也後世言歷者率上推春秋日食以課疏密乃勉強附合耳京房曰隱三年日食貫中央上下竟而黑桓三年日食貫中央上下竟而黃漢五行志曰日食三十六穀梁以為朔二十六是年及僖十二年文元年宣八年十年十七年襄十五年晦七夜二謂有月無日莊十八僖十五二日一桓十七年有朔無干支公羊以為朔二

㬙軒經說十卷

（清）孔廣森撰　稿本

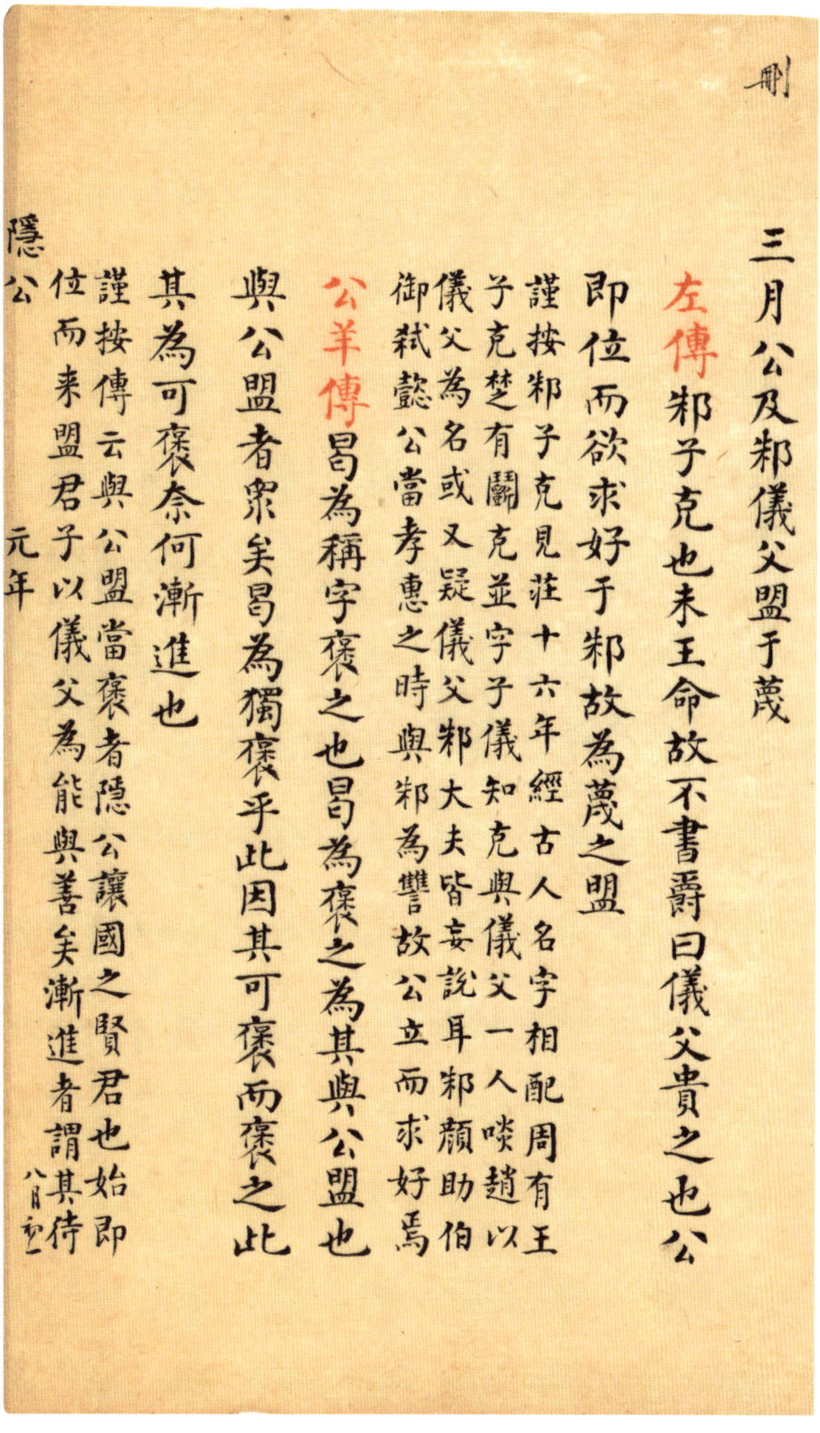

删

三月公及邾儀父盟于蔑

左傳邾子克也未王命故不書爵曰儀父貴之也公即位而欲求好于邾故為蔑之盟

謹按邾子克見莊十六年經古人名字相配周有王子克楚有鬬克並字子儀知克與儀父一人啖趙以儀父為名或又疑儀父邾大夫皆妄說耳邾顏助伯御弑懿公當孝惠之時與邾為讐故公立而求好焉

公羊傳曷為稱字褒之也曷為褒之為其與公盟也與公盟者衆矣曷為獨褒乎此因其可褒而褒之此其為可褒奈何漸進也

謹按傳云與公盟當褒者隱公讓國之賢君也始即位而来盟君子以儀父為能與善矣漸進者謂其待 八月望

隱公　元年

隱公 元年

秋七月天王使宰咺來歸惠公仲子之賵

左傳 緩且子氏未薨故名

謹按未薨而賵揆之人情下愚不為但當時失禮之事恒有在人情之外者禮父在為母期父卒為母齊衰三年繼母如母据經二年冬十二月夫人子氏薨五年九月考仲子之宫新主入廟於時正在三年喪畢之後則此時仲子未薨審矣但以名為貶非也咺者宰士當從公羊

公羊傳 仲子者何桓之母也

謹按此與左氏有文在手之事正合但公羊不知仲子未薨故誤以二年夫人子氏為隱母又按傳曰孝惠取于商自桓以下取于齊未言隱公取何國然不與孝惠連文則非取宋女可知穀梁以為隱之妻更誤

穀梁傳 仲子者何惠公之母孝公之妾也

七月初一

入經

蔡邕亡是矣
韓非子

郭公

謹按郭公之下雖不詳其何文然要是國名無疑春
秋時別無郭國郭即虢也蔡邕郭有道碑文云其先
出自有周王季之穆有虢叔者寔有懿德文王咨焉
建國命氏或謂之郭公羊虞虢之虢並為郭字然則
此郭公左氏穀梁經文亦當作虢公漢時經傳別行
後人始綴合之梁恐不無參校經三家妄有更正字之處森嘗
讀昭二十五年傳使熊相禖郭巢季然郭卷輒疑此
非欽文公邑名郭者治其郭郭若城中城城漆之類
雖出肊度然似勝
宋人郭亡之說

左傳　莊公二十四年　九月廿七

乃建王國焉制其畿方千里而封樹之
謹按此經（周東都）以王畿為地中必据洛陽而言然洛陽幅
員~~半不百中土故~~漢地里志云洛邑與宗周通封畿短
長相覆千里臣瓚以（注）為西周方八百里八八六十四
東周方六百里六六三十六合之為千里也依（然）此經
以王畿為地中必据洛陽而言則所云方千里者似
而言則東都固有千里矣孟子貢助徹之法說者以
為井田不改而尺步大小有異夫夏畝五十而周畝
百是周之步小于夏步之半也夏之五服弼成五千
周之九服相距萬里是周之里亦小于夏里之半也

周禮　大司徒　閏月初一

樂律全書四十八卷

（明）朱載堉撰　明萬曆鄭藩刻本

朱載堉（1536—1610？），字伯勤，號句曲山人，明太祖八世孫、鄭藩朱厚烷世子。醉心樂律、曆算之學，後辭爵讓國，潛心著述。《樂律全書》爲朱載堉創作的樂舞律曆類叢書彙編，卷帙浩博，收録《律學新説》《樂學新説》《曆學新説》《律吕精義》《操縵古樂譜》《璇宫合樂譜》等十五種著作，其中尤以《律吕精義》最爲重要，最早使用等比級數音律系統闡明十二平均律。該書有多個版本，此爲明萬曆鄭藩刻本。2014 年入選第三批《山東省珍貴古籍名録》。

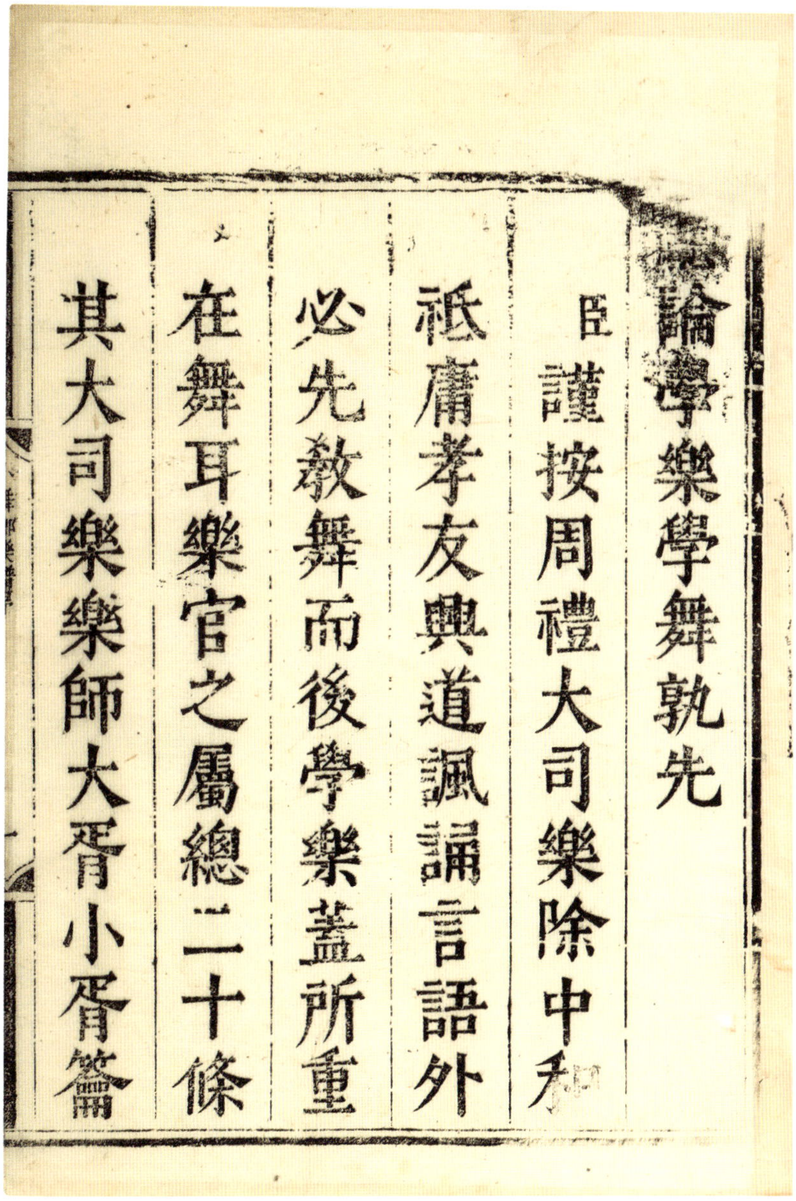
論學樂學舞孰先
臣謹按周禮大司樂除中和
祇庸孝友興道諷誦言語外
必先教舞而後學樂蓋所重
在舞耳樂官之屬總二十條
其大司樂樂師大胥小胥籥

經部

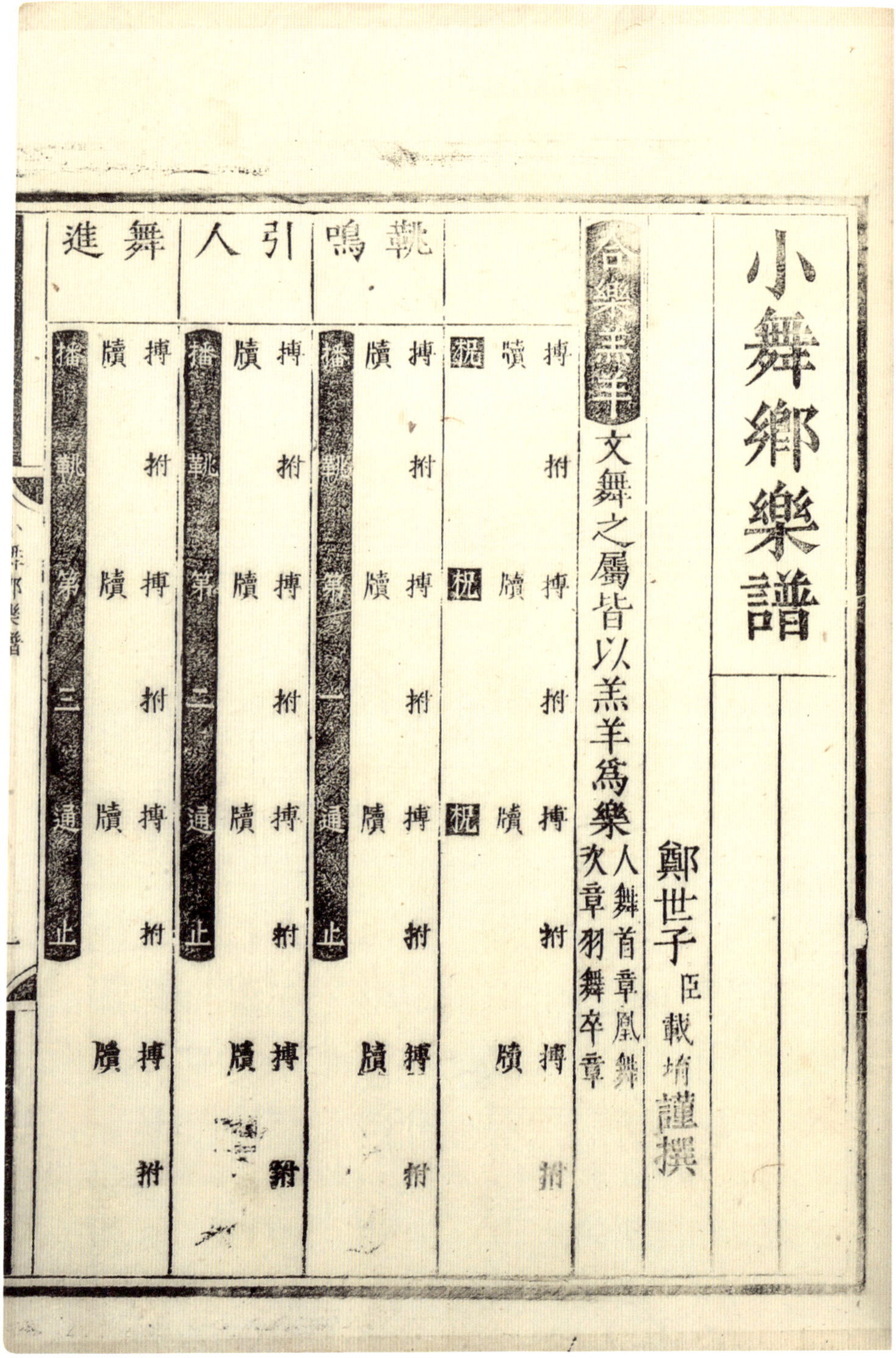

小舞鄉樂譜

鄭世子臣載堉謹撰

合樂羔羊

文舞之屬皆以羔羊爲樂人舞首章凰舞次章羽舞卒章

搏 拊 搏 拊 搏 拊 搏 拊

牘 牘 牘 牘

柷 柷 柷

鼗鳴

搏 拊 搏 拊 搏 拊 搏 拊

牘 牘 牘 牘

播鼗第一通止

引人

搏 拊 搏 拊 搏 拊 搏 拊

牘 牘 牘 牘

播鼗第二通止

舞進

搏 拊 搏 拊 搏 拊 搏 拊

牘 牘 牘 牘

播鼗第三通止

引舞持帗勢

左一人云
引入綴兆
立定致語靈星雅樂漢朝制作舞象敎田耕種收穫
不同俗舞是爲雅隊斯可以與豳風並行而不相悖
右一人云
左右分班

律呂精義外篇卷之一

鄭世子臣載堉謹撰

古今樂律雜說并附録

辨蔡元定李照之失第一

序曰蔡元定之律失之短李照之律失之長皆非中聲故辨之

蔡元定律呂新書引丁度之說曰古物之有分寸明著史籍可以酬驗者惟有法錢而已周之圜法歷代曠遠莫得而詳惟劉歆制銅斛之世所鑄錯刀并大泉五十王莽天鳳元年改鑄貨布貨泉之類不聞後世復有鑄者檢詳漢志通典唐六典云大泉五十重十二銖徑一寸二分錯刀環如大泉身形如刀長二寸貨布重二十五銖長二寸五分廣一寸首長八分有奇廣八分足枝長八分間廣二分圓好徑二分半貨泉重五銖徑一寸今以大泉錯刀貨

春秋三傳合纂十二卷

（清）孔傳鐸纂　清抄本

孔傳鐸（1674—1735），字振路，號牖民，雍正元年（1723）襲封衍聖公。好讀書，通禮樂，工詩詞。《春秋三傳》爲左氏、公羊、穀梁三家，爲《春秋》所作注釋的合稱，是研究儒家思想的重要著作。該書爲手抄本，字迹清楚，抄寫工整。2014年入選第三批《山東省珍貴古籍名録》。

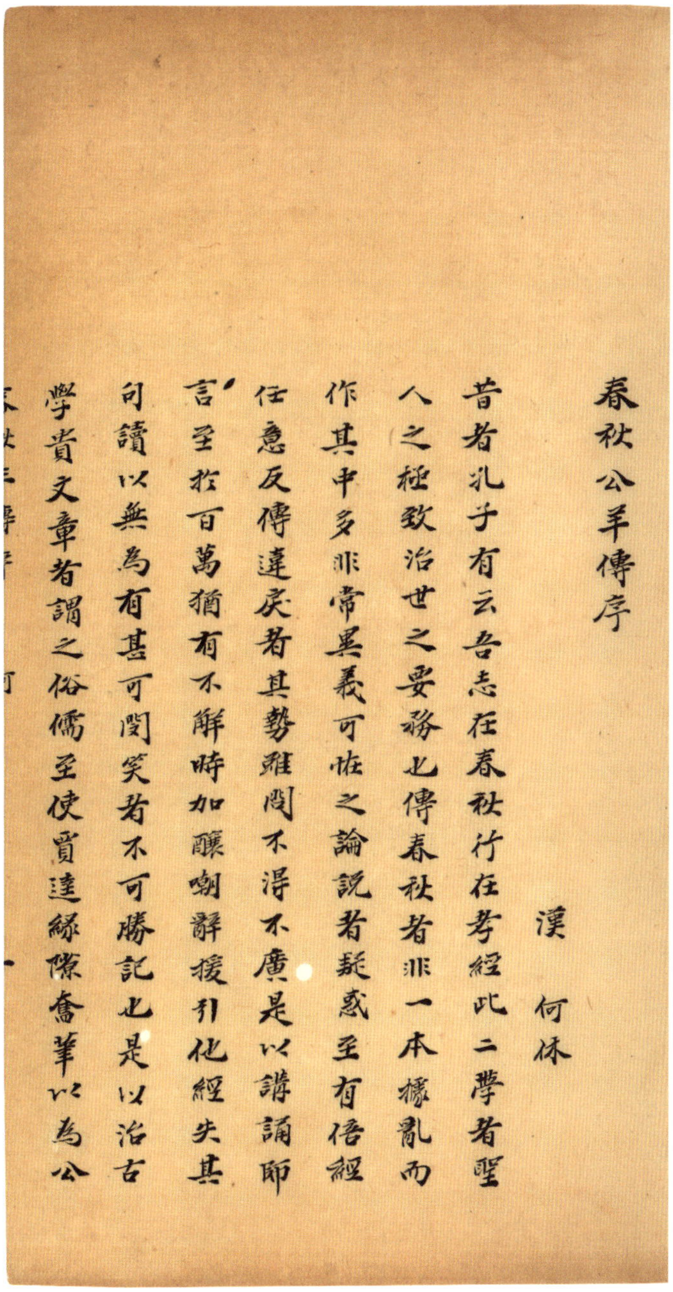
春秋公羊傳序

漢　何休

昔者孔子有云吾志在春秋行在孝經此二學者聖人之極致治世之要務也傳春秋者非一本據亂而作其中多非常異義可怪之論說者疑惑至有倍經任意反傳違戾者其勢雖問不得不廣是以講誦師言至於百萬猶有不解時加釀嘲辭援引他經失其句讀以無為有甚可閔笑者不可勝記也是以治古學貴文章者謂之俗儒至使賈逵緣隙奮筆以為公

春秋穀梁傳序

晉　范甯

昔周道衰微乾綱絶紐禮壞樂崩彝倫攸斁弑逆篡盜者國有淫縱破義者比肩是以妖災因釁而作民俗染化而遷陰陽爲之愆度七曜爲之盈縮川岳爲之崩竭鬼神爲之疵癘故父子之恩缺則小弁之刺作君臣之禮廢則桑扈之諷興夫婦之道絶則谷風之篇奏骨肉之親離則角弓之怨彰君子之路塞則白駒之詩賦天垂象見吉凶聖作訓紀成敗欲人君

春秋三傳合纂卷之二

後學 闕里 孔傳鐸 編纂
梁溪 顧 彩 較訂

桓公 名軌隱公弟在位十八年辟土服遠曰桓

元年 周桓王九年庚午

春王正月公即位

（穀）桓無王。其曰王何也。謹始也。其曰無王何也。桓弟弒兄。臣弒君。天子不能定。諸侯不能救。百姓不能去。以為無王之道。遂可以至焉爾。元年有王。所

春秋三傳合纂卷之七

後學　闕里　孔傳鐸　編纂

　　　梁溪　顧　彩　較訂

宣公名倭文公子在位十八年善問周達曰宣

元年周匡王五年癸丑

春王正月公即位

公子遂如齊逆女

三月遂以夫人婦姜至自齊

夏季孫行父如齊

孔叢伯説經五稿三十七卷

（清）孔廣林撰　稿本

孔廣林（1746—1814），字叢伯，衍聖公孔傳鐸之孫、清代經學家孔廣森之兄。署太常寺博士，博雅好古，專治鄭學，生平著作一百三十二卷，凡四十四萬五千餘言。該書稿本，爲其禮學著作彙編，包括《吉凶服名用篇》八卷《叙録》一卷、《禘祫觿解》一卷、《明堂億》一卷附《士冠箋》一卷、《周官肊測》六卷《叙録》一卷、《儀禮肊測》十七卷《叙録》一卷。書内有“嘉慶十七年壬申冬十有一月長至日温經老人識”。2014年入選第三批《山東省珍貴古籍名録》。

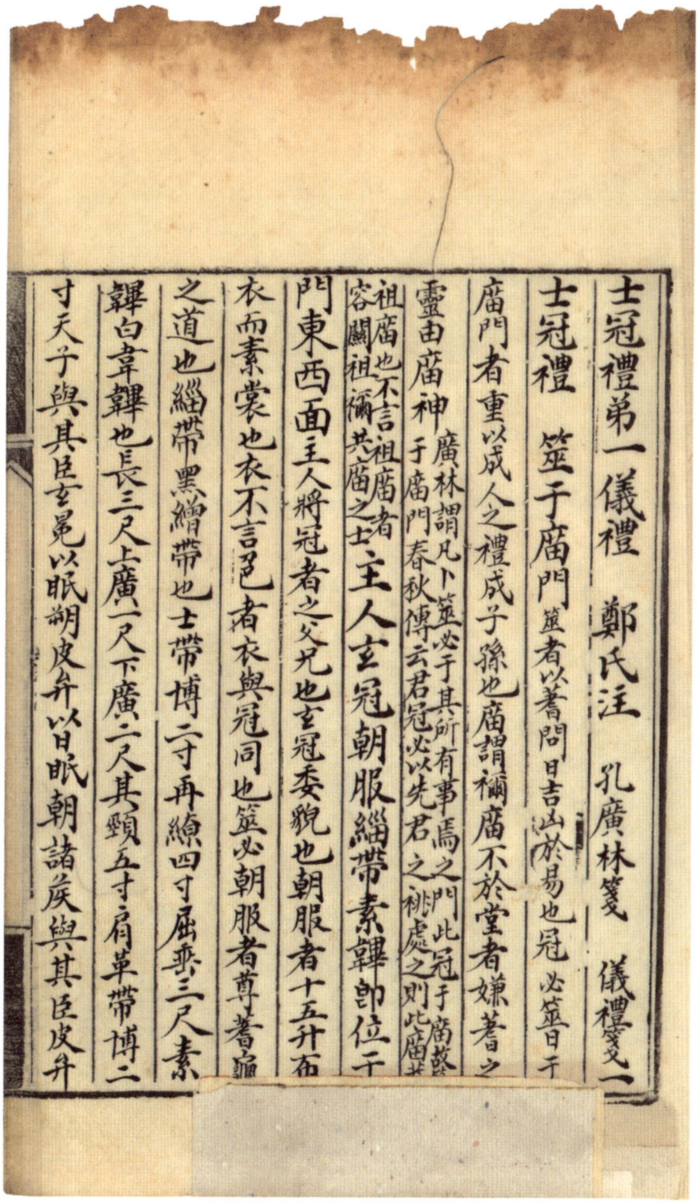
士冠禮第一　儀禮　鄭氏注　孔廣林箋　儀禮箋一

士冠禮　筮于廟門筮者以蓍問日吉凶於易也冠必筮日于廟門者重以成人之禮成子孫也廟謂禰廟不於堂者嫌蓍之靈由廟神廣林謂凡卜筮必于其所有事焉之門此冠于廟故于廟門春秋傳云君冠必以先君之祧處之則此廟若祖廟也不言祖廟者容闕祖禰共廟之士　主人玄冠朝服緇帶素韠卽位于門東西面主人將冠者之父兄也玄冠委貌也朝服者十五升布衣而素裳也衣不言色者衣與冠同也筮必朝服者尊蓍龜之道也緇帶黑繒帶也士帶博二寸再繚四寸屈垂三尺素韠白韋韠也長三尺上廣一尺下廣二尺其頸五寸肩革帶博二寸天子與其臣玄冕以眡朔皮弁以日眡朝諸侯與其臣皮弁

天官冢宰第一 周官

孔廣林肌測

周官肌測一

設官分職

周六官典。冬官亡無攷。五官之屬。凡三百四十有九職。員數八萬五千七百有八十人。除兼官鄉老三人即三公不在算鄉大夫六人六卿致仕者為之六卿致仕者或有采邑或世祿**軍官**軍將卿六人師帥中大夫三十人旅帥下大夫百五十人卒長上士七百五十人兩司馬中士三千人伍長下士萬五千人府史胥徒六軍共七百有八人凡萬九千六百四十有四人此不常置**鄉遂官**六鄉上士七百五十人中士三千人下士萬五千人六遂上士百五十人中士七百五十人下士三千人鄰長萬五千人凡鄉遂官三萬八千有五十人皆各就其鄉為之如後世民爵**不命之士**瞽矇三百人胥師賈師司虣司稽胥肆長各一人此六職及凡以神仕皆無數可綜**庶人在官者**圉師七百五十有六人圉人二千八百有八人眡瞭三百人工百三十人賈六十四人狂夫四人馬醫四人府四百三十七人史九百九十五人胥九百四十二人徒萬四千八百七十八人虞衡無數可綜之府史胥徒八百二十人凡二萬二千百三十八人**內官**婦官千二百有九人奄六十人凡千二百六十有九人其祿宮卿視中大夫下大夫視上士中士視下士其餘女官及奄竝視上農內官之祿凡食千四百六十三夫之入**及刑人給役者**閽人二十人囿游無數五隸六百人

明堂億叙指　孔廣林說　明堂億

明堂億何正明堂之解義也然則何以謂之億肊測之恐亦未必遂得其真也不敢自信而輙筆存之何印之經而若有詥也明堂異說呂不韋創其端漢經生暢其義鄭康成據考工記匠人為本而云五室班固蔡邕案大戴禮盛德篇以為源而云九室糾轕紛紜依違彷彿學士耳食舊聞承譌踵謬譬坐暗室容光莫照焉贋入迷途老馬難逢焉魏晉以後南齊梁隋隨議明堂者衆獨而九室五室迄未有能出漢儒之範圍闘諸家之榛叢者夫豈無通人達才博洽淹雅

吉凶服名用篇一

冠冕弟一　孔廣林綴

冕　説文云大夫以上冠也邃延垂瑬从冃免聲或从糸作絻聶氏三禮圖冕服弟一説冕云冕者俛也後高前下有俯俛之形故因名焉蓋以在位者失於驕矜欲令位彌高而志彌下故制此冕令貴者下賤者也其延之俯俛之度則周禮弁師疏云以爵弁前後平則得弁稱（此説誤説見後爵弁條下）冕則前低一寸餘得冕名冕則俛也以低為號也或曰俛寸二分蓋則天數義或然與冕之制始于有熊氏世本作云黃帝作冕書傳於先代冕制俱無明文不可得詳王制云有虞氏皇而祭鄭注云皇冕屬畫羽飾焉説者遂以皇為虞冕廣林謂下記云夏后氏收而祭殷人冔而祭周人冕而祭於周特

乾隆御定石經

（清）蔣衡書　清乾隆五十六年至五十九年（1791—1794）刻石　清乾隆間初拓本

御製墨烏金拓，經摺裝。現存 189 册。册内十三經文皆爲蔣衡楷書，是珍貴的初拓本。《乾隆御定石經》是我國現存最完整的一部官經，包括《周易》《尚書》《詩經》《周禮》《儀禮》《禮記》《春秋左傳》《春秋公羊傳》《春秋穀梁傳》《論語》《孝經》《爾雅》《孟子》十三部儒家經典。乾隆五十六年動工刊刻，乾隆五十九年刻成。據《續修曲阜縣志・聖賢志》載："嘉慶元年丙辰頒賜衍聖公《欽定四庫全書總目》一部十六函，又賜衍聖公《乾隆御定石經》四十函二百六册。"2020 年入選第六批《國家珍貴古籍名録》。

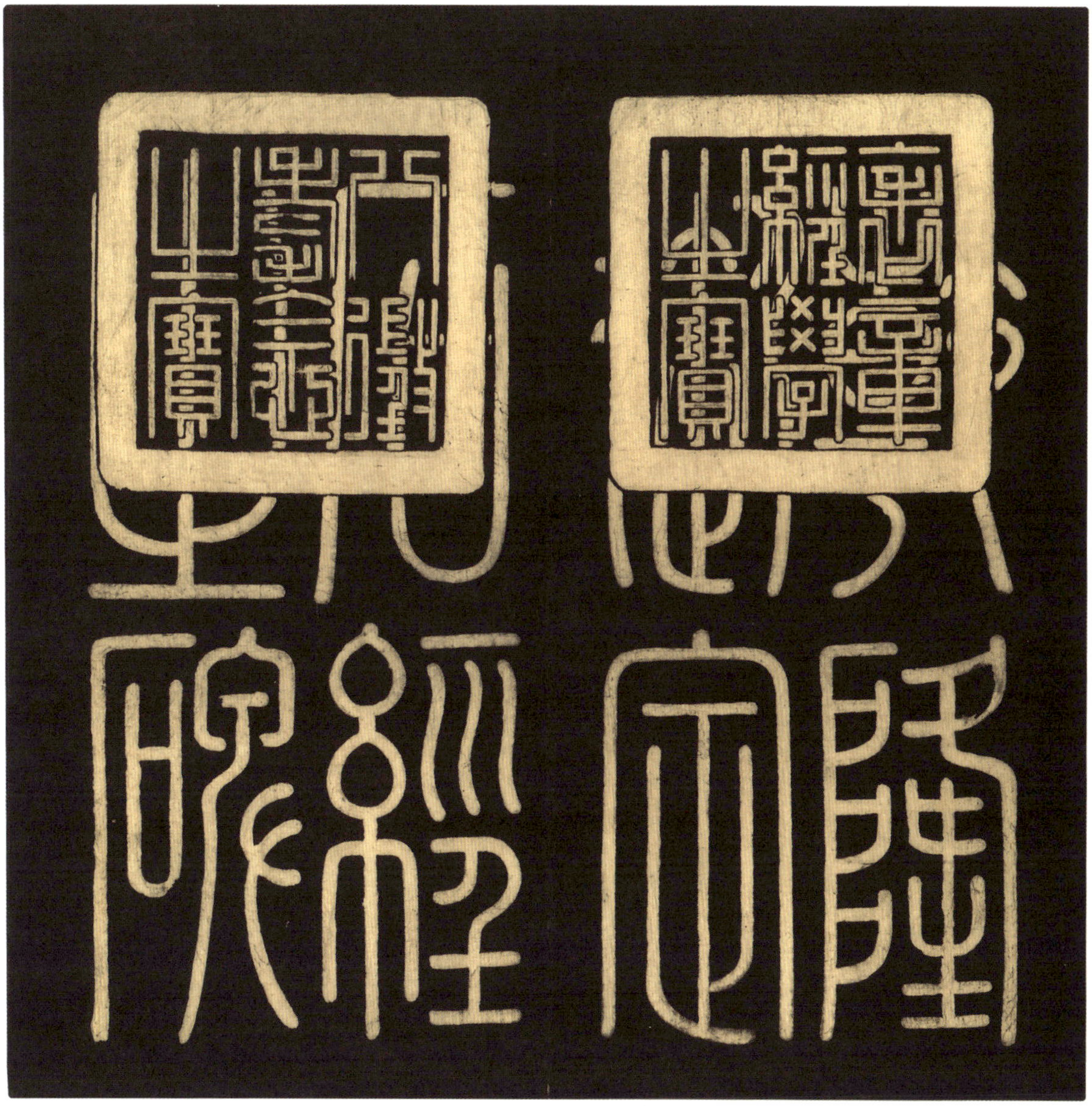

經部

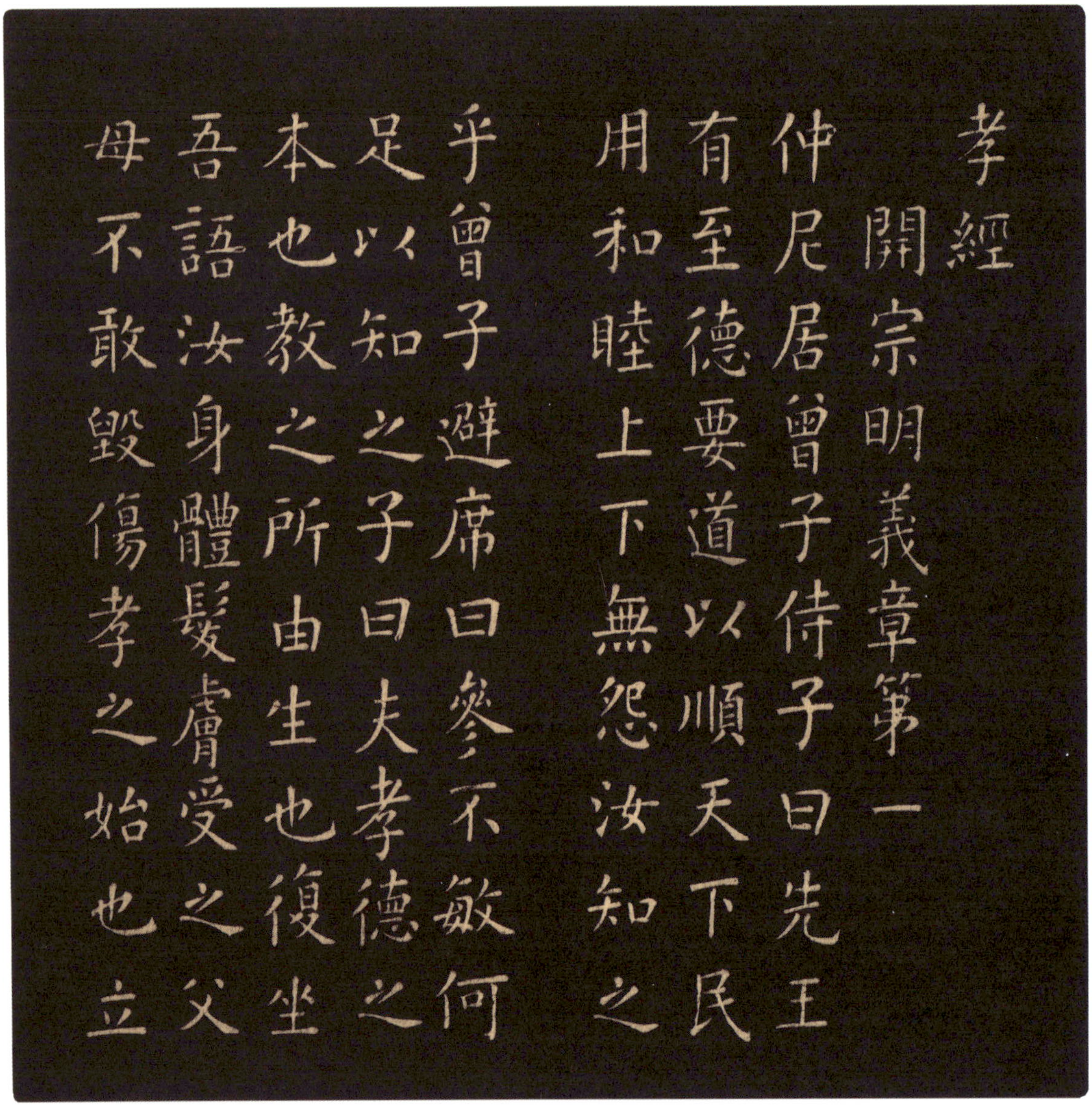
孝經
開宗明義章第一
仲尼居曾子侍子曰先王
有至德要道以順天下民
用和睦上下無怨汝知之
乎曾子避席曰參不敏何
足以知之子曰夫孝德之
本也教之所由生也復坐
吾語汝身體髮膚受之父
母不敢毀傷孝之始也立

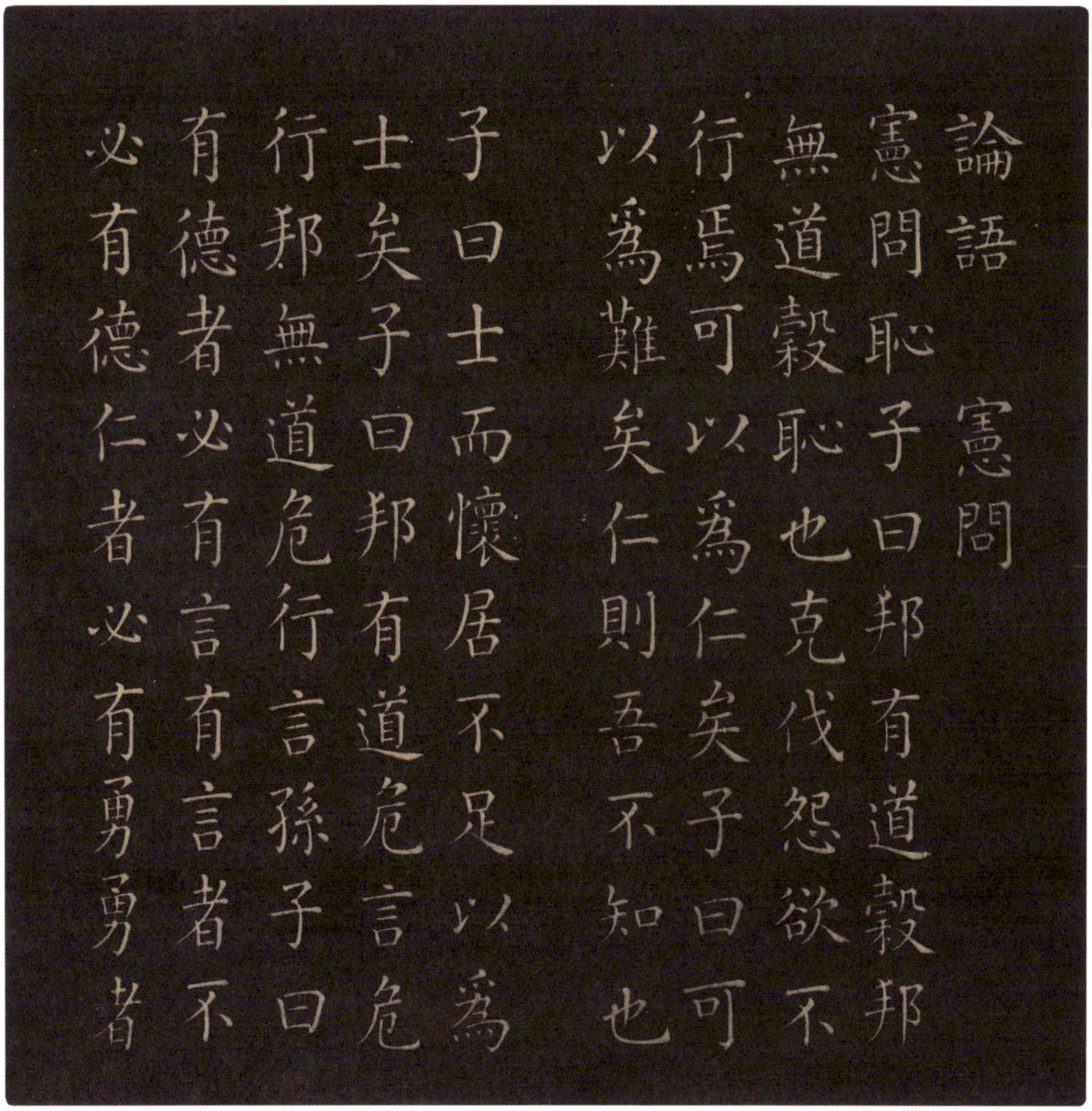
論語　憲問
憲問恥子曰邦有道穀邦
無道穀恥也克伐怨欲不
行焉可以爲仁矣子曰可
以爲難矣仁則吾不知也
子曰士而懷居不足以爲
士矣子曰邦有道危言危
行邦無道危行言孫子曰
有德者必有言有言者不
必有德仁者必有勇勇者

孔子博物館藏珍貴古籍圖鑒

史部

大明世宗肅皇帝實録五百六十六卷

（明）張溶　（明）徐階等纂修　明抄本

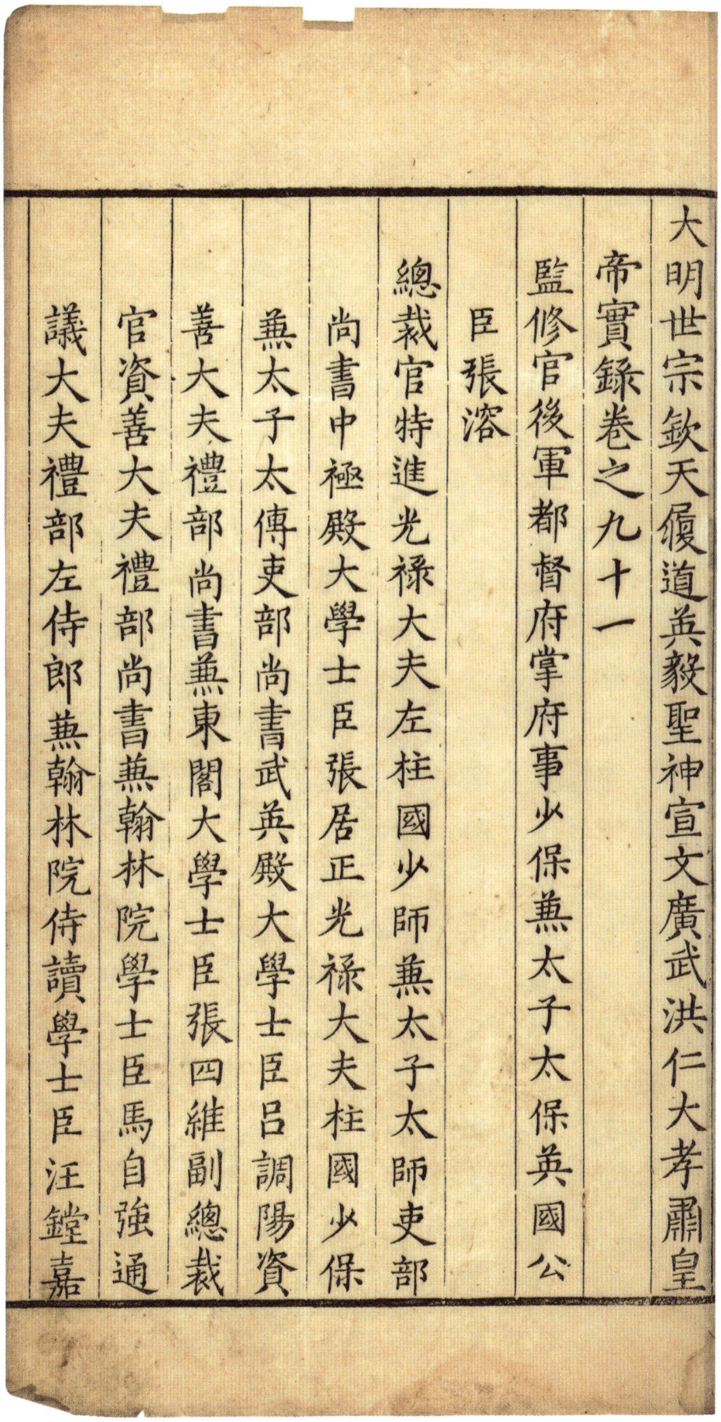
大明世宗欽天履道英毅聖神宣文廣武洪仁大孝肅皇
帝實錄卷之九十一
監修官後軍都督府掌府事少保兼太子太保英國公
臣張溶
總裁官特進光祿大夫左柱國少師兼太子太師吏部
尚書中極殿大學士臣張居正光祿大夫柱國少保
兼太子太傅吏部尚書武英殿大學士臣呂調陽資
善大夫禮部尚書兼東閣大學士臣張四維副總裁
官資善大夫禮部尚書兼翰林院學士臣馬自強通
議大夫禮部左侍郎兼翰林院侍讀學士臣汪鏜嘉

上從之詔自今誥勑務崇簡實不許競飾浮辭致褻制體
○辛丑改南京工部右侍郎○禮部請申舊制以肅朝
儀言朝儀載在會典等書俱係
累朝定制其該載不盡者亦係相傳舊規但因法禁縱弛
人心怠玩常朝之儀已多乖違至於三大令節朝賀入
員每以萬計雜然競進攙越混淆殊非事體自今遇大
朝賀先令承天門端門左右闕門嚴加防禁止放應該
朝賀人員鴻臚寺添設序班十員於午門下左右掖門
外先序整百官候鼓初嚴執事官及侍衛官軍先進次
皇親公侯駙馬伯次在京文武品官次在外來朝品官

於恤民愛長長以至於愛物尚期賢佐共致雍熙庶副
朕所素願用光
祖考之庥詔告天下咸使聞知○錦衣衛指揮僉事聶能
遷有罪謫戍遷初附太監錢寧冐功濫陞後以例裁免
復因緣議禮且交關太監崔文冐復故秩比見明倫大
典書成不得陞職怨望不平屬閑住工部主事翁洪草
疏誣論新建伯王守仁賄通禮部尚書席書得見舉用
詞連詹事黄綰及大學士張璁於是綰上章自明言遷
議禮奏疏文義心跡非出真誠故盡黜之積恨肆誣無
怪其然意在傾排善類動揺國是因乞引避以謝之

隋書八十五卷

（唐）魏徵等撰　元大德饒州路儒學刻明正德嘉靖遞修本

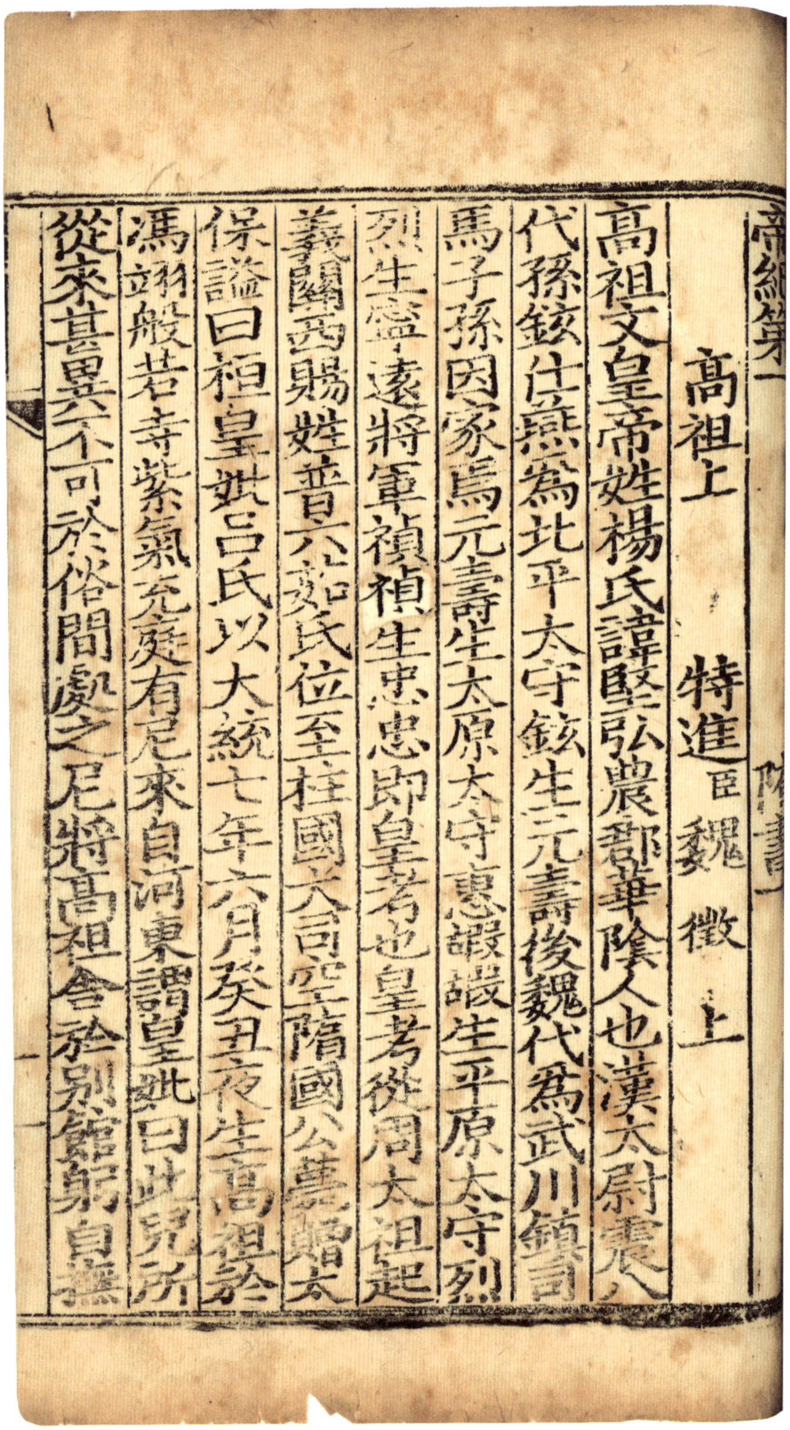
帝紀第一　隋書一

高祖上　特進臣魏徵上

高祖文皇帝姓楊氏諱堅弘農郡華陰人也漢太尉震八代孫鉉仕燕爲北平太守鉉生元壽後魏代爲武川鎮司馬子孫因家焉元壽生太原太守惠嘏嘏生平原太守烈烈生寧遠將軍禎禎生忠忠即皇考也皇考從周太祖起義關西賜姓普六茹氏位至柱國大司空隋國公薨贈太保謚曰桓皇妣呂氏以大統七年六月癸丑夜生高祖於馮翊般若寺紫氣充庭有尼來自河東謂皇妣曰此兒所從來甚異不可於俗間處之尼將高祖舍於別館躬自撫

孔氏實録十四卷

（元）孔元祚撰　明抄本

孔元祚，孔子五十一代孫，曾任深澤縣主簿，孔庭族長。據目録，是書十四卷，現存一、二、六、七、八，共五卷，卷前并繪圖本，僅存宋、金闕里廟制與防山三幅。該書上承《東家雜記》《孔氏祖庭廣記》，下啓《闕里志》《闕里文獻考》，是記載闕里故事現存較早的文獻，對研究孔氏家族與曲阜歷史文化具有重要價值。2009 年入選第一批《山東省珍貴古籍名録》。

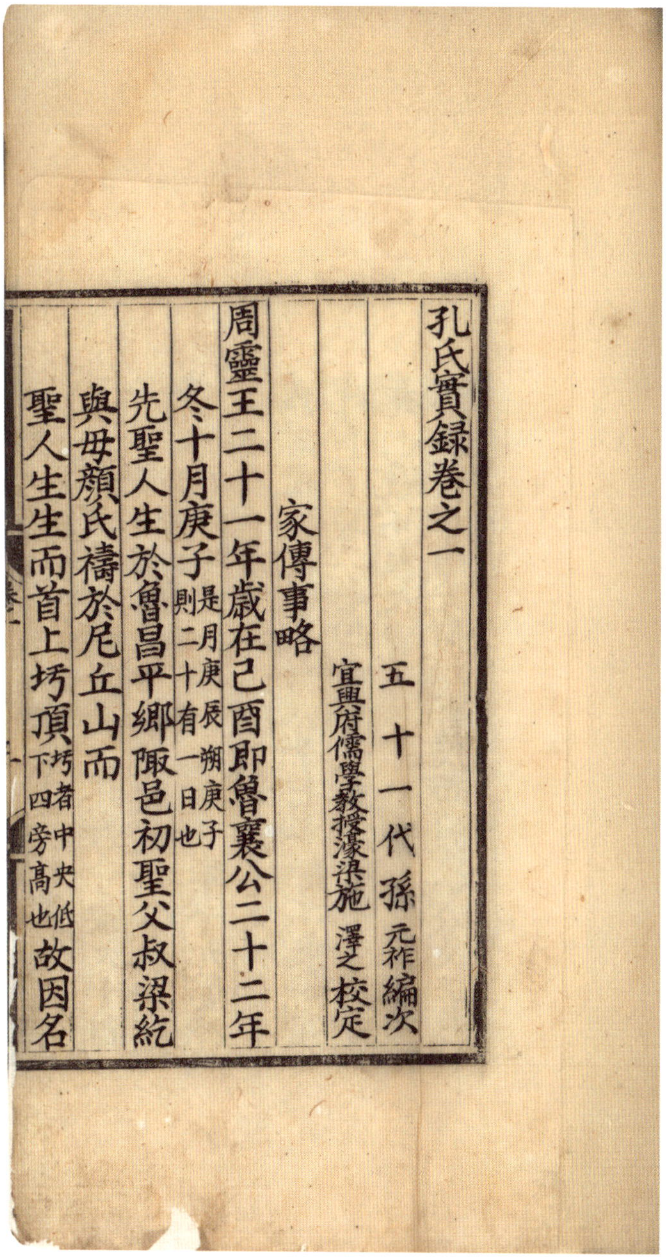
孔氏實録卷之一
五十一代孫元祚編次
宣聖府儒學教授濠梁施　澤之校定
家傳事略
周靈王二十一年歲在己酉即魯襄公二十二年
冬十月庚子是月庚辰朔庚子則二十有一日也
先聖人生於魯昌平鄉陬邑初聖父叔梁紇
與母顔氏禱於尼丘山而
聖人生生而首上圩頂圩者中央低下四旁高也故因名

丘字仲尼三歲而孤爲兒嬉戲常陳俎豆及長從於曲阜之闕里長九尺六寸腰大十圍河目而隆顙脩肱而龜背舊譜所云凡四十九表月角日準龍蹲鳳時等語出緯書又云顙似堯項似皋等語其說皆不經年十九娶於宋之并官氏次年生子鯉嘗爲委吏料量平爲司職吏畜蕃息昭公十七年郯子來朝就學官名焉二十四年魯大夫孟僖子卒其將死也召其大夫曰　孔子聖人之後而滅於宋其祖弗父何以有宋而讓厲公及正考

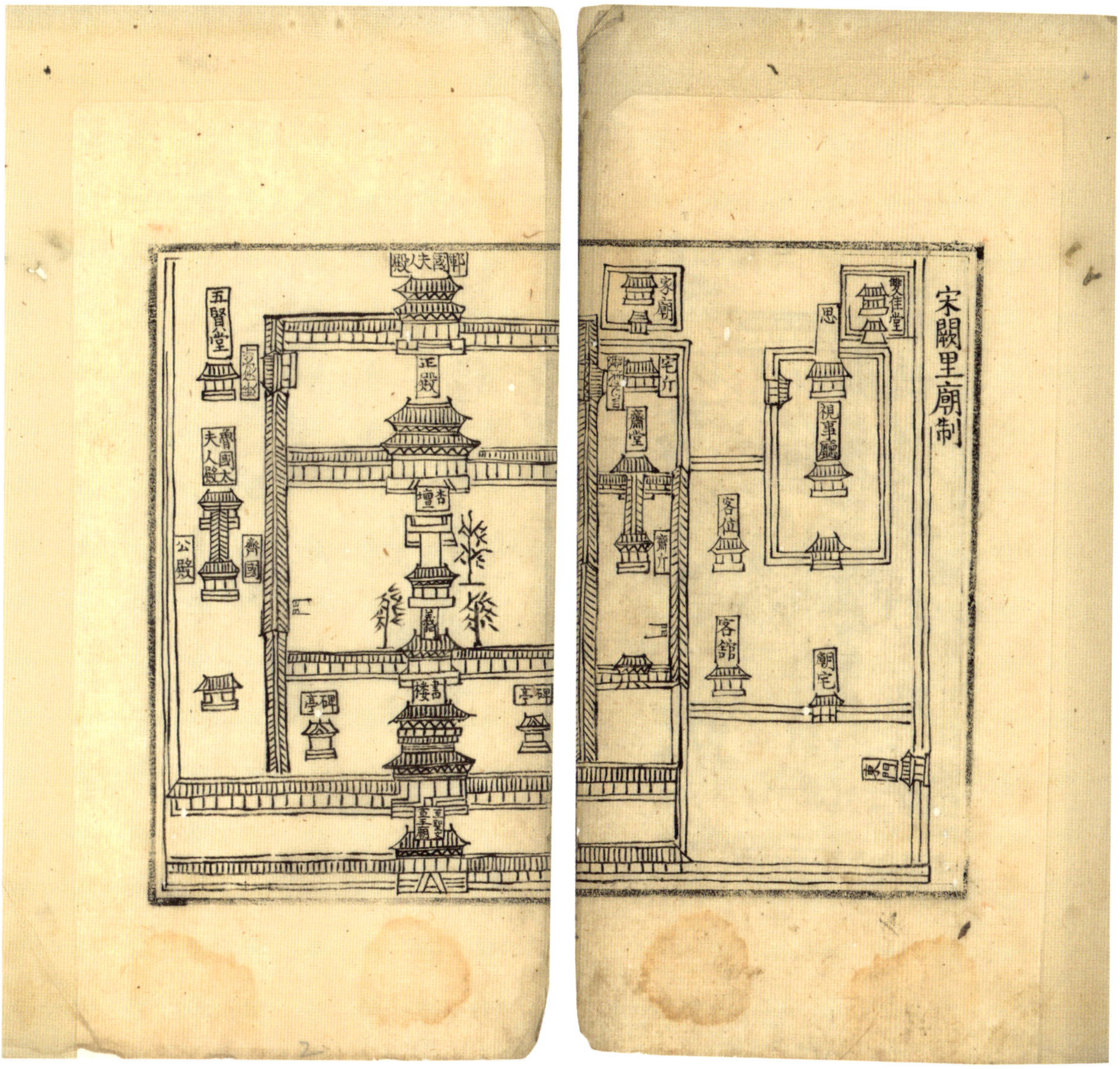
宋闕里廟制
五賢堂
正殿
杏壇
書樓
碑亭
碑亭
家廟
視事廳
客位
客館

陋巷志八卷

（明）吕兆祥重修　（明）顔光魯參考　（明）顔紹統訂閲　明刻清康熙遞修本

吕兆祥，浙江海鹽人，另撰有《宗聖志》《三遷志》等；顔光魯、顔紹統，爲父子，天啓、崇禎年間相繼襲封翰林院五經博士。陋巷爲孔子弟子顔回所居之地，孔子稱贊顔回"一簞食，一瓢飲，在陋巷，人不堪其憂，回也不改其樂"（《論語·雍也》）。《陋巷志》即以此得名，與孔氏《闕里志》一樣，《陋巷志》是專記聖賢家族歷史的志書。其始修於明正德年間，嘉靖、萬曆間增補修訂，後世多次重修刊刻。該書爲明刻清康熙遞修本，分爲《像圖志》《世家志》《恩典志》《藝文志》，是研究顔氏家族歷史的重要文獻。2009年入選第一批《山東省珍貴古籍名録》。

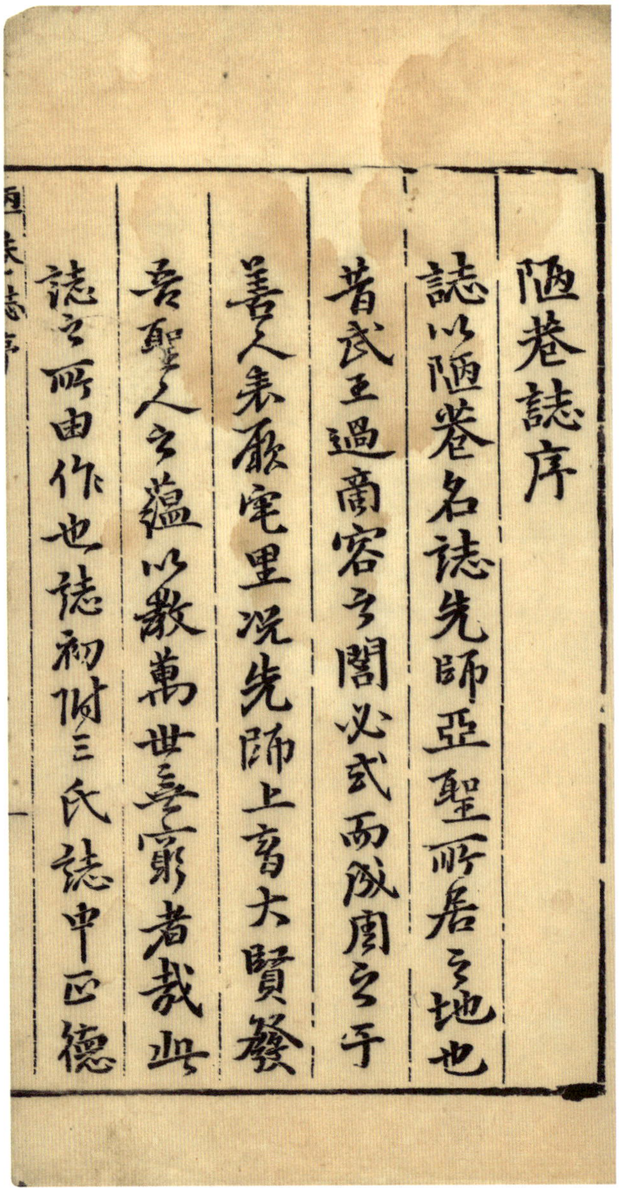
陋巷誌序
誌以陋巷名誌先師亞聖所居之地也
昔武王過商容之閭必式而成周之于
善人表厥宅里况先師上啻大賢發
吾聖人之蘊以教萬世無窮者哉此
誌之所由作也誌初附三氏誌中正德

陋巷志卷之一

海鹽呂兆祥重修

裔孫 顏光魯參考

顏紹統訂閱

像圖志

敘曰天生賢聖負繼往開來之統爲世作程固後人所崇仰而繹思者也邈哉靈響不可追矣假肖像以代羹墻摭繪圖以徵宅里於儀刑所寄良有關焉曷可少哉復聖先師舊有退省從行二像皆

陋巷志 卷之一 一

先師章服像

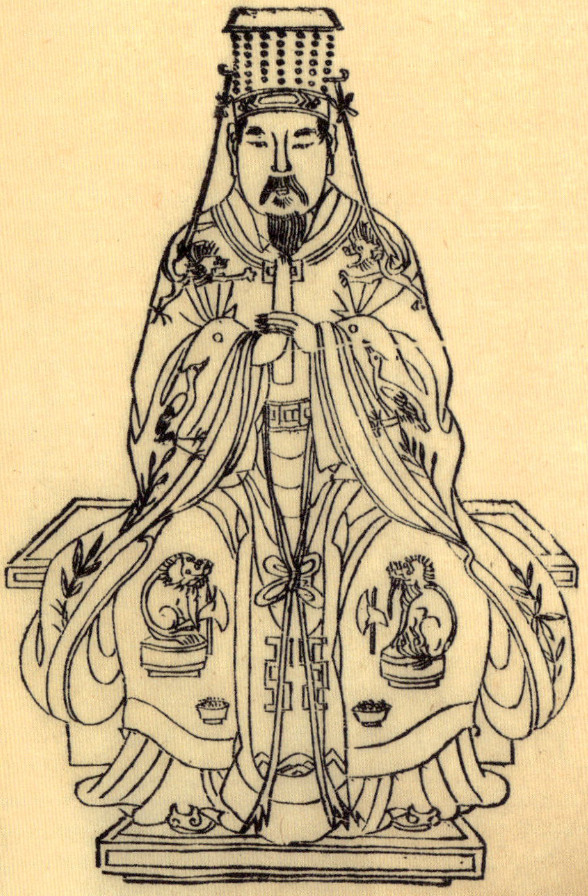

卷之一 二 五十五

陋巷誌後序

右顏子陋巷誌一帙共八卷前
侍御鄭汭玉曹公偕良耗薦提
學憲副陳鎬宗之彙集去今多
蹟而減之也者曰孔門從遊三千而
獨明稱顏淵獨入室以傳唯道

史大紀二十六卷

（明）吴安國撰　稿本

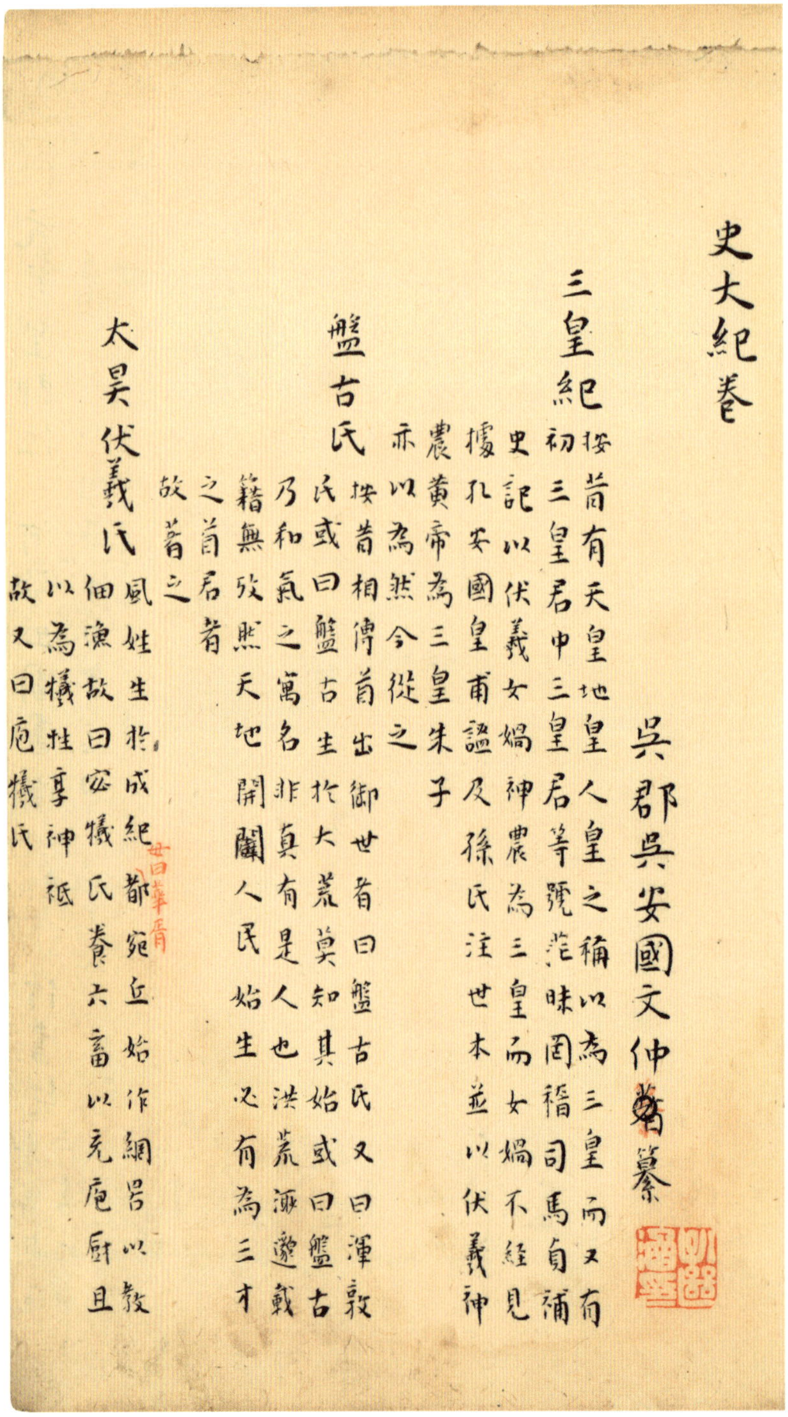
史大紀卷

吳郡吳安國文仲著纂

三皇紀

按昔有天皇地皇人皇之稱以爲三皇而又有初三皇居中三皇居等號茫昧罔稽司馬貞補史記以伏羲女媧神農爲三皇而女媧不經見攄孔安國皇甫謐及孫氏注世本並以伏羲神農黃帝爲三皇朱子亦以爲然今從之

盤古氏

按昔相傳首出御世者曰盤古氏又曰渾敦氏或曰盤古生於大荒莫知其始或曰盤古乃和氣之萬名非真有是人也洪荒渺邈載籍無攷然天地開闢人民始生必有爲三才之首君者故首之

太昊伏羲氏

風姓生於成紀母曰華胥都宛丘始作網罟以教佃漁故曰宓犧氏養六畜以充庖廚且以爲犧牲享神祇故又曰庖犧氏

元年皇即位 神農氏世衰炎帝榆罔侵陵諸侯諸侯叛之軒轅修德治兵與炎帝戰于阪泉三戰然後得其志蚩尤作亂誅于涿鹿之野諸侯咸尊軒轅代神農氏為天子 按此征誅之始 又按中興之君自黃帝始

景雲見以雲紀官 應劭曰春官為青雲夏官為縉雲秋官為白雲冬官為黑雲中官為黃雲 按景雲為祥瑞之始 外紀又有鳳皇麒麟熙祥瑞非帝王所貴故不悉書至于屈軼神羊等異則多怪誕

置左右大監監于萬國 舉風后力牧常先大鴻以治民 外紀曰黃帝得六相而天下治 立史官 以師兵為營衛 外紀曰畫野分州經土設井 作調歷 史記曰獲寶鼎迎日推策 義和占日常儀占月車區占風大撓作甲子容成作蓋天隸首作數伶倫造律呂榮後鑄十二鐘 制章服 作咸池之樂 作宮室以合宮祀上帝封禪

為陶正赤將為木正以利器用 作舟車 古史考曰黃帝作車引重致遠少昊時駕牛禹時奚仲駕馬 制金刀立五幣 外紀曰西陵氏之女嫘祖為帝元妃始教民蠶後世祀為先蠶

百年地裂 此災異之始 附書紀異

按 皇崩 壽百十有一歲 葬橋山 子玄囂立 ○○○○

附十紀 典說駁雜 姑備傳聞 語云三皇之事若存若亡其世以有不可考者姑識之以

一曰九頭紀 即人皇氏兄弟九人故也 二曰五龍紀 兄弟五人繼人皇御世 三曰攝提紀 五十九姓 四曰合雒紀 三姓 五曰連通紀 六姓 六曰序命紀 四姓 七曰循蜚紀 有巢無世凡二十二氏 鉅靈氏 句彊氏 譙明氏 涿光氏 鉤陳氏 黃神氏

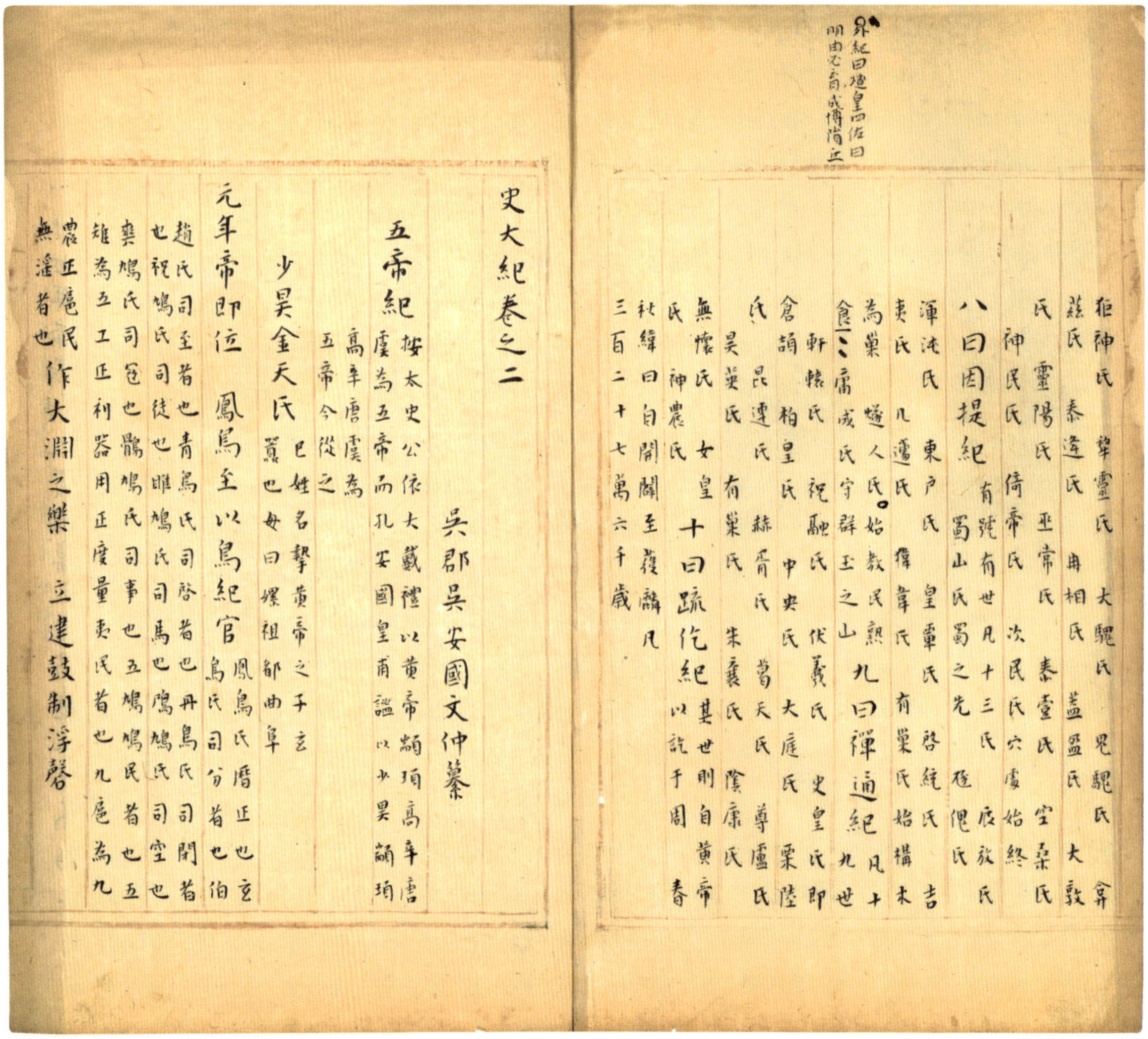

外紀曰燧皇四佐曰明由必育成博隕丘

拒神氏 犂靈氏 大騩氏 鬼騩氏 弇兹氏 泰逢氏 冉相氏 蓋盈氏 大敦氏 靈陽氏 巫常氏 泰壹氏 空桑氏 神民氏 倚帝氏 次民氏 六處始終

八曰因提紀 有號有世凡十三氏 辰放氏 蜀山氏 蜀之先 豗傀氏 渾沌氏 東戶氏 皇覃氏 啓統氏 吉夷氏 几蘧氏 豨韋氏 有巢氏 始搆木為巢 燧人氏。始教民熟食

九曰禪通紀 凡十九世 庸成氏 守群玉之山 軒轅氏 祝融氏 伏羲氏 史皇氏 即倉頡 柏皇氏 中央氏 大庭氏 栗陸氏 昆連氏 赫胥氏 葛天氏 尊盧氏 昊英氏 有巢氏 朱襄氏 陰康氏 無懷氏 女皇氏 神農氏

十曰疏仡紀 其世則自黃帝以訖于周 春秋緯曰自開闢至獲麟凡三百二十七萬六千歲

史大紀卷之二

吳郡吳安國文仲纂

五帝紀 按太史公依大戴禮以黃帝顓頊高辛唐虞為五帝而孔安國皇甫謐以少昊顓頊高辛唐虞為五帝今從之

少昊金天氏 己姓名摯黃帝之子玄囂也母曰嫘祖都曲阜

元年帝即位 鳳鳥至以鳥紀官 鳳鳥氏曆正也玄鳥氏司分者也伯趙氏司至者也青鳥氏司啓者也丹鳥氏司閉者也祝鳩氏司徒也雎鳩氏司馬也鳲鳩氏司空也爽鳩氏司寇也鶻鳩氏司事也五鳩鳩民者也五雉為五工正利器用正度量夷民者也九扈為九農正扈民無淫者也 作大淵之樂 立建鼓制浮磬

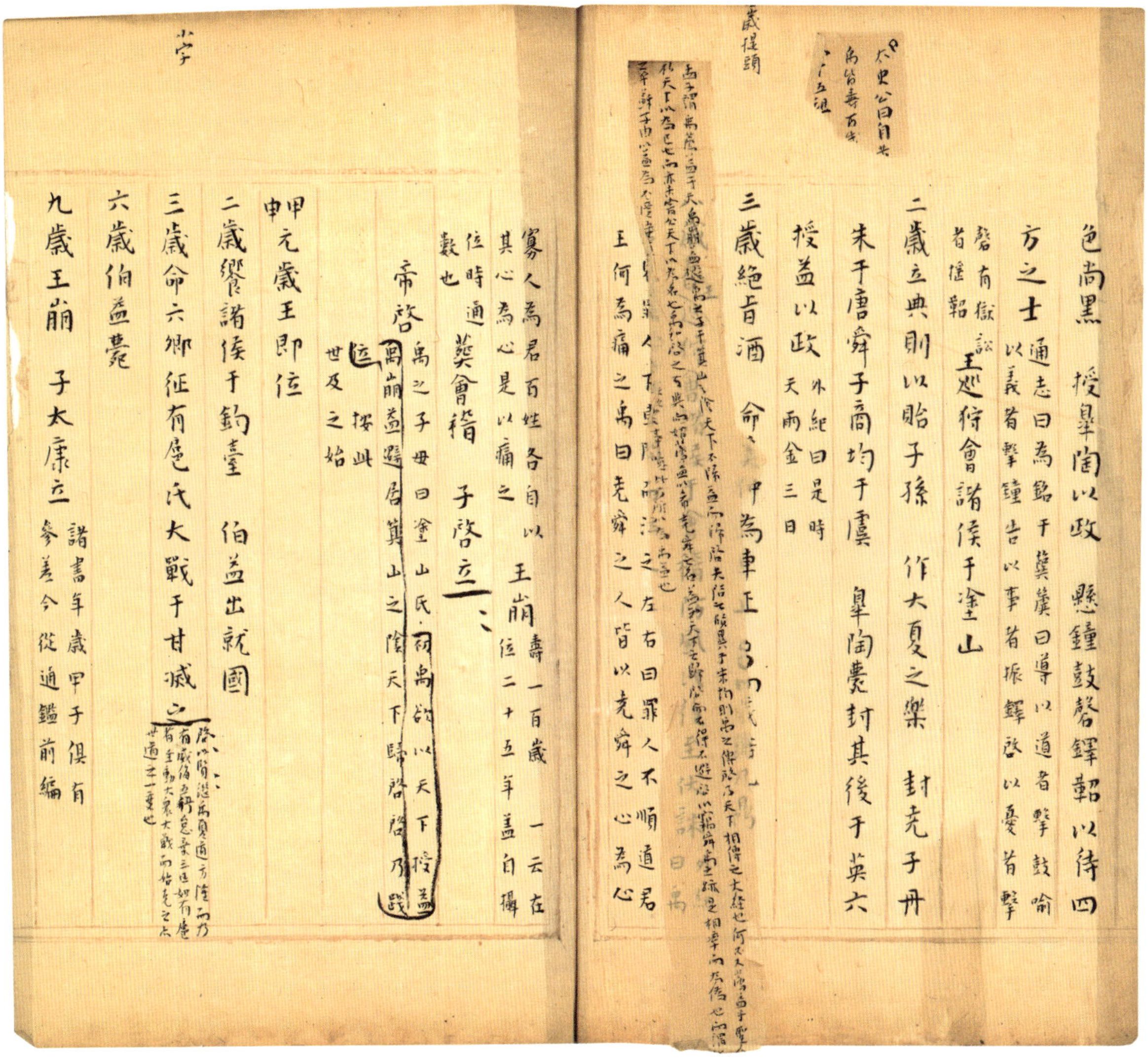
色尚黑　授臯陶以政　懸鍾鼓磬鐸鞀以待四方之士 通志曰為銘于簨簴曰導以道者擊鼓喻以義者擊鍾告以事者振鐸啓以憂者擊磬有獄訟者搖鞀

王巡狩會諸侯于塗山

二歲立典則以貽子孫　作大夏之樂　封堯子丹朱于唐舜子商均于虞　臯陶薨封其後于英六　授益以政 外紀曰是時天雨金三日

三歲絕旨酒　命奚仲為車正

……罪人……之　左右曰罪人不順道君王何為痛之禹曰堯舜之人皆以堯舜之心為心寡人為君百姓各自以其心為心是以痛之　王崩 壽一百歲一云在位二十五年蓋百舉數也

位時通葬會稽　子啓立

帝啓 禹之子母曰塗山氏初禹欲以天下授益益避居箕山之陰天下歸啓啓乃踐位 按此世及之始

甲申元歲王即位

二歲饗諸侯于鈞臺　伯益出就國

三歲命六卿征有扈氏大戰于甘滅之

六歲伯益薨

九歲王崩　子太康立 諸書年歲甲子俱有參差今從通鑑前編

歷代史纂左編一百四十二卷

（明）唐順之輯　明萬曆三十九年（1611）吴用先等刻本

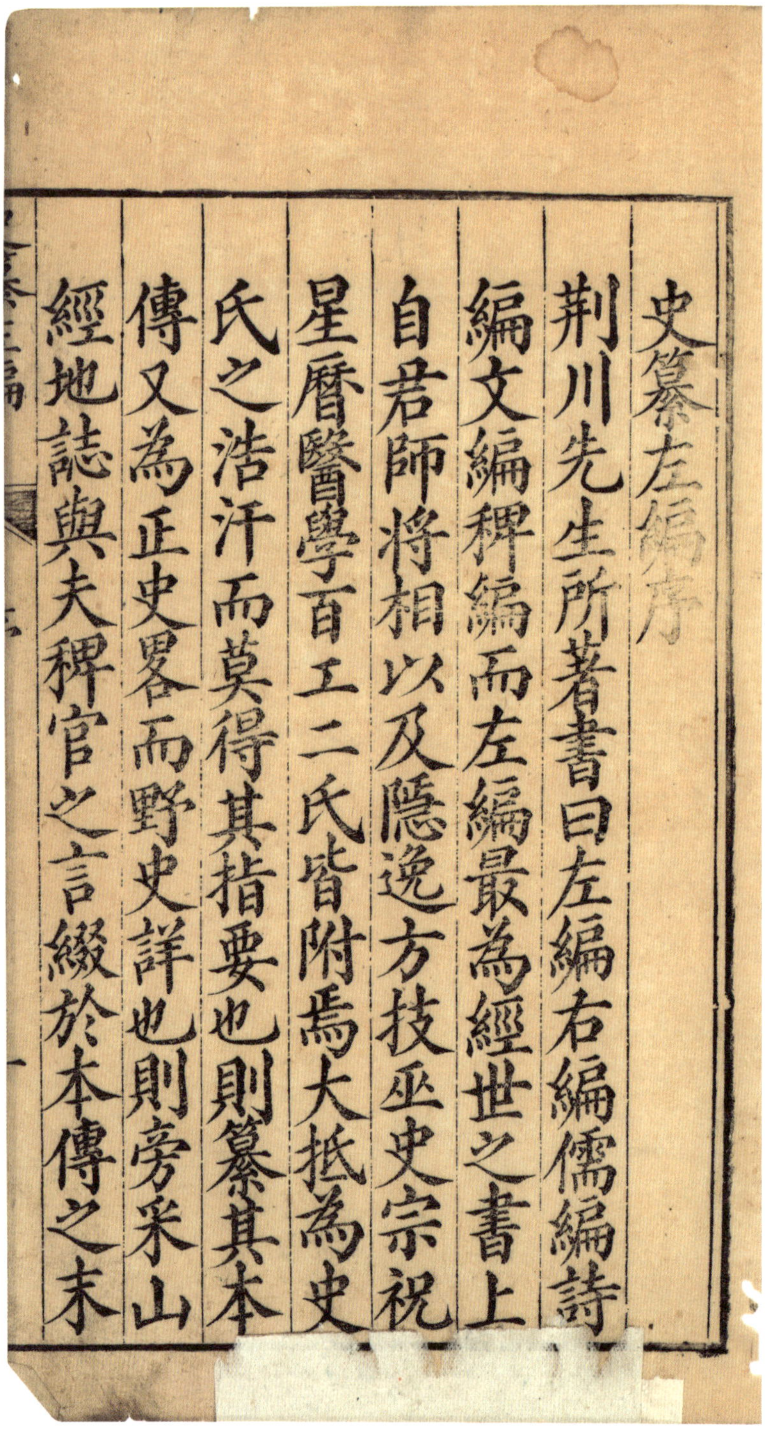
史纂左編序
荆川先生所著書曰左編右編儒編詩
編文編稗編而左編最爲經世之書上
自君師將相以及隱逸方技巫史宗祝
星曆醫學百工二氏皆附焉大抵爲史
氏之浩汗而莫得其指要也則纂其本
傳又爲正史畧而野史詳也則旁采山
經地誌與夫稗官之言綴於本傳之末

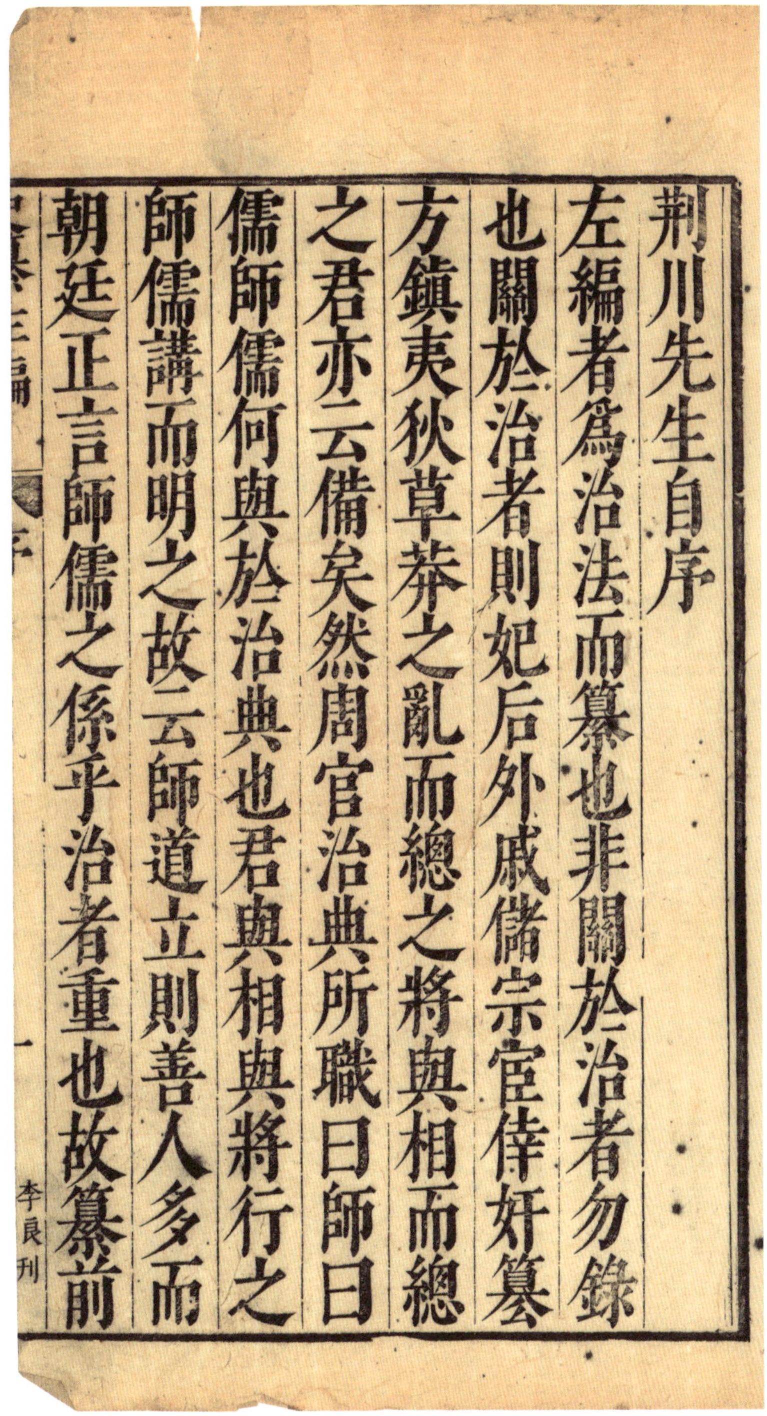

荊川先生自序

左編者爲治法而纂也非關於治者勿錄也關於治者則妃后外戚儲宗宦倖奸篡方鎮夷狄草莽之亂而總之將與相而總之君亦云備矣然周官治典所職曰師曰儒師儒何與於治典也君與相與將行之師儒講而明之故云師道立則善人多而朝廷正言師儒之係乎治者重也故纂前

序 一

李良刊

歷代史纂左編凡例并引　東浙龍溪外史王畿

古今論治者唐虞而下曰夏曰商曰周三代而下曰漢曰唐曰宋二者純駁雖殊均之爲膺歷數之傳主持世教而天時人紀方域之故咸賴焉治必有法如方圓之於規矩平直之於準繩斷斷乎不可以無者也時有古今而治乘之治有因革而法紀之道則貫乎治法變通以趨乎時者也夏商周之法備於六經漢唐宋之法備於諸史六經尚矣自漢而下紀載浩穰茫無端緒所謂汗牛塞棟雖强有力者不能徧其說而殫其義學者病焉吾友荊川子乃取歷代諸史

史纂凡例　一

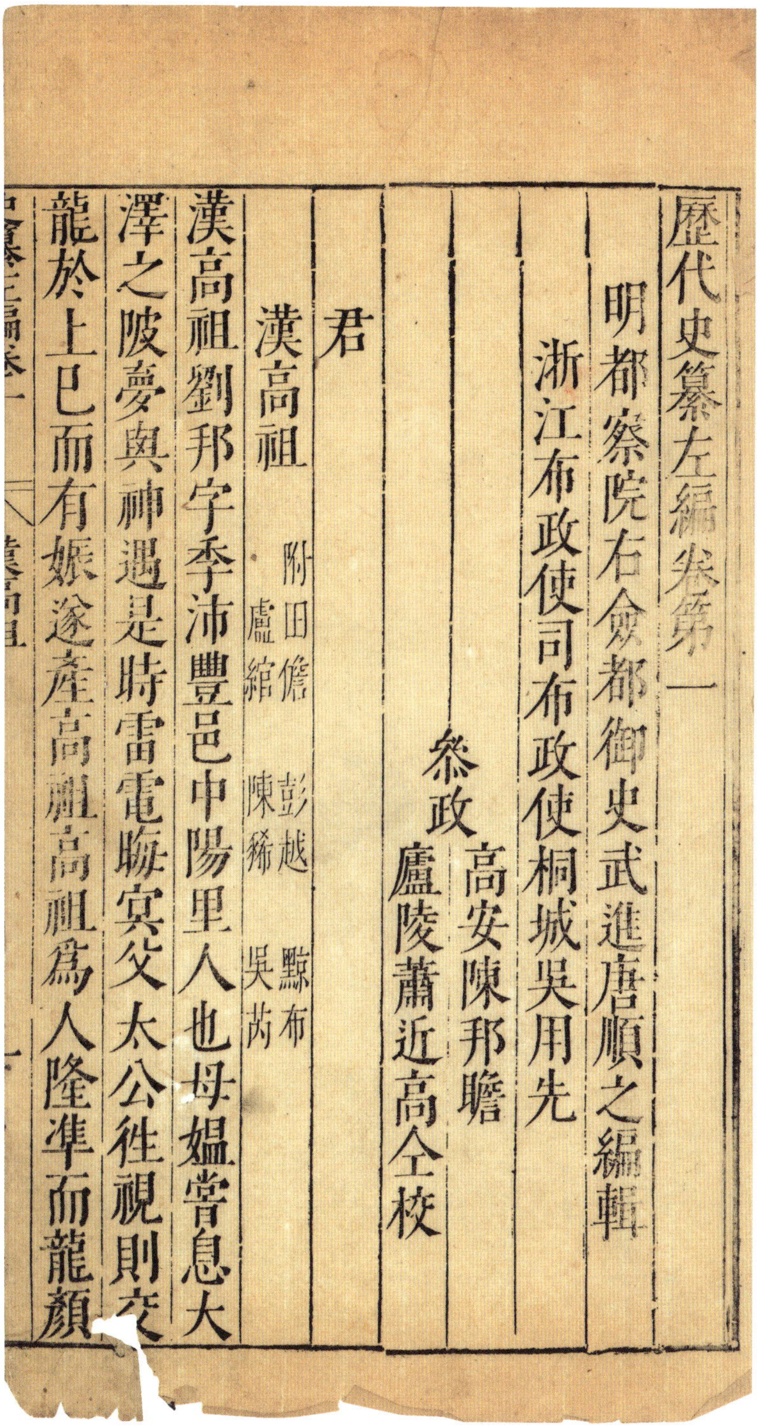
歷代史纂左編卷第一

明都察院右僉都御史武進唐順之編輯

浙江布政使司布政使桐城吳用先

參政高安陳邦瞻

廬陵蕭近高仝校

君

漢高祖　附田儋　彭越　黥布　盧綰　陳豨　吳芮

漢高祖劉邦字季沛豐邑中陽里人也母媼嘗息大澤之陂夢與神遇是時雷電晦冥父太公往視則交龍於上已而有娠遂產高祖高祖為人隆準而龍顏

史纂左編卷一　漢高祖　一

讀史漫録十四卷

（明）于慎行撰　明萬曆四十二年（1614）于緯刻本

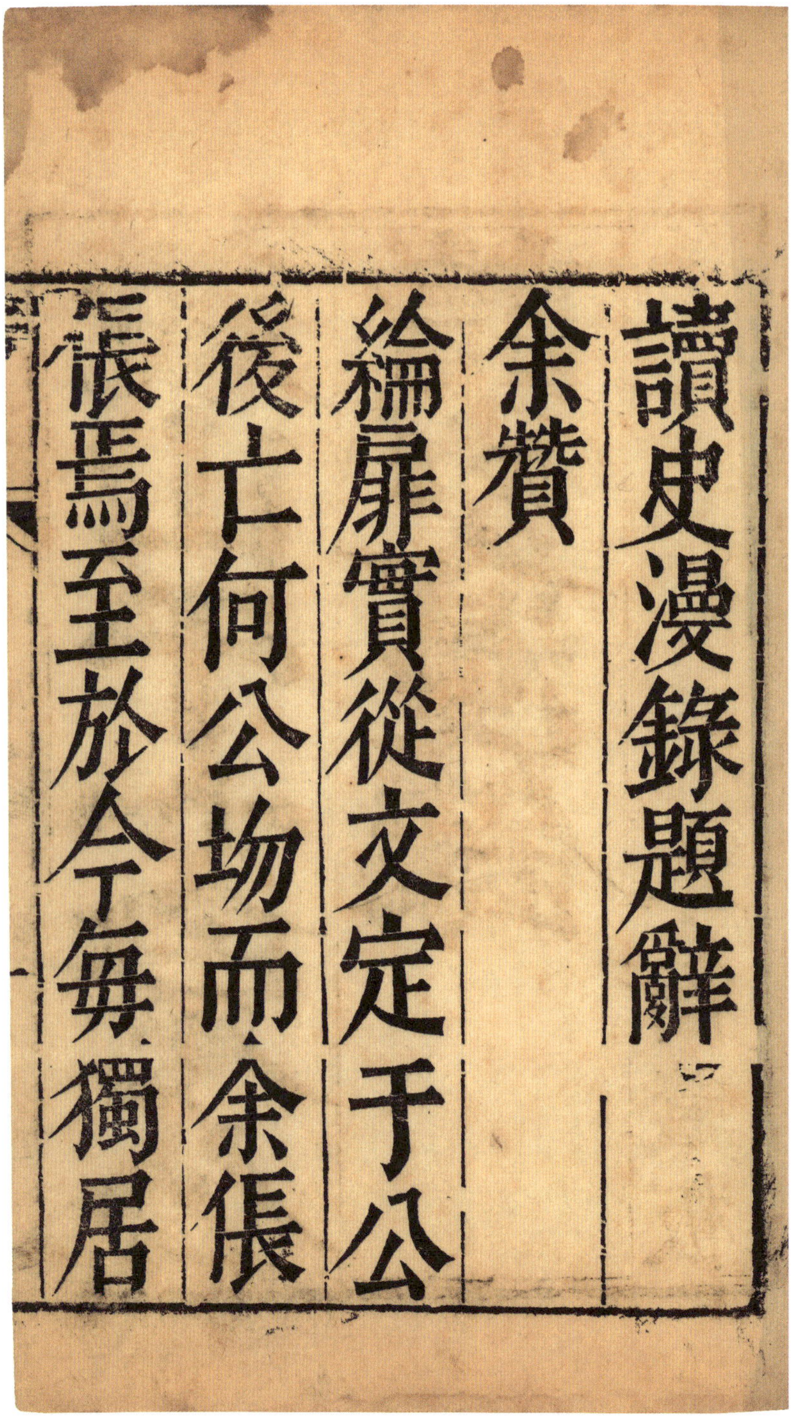
讀史漫錄題辭
余贊
綸扉實從文定于公
後亡何公圽而余悵
悵焉至於今每獨居

史部

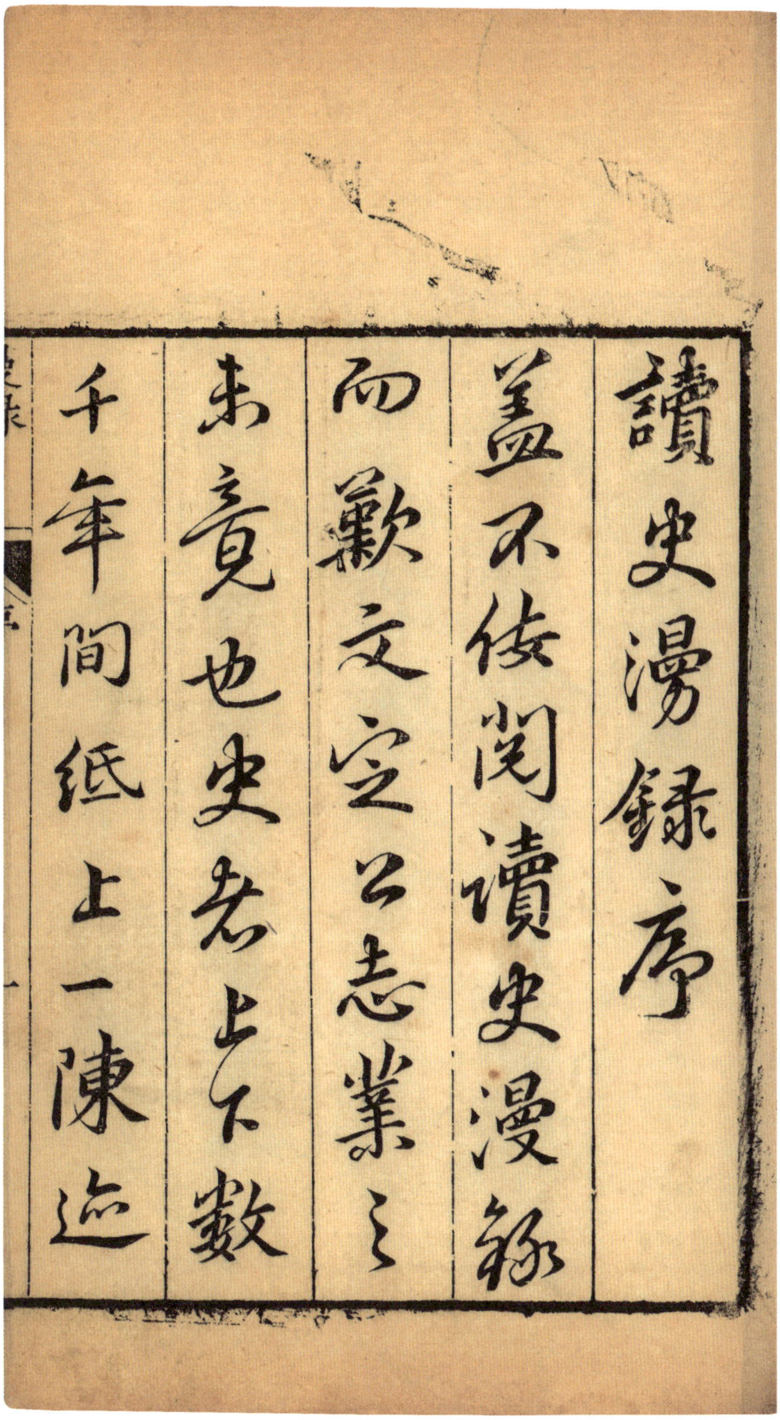
讀史漫錄序

蓋不佞閱讀史漫錄而歎文定公志業之未竟也史者上下數千年間紙上一陳迹

讀史漫錄卷之一

明東阿穀山于慎行著
門人福唐郭應寵編次
男于緯校梓

宓羲至東周　齊晉附

宓羲本紀毋曰華胥履大人迹於雷澤而生庖羲於成紀雷澤相傳在濟陰濮陽又云在泗水之上成紀則天水是也相去三四千里不應懸遠如是宓羲畫八卦神農重之為六十四卦爻

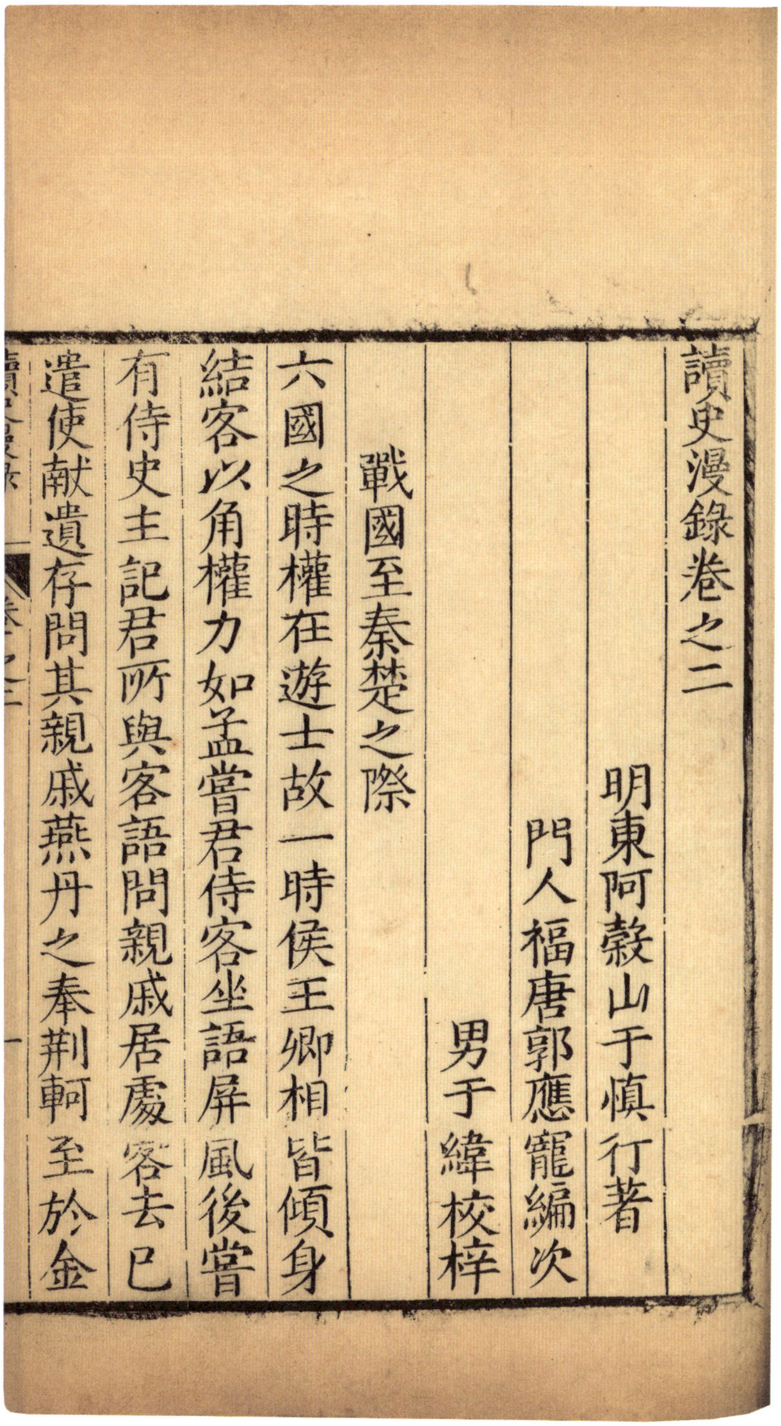

讀史漫錄卷之二

明東阿穀山于愼行著
門人福唐郭應寵編次
男于緯校梓

戰國至秦楚之際

六國之時權在遊士故一時侯王卿相皆傾身結客以角權力如孟嘗君待客坐語屏風後常有侍史主記君所與客語問親戚居處客去已遣使獻遺存問其親戚燕丹之奉荊軻至於金

讀史漫錄　卷之二　一

新刊官板批評正百將傳十卷　（宋）張預撰　（明）趙光裕評　續百將傳四卷　（明）何喬新撰　（明）趙光裕評　明萬曆十七年（1589）金陵周曰校刻本

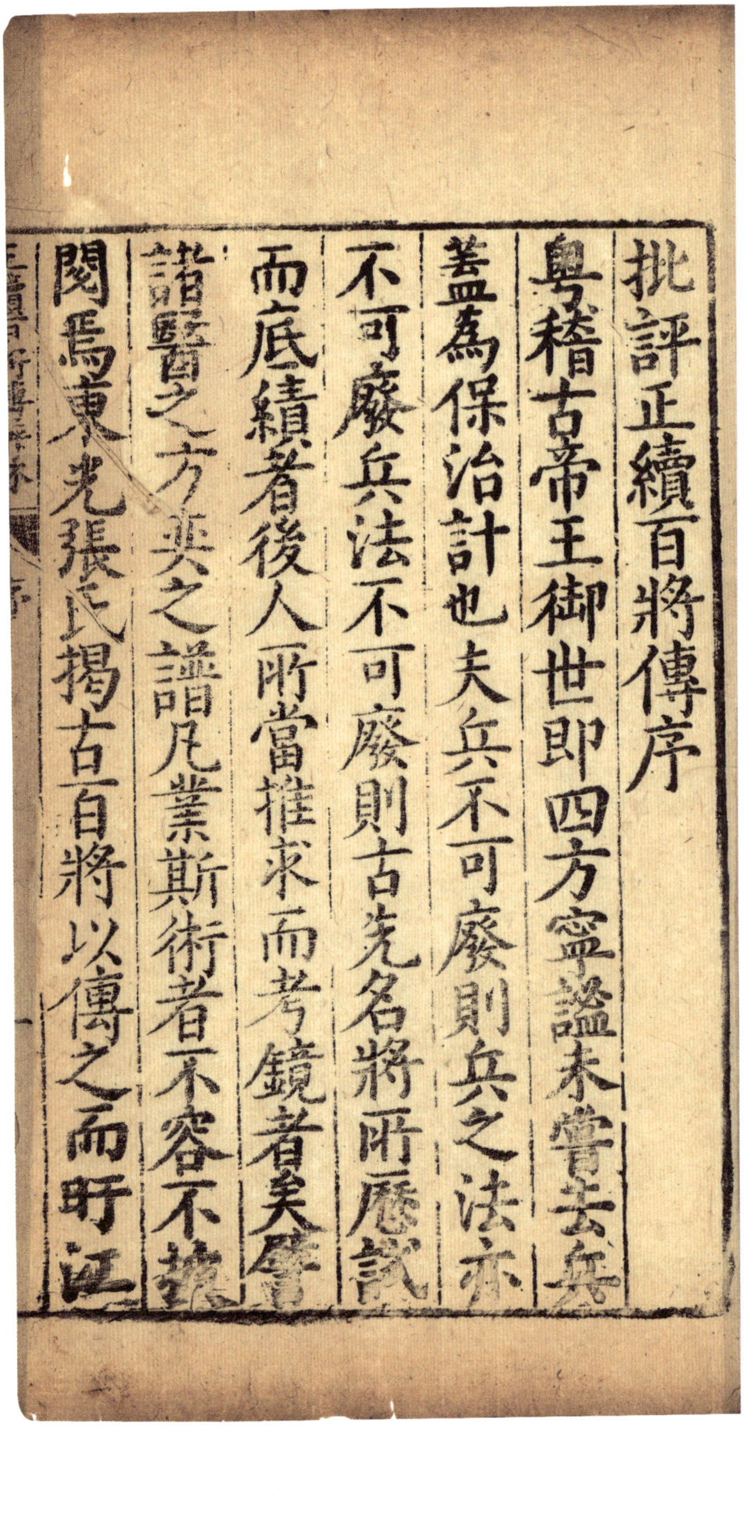
批評正續百將傳序
粤稽古帝王御世即四方寧謐未嘗去兵
蓋爲保治計也夫兵不可廢則兵之法亦
不可廢兵法不可廢則古先名將所歷試
而底績者後人所當推求而考鏡者矣譬
諸醫之方弈之譜凡業斯術者不容不讀
閱焉東光張氏揭古百將以傳之而盱江

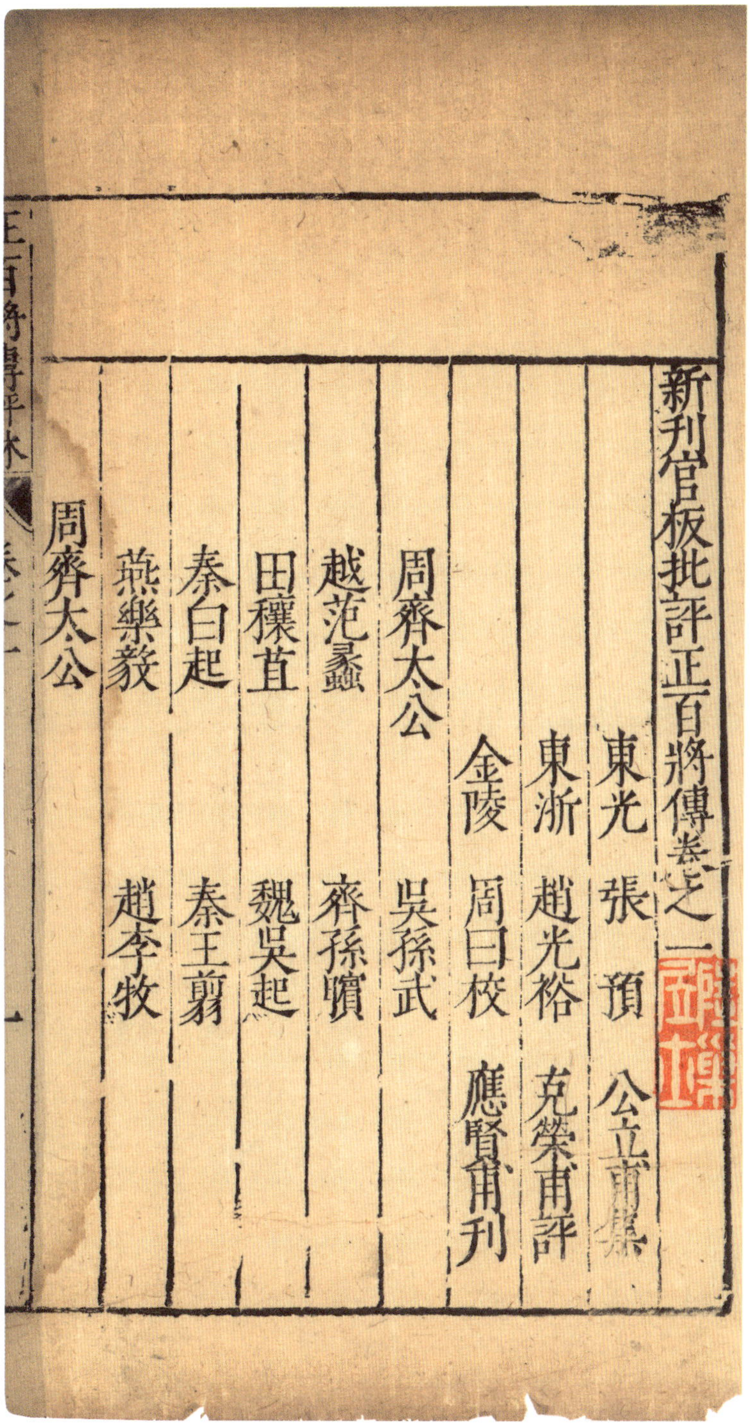

新刊官板批評正百將傳卷之一

東光　張預　公立甫集

東浙　趙光裕　克榮甫評

金陵　周曰校　應賢甫刊

周齊太公　吳孫武

越范蠡　齊孫臏

田穰苴　魏吳起

秦白起　秦王翦

燕樂毅　趙李牧

周齊太公

正百將傳評林　卷之一　一

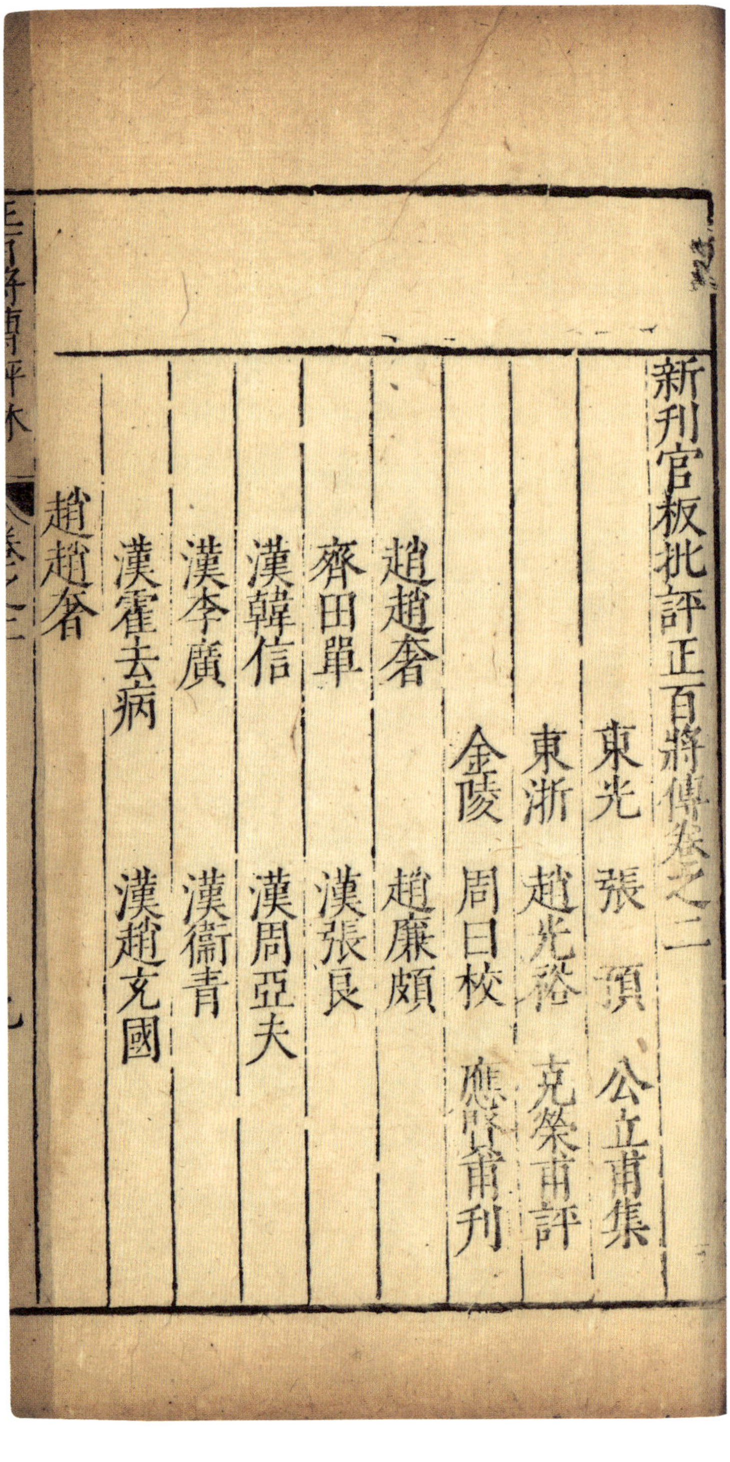

新刊官板批評正百將傳卷之二

東光　張　預　公立甫集

東浙　趙光裕　克桀甫評

金陵　周曰校　應賢甫刊

趙趙奢　趙廉頗

齊田單　漢張良

漢韓信　漢周亞夫

漢李廣　漢衛青

漢霍去病　漢趙充國

趙趙奢

正百將傳評林　卷之二

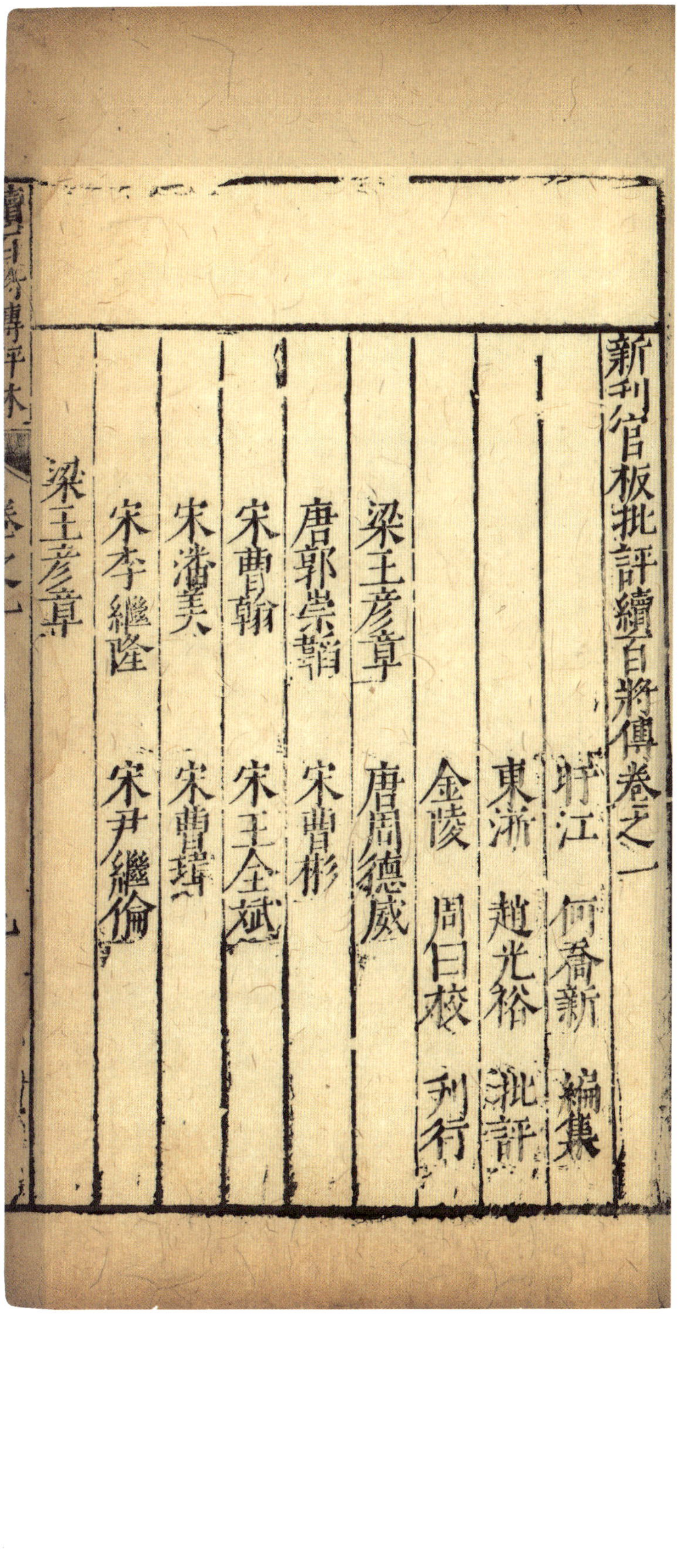

新刊官板批評續百將傳卷之一

盱江　何喬新　編集

東浙　趙光裕　批評

金陵　周曰校　刊行

梁王彥章　唐周德威

唐郭崇韜　宋曹彬

宋曹翰　宋王全斌

宋潘美　宋曹瑋

宋李繼隆　宋尹繼倫

梁王彥章

南監本三國志六十五卷

（晋）陳壽撰　（南朝宋）裴松之注　明萬曆二十四年（1596）南京國子監刻本

《三國志》，紀傳體史學名著，爲著名的“前四史”之一，歷來版本衆多。該書爲明萬曆二十四年南京國子監刻本，書口刻“萬曆二十四年刊”，目録後刻“大明萬曆二十四年南京國子監鏤板”，包括《魏志》三十卷、《蜀志》十五卷、《吴志》二十卷。鈐印“孔繼涵印”“葒谷”，著録刻工及字數。2019年入選第四批《山東省珍貴古籍名録》。

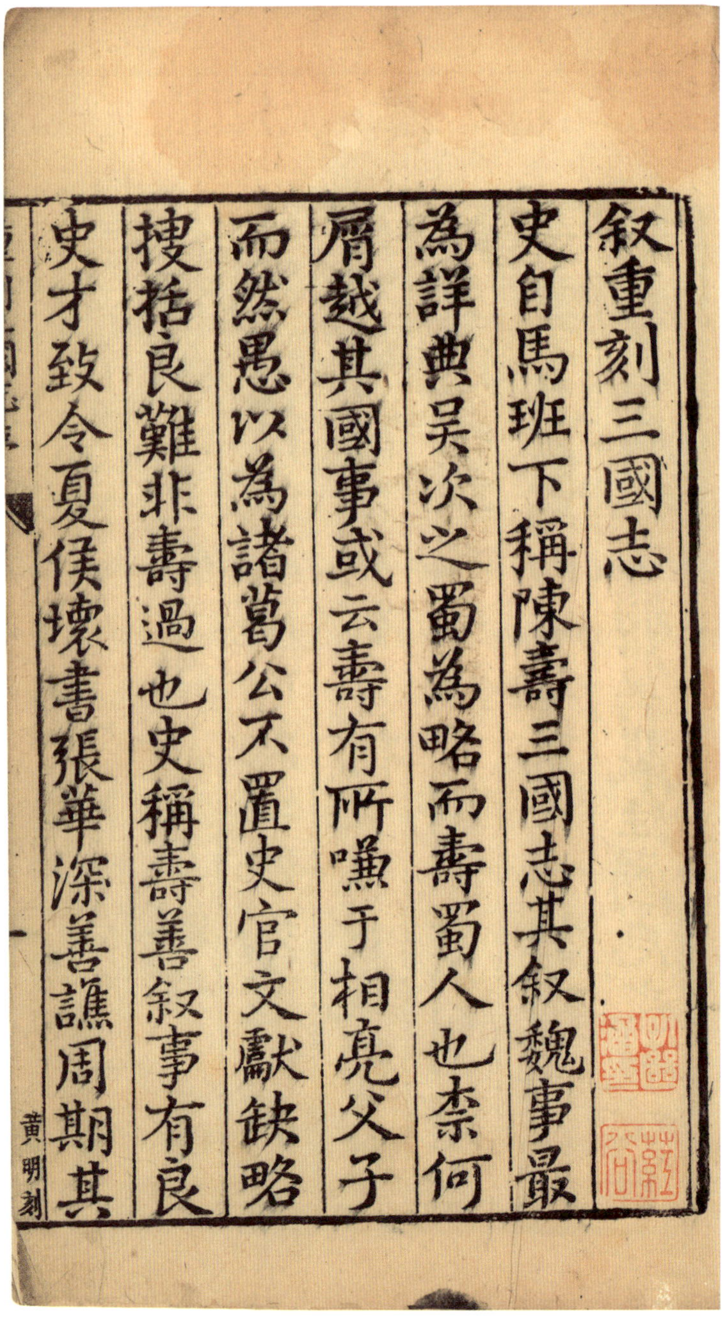
敘重刻三國志
史自馬班下稱陳壽三國志其叙魏事最
爲詳典吴次之蜀爲略而壽蜀人也柰何
屑越其國事或云壽有所嗛于相亮父子
而然愚以爲諸葛公不置史官文獻缺略
捜括良難非壽過也史稱壽善叙事有良
史才致令夏侯瓌書張華深善譙周期其
黄明刻

重刻三國志小序

南雍舊鋟有三國志歲久漫漶爲甚大司成馮公視事之三月乃重鋟焉余惟諸史自史記兩漢書外最著者無如陳壽國志維時漢季群雄並起所在豪傑如林卓犖奇偉夐絕千古壽所結撰其文采亦爛然稱是故壽本傳謂其善叙事有良史才裴

三國志序　三

史部

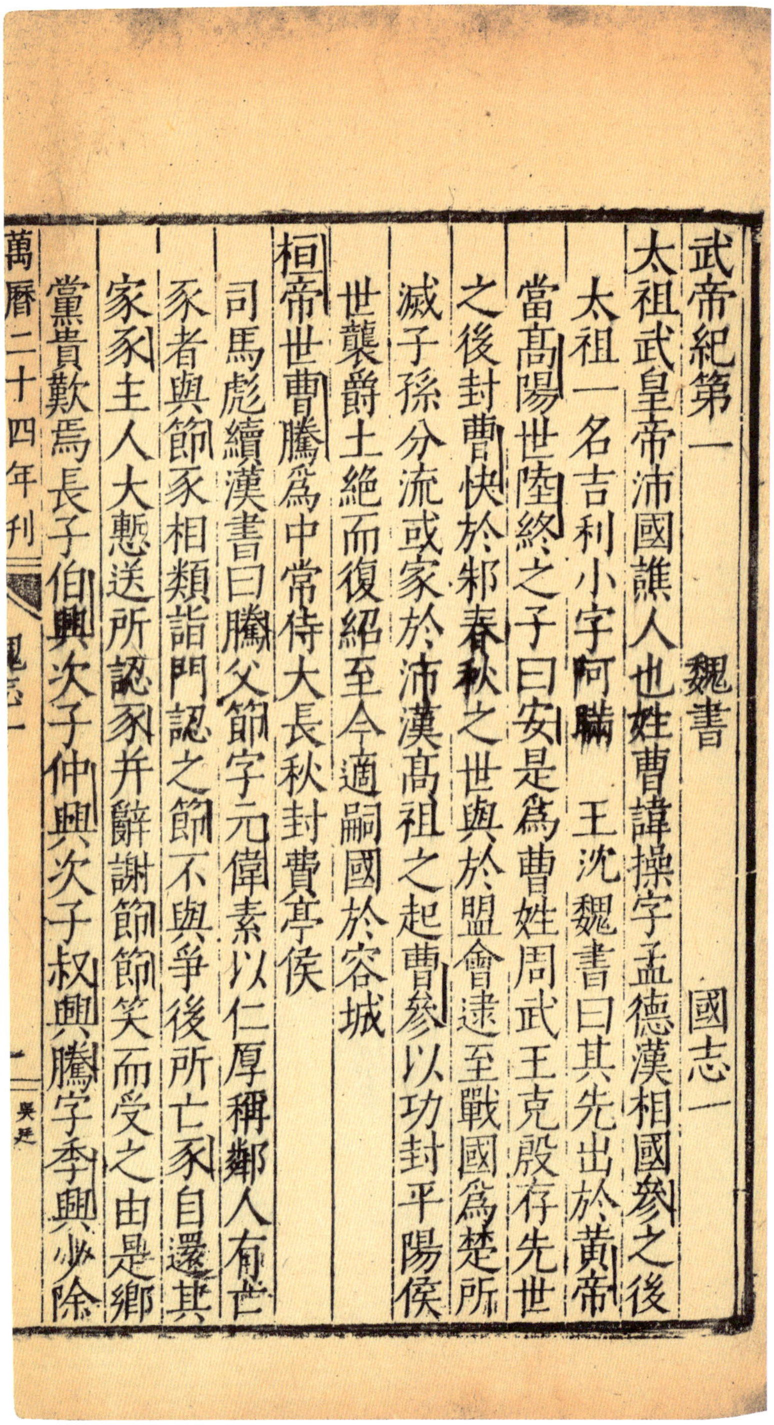
武帝紀第一　魏書　國志一
太祖武皇帝沛國譙人也姓曹諱操字孟德漢相國參之後
太祖一名吉利小字阿瞞　王沈魏書曰其先出於黄帝
當高陽世陸終之子曰安是爲曹姓周武王克殷存先世
之後封曹俠於邾春秋之世與於盟會逮至戰國爲楚所
滅子孫分流或家於沛漢高祖之起曹參以功封平陽侯
世襲爵土絶而復紹至今適嗣國於容城
桓帝世曹騰爲中常侍大長秋封費亭侯
司馬彪續漢書曰騰父節字元偉素以仁厚稱鄰人有亡
豕者與節豕相類詣門認之節不與爭後所亡豕自還其
家豕主人大慙送所認豕并辭謝節節笑而受之由是鄉
黨貴歎焉長子伯興次子仲興次子叔興騰字季興少除
萬曆二十四年刊　魏志一　二　吳廷

孫破虜討逆傳第一　吳書　國志四十六

孫堅字文臺吳郡富春人蓋孫武之後也

吳書曰堅世仕吳家于富春葬于城東冢上數有光怪雲氣五色上屬于天曼延數里衆皆往觀視父老相謂曰是非凡氣孫氏其興矣及母懷妊堅夢腸出繞吳閶門寤而懼之以告鄰母鄰母曰安知非吉徵也堅生容貌不凡性闊達好奇節

少爲縣吏年十七與父共載船至錢唐會海賊胡玉等從匏里上掠取賈人財物方于岸上分之行旅皆住船不敢進堅謂父曰此賊可擊請討之父曰非爾所圖也堅行操刀上岸以手東西指麾若分部人兵以羅遮賊狀賊望見以爲官兵捕之卽委財物散走堅追斬得一級以還父大驚由是顯聞

萬曆二十四年刊　吳志一　二　陈章

東萊先生三國志詳節二十卷

明建陽慎獨齋劉弘毅刻本

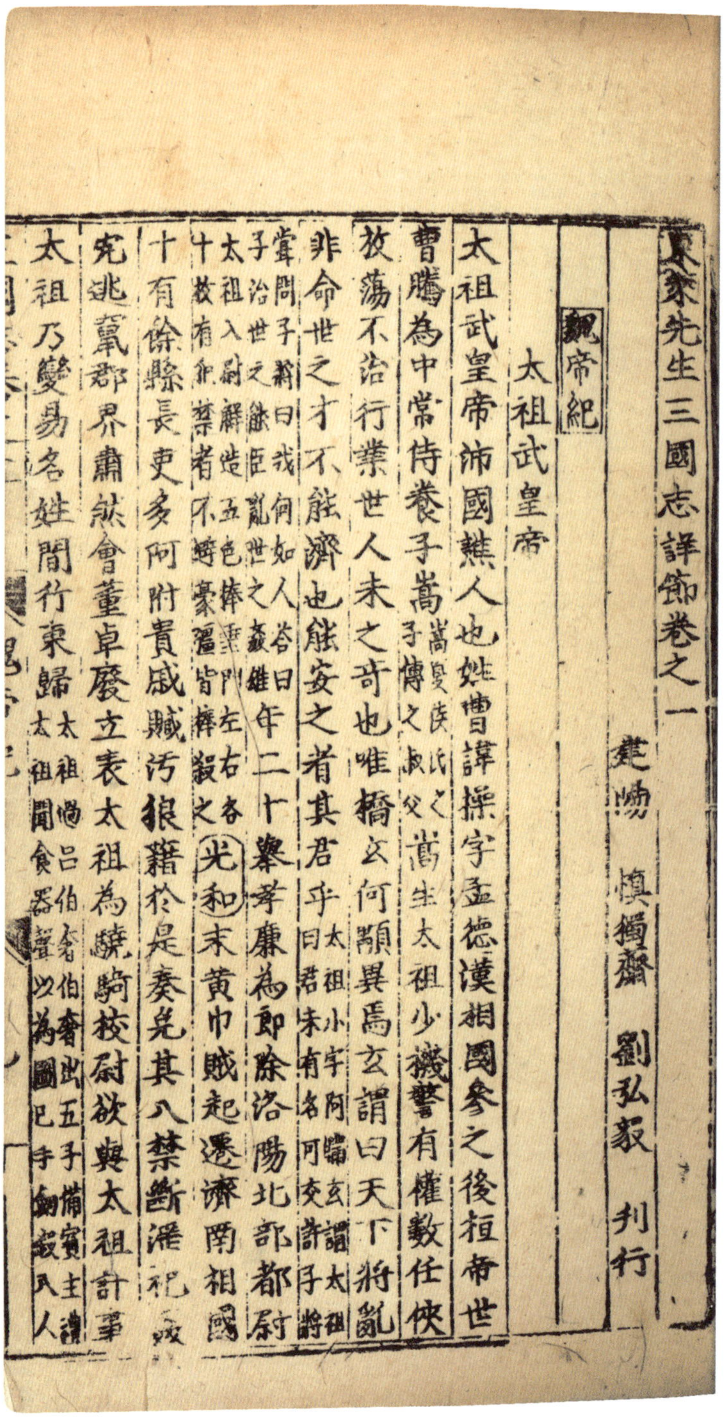

東萊先生三國志詳節卷之一

建陽 慎獨齋 劉弘毅 刊行

魏帝紀

太祖武皇帝

太祖武皇帝沛國譙人也姓曹諱操字孟德漢相國參之後桓帝世曹騰為中常侍養子嵩嵩夏侯氏之子惇之叔父嵩生太祖少機警有權數任俠放蕩不治行業世人未之奇也唯橋玄何顒異焉玄謂曰天下將亂非命世之才不能濟也能安之者其君乎太祖小字阿瞞玄謂太祖曰君未有名可交許子將嘗問子將曰我何如人答曰子治世之能臣亂世之姦雄年二十舉孝廉為郎除洛陽北部都尉太祖入尉廨造五色棒懸門左右各十枚有犯禁者不避豪彊皆棒殺之光和末黃巾賊起遷濟南相國十有餘縣長吏多阿附貴戚贓污狼藉於是奏免其八禁斷淫祀姦宄逃竄郡界肅然會董卓廢立表太祖為驍騎校尉欲與太祖計事太祖乃變易名姓間行東歸太祖過呂伯奢伯奢出五子備賓主禮太祖聞食器聲以為圖己手劍殺八人

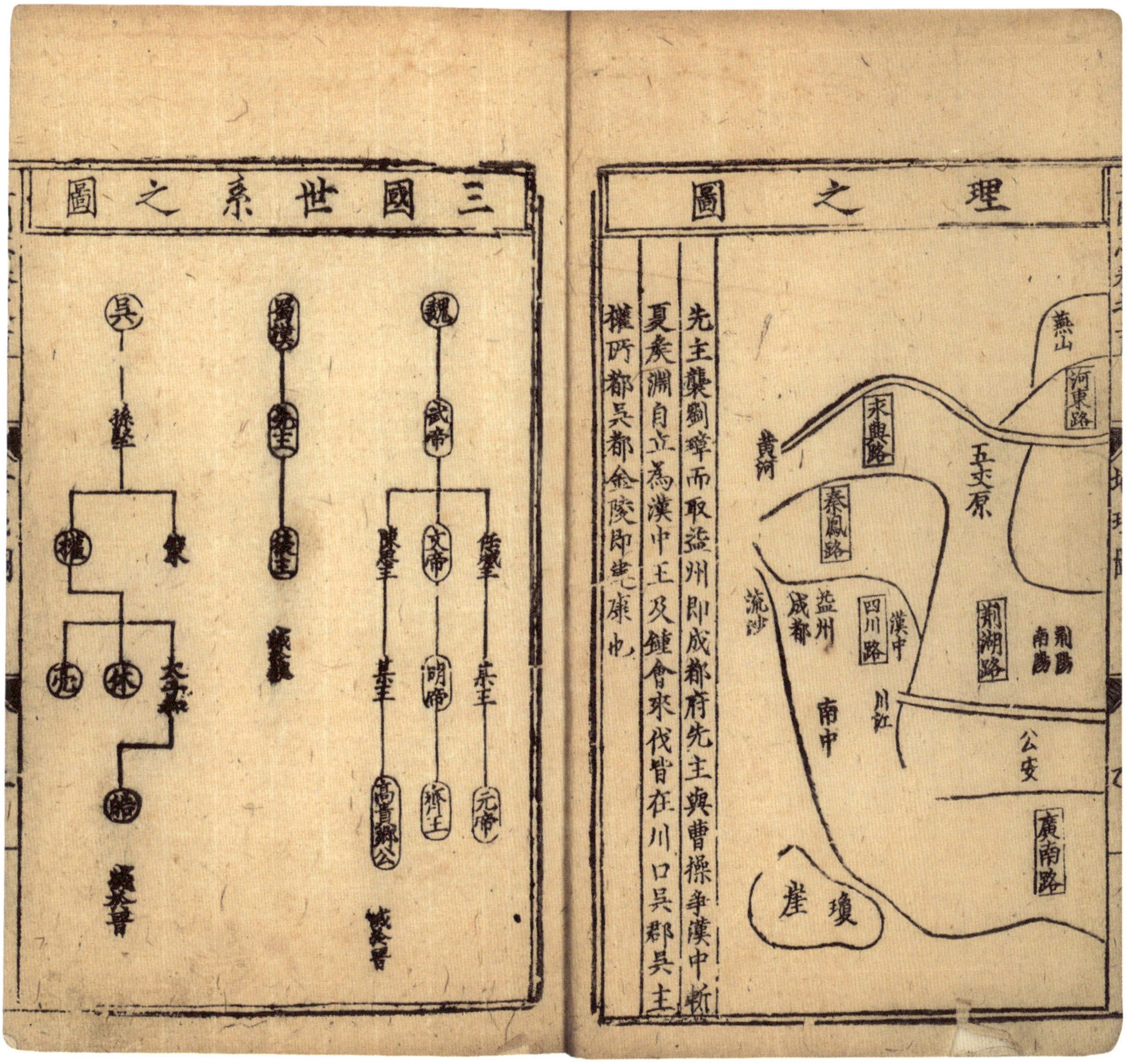
三國世系之圖
魏
武帝
文帝
明帝
元帝
蜀漢
先主
吳
理之圖
先主襲劉璋而取益州即成都府先主與曹操爭漢中斬
夏侯淵自立為漢中王及鍾會來伐皆在川口吳郡吳主
權所都吳都金陵即建康也
燕山
河東路
永興路
黃河
五丈原
秦鳳路
流沙
成都
益州
四川路
漢中
荊湖路
南中
公安
廣南路
瓊
崖

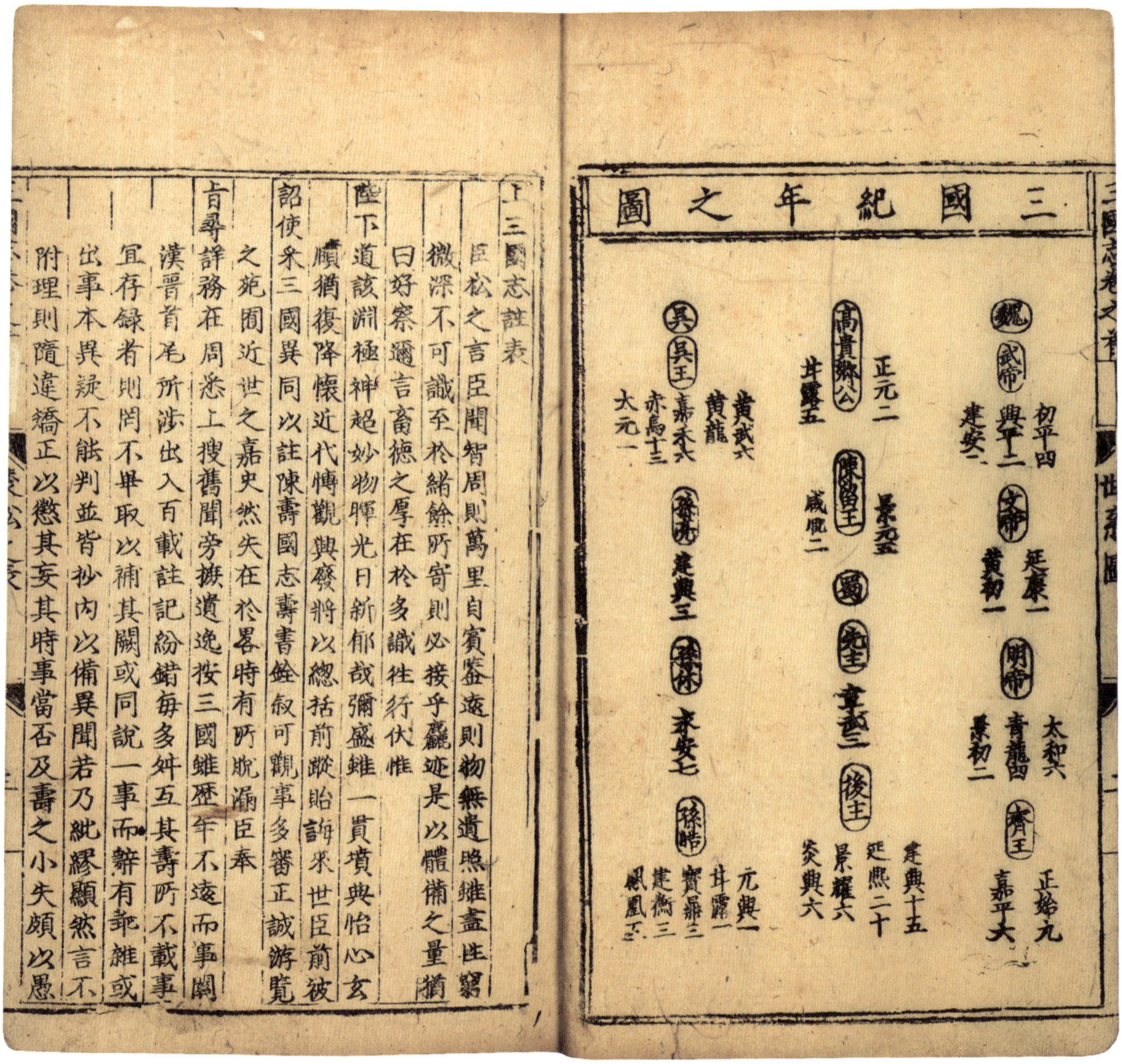

上三國志註表

臣松之言臣聞智周則萬里自賓鑒遠則物無遺照雖盡性窮微深不可識至於緒餘所寄則必接乎麤迹是以體備之量猶曰好察邇言畜德之厚在於多識往行伏惟
陛下道該淵極神超妙物暉光日新郁哉彌盛雖一貫墳典怡心玄賾猶復降懷近代博觀興廢將以總括前蹤貽誨來世臣前被
詔使采三國異同以註陳壽國志壽書銓叙可觀事多審正誠游覽之苑囿近世之嘉史然失在於略時有所脫漏臣奉
旨尋詳務在周悉上搜舊聞旁摭遺逸按三國雖歷年不遠而事關漢晉首尾所涉出入百載註記紛錯每多舛互其壽所不載事宜存錄者則罔不畢取以補其闕或同說一事而辭有乖雜或出事本異疑不能判並皆抄內以備異聞若乃紕繆顯然言不附理則隨違矯正以懲其妄其時事當否及壽之小失頗以愚

三國紀年之圖

史部

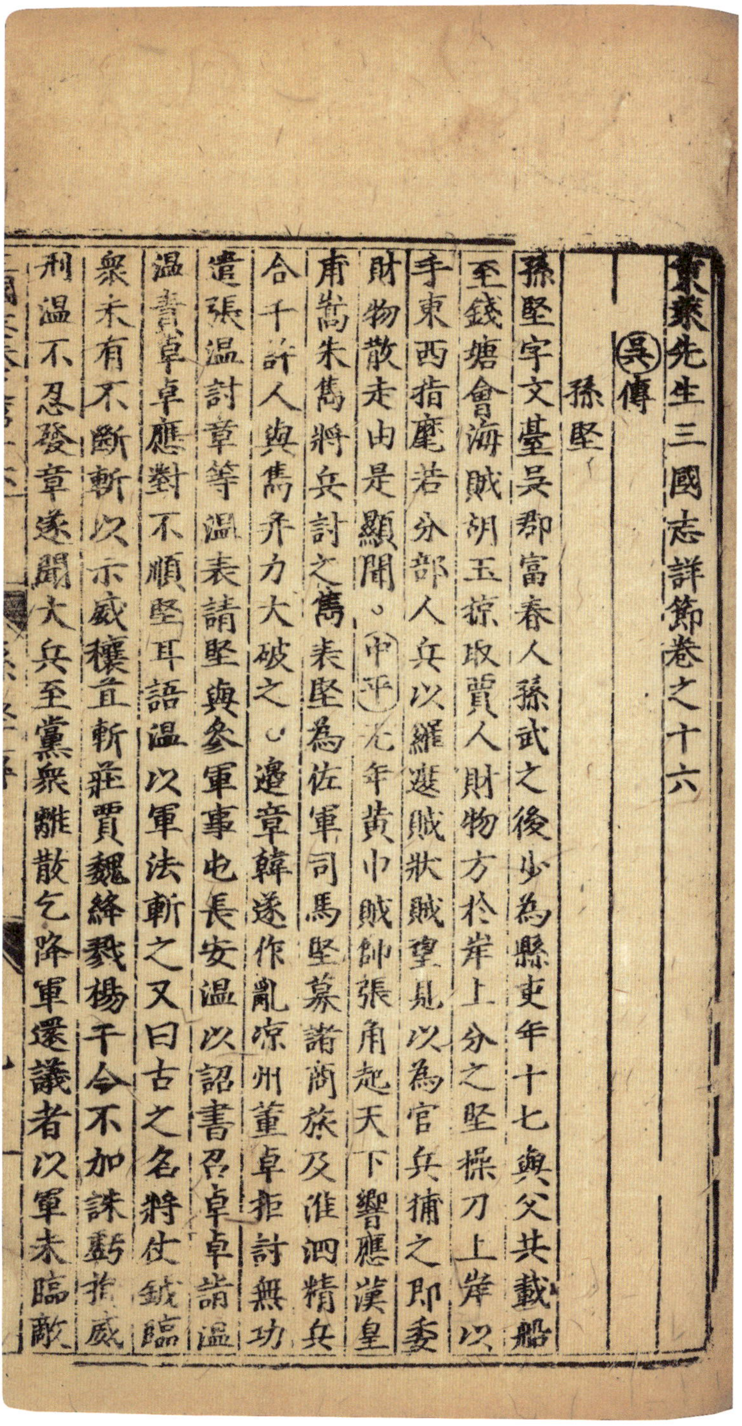
東萊先生三國志詳節卷之十六

（吳）傳

孫堅

孫堅字文臺吳郡富春人孫武之後少為縣吏年十七與父共載船至錢塘會海賊胡玉掠取賈人財物方於岸上分之堅操刀上岸以手東西指麾若分部人兵以羅遮賊狀賊望見以為官兵捕之即委財物散走由是顯聞。（中平）元年黃巾賊帥張角起天下響應漢皇甫嵩朱雋將兵討之雋表堅為佐軍司馬堅募諸商旅及淮泗精兵合千許人與雋并力大破之。邊章韓遂作亂涼州董卓拒討無功遣張溫討章等溫表請堅與參軍事屯長安溫以詔書召卓卓詣溫溫責卓卓應對不順堅耳語溫以軍法斬之又曰古之名將仗鉞臨衆未有不斷斬以示威穰苴斬莊賈魏絳戮楊干今不加誅虧損威刑溫不忍發章遂聞大兵至黨衆離散乞降軍還議者以軍未臨敵

孔子博物館藏珍貴古籍圖鑒

子部

皇朝仕學規範四十卷

（宋）張鎡輯　宋刻本

張鎡（1153—1211？），字功甫，號約齋，宋西秦（今甘肅西南部）人，工畫竹石古木，詩詞亦頗有造詣。該書爲宋代紀傳類書籍，書名取"學而優則仕"之意，内容多爲舉古人嘉言懿行作爲鑒戒和唐宋以來人物遺事。分爲學、行己、蒞官、陰德、作文、作詩六類，統載宋名臣事狀并徵引原文名著出典。此宋本字體優雅，印製極爲精美，用紙精良，訛誤較少，海内外極爲稀見。同時通過對歷史的記載反映了宋代的歷史狀况，具有極高的研究和保存價值。此書於2008年入選第一批《國家珍貴古籍名録》。

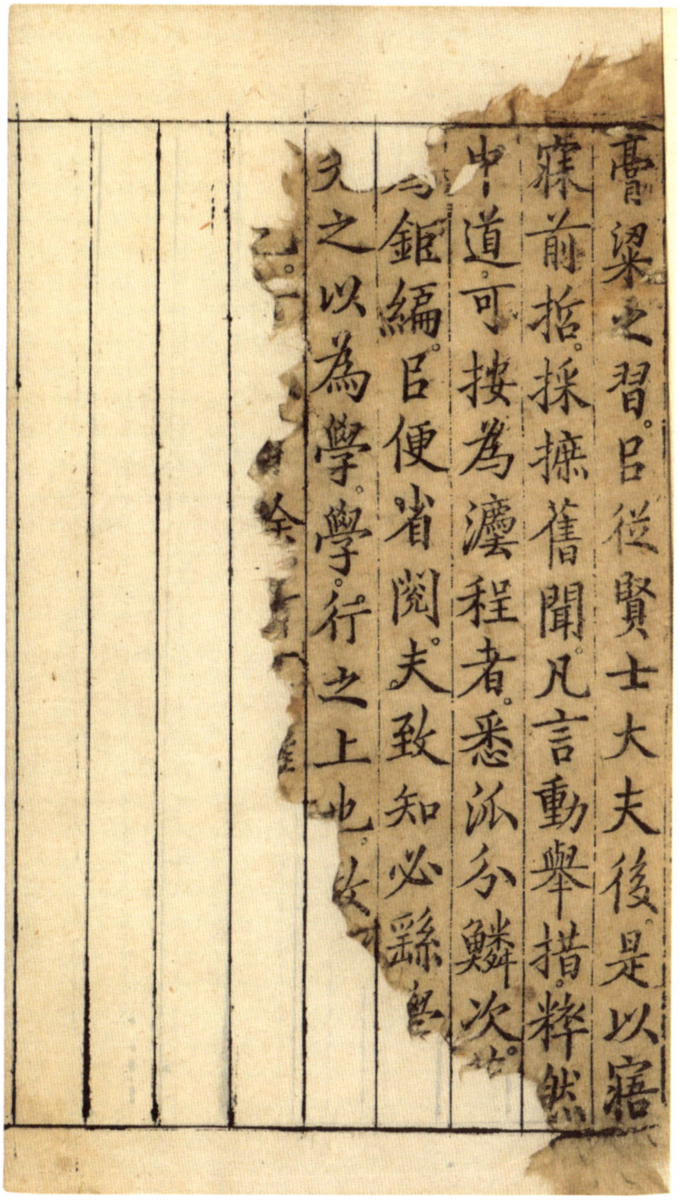
膏粱之習。臣從賢士大夫後。是以竊
窺前哲。採摭舊聞。凡言動舉措。粹然
中道可接為灋程者。悉派分鱗次。
為鉅編。臣便省閲。夫致知必繇
久之以為學。學。行之上也。

皇朝仕學規範卷第一

爲學

司馬温公光自成童凛然如成人七歲聞講左氏春秋大愛之退
爲家人講即了其大義自是手不釋卷至不知饑渴寒暑年十
五書無所不通文詞醇深有西漢風
元獻公殊留守南京范文正公仲淹遭母憂寓居城中晏公請
府學仲淹嘗宿學中其教學者皆有法度勤勞恭謹以身先
課諸生讀書寢息皆有時刻往往潛至齋舍詗之見先寢
之其人紿云適疲倦暫就枕耳仲淹問未就寢時觀何書
亦妄對仲淹即取書問之其人不能對乃罰之出題使諸
賦必先自爲之[illegible]知其難易及所當用意亦使學者準以
由是四方從學[illegible]輻輳其後宋人以文學有聲名於場屋

皇朝仕學規範卷第二

爲學

學在知其所有。又養其所有。

學如不及。猶恐失之。不得放過也。

學始於不欺闇室。

學者有所得。不必在談經論道間。當於行事動容周旋中禮得之。

學者不學聖人則已。欲學之。須是熟玩聖人氣象。不可止於名上理會。如是只是講論文字。

張思叔請問其論或太高。伊川不荅。良久曰。累高必自下。

謝子與伊川別一年。往見之。伊川曰。相別又一年。做得甚工夫。謝曰。也只去箇矜字。曰。何故。曰。子細檢點得來。病痛盡在這裏。若按伏得這箇罪過。方有向進處。伊川點頭。因語在坐同志者曰。

二程先生粹言九卷

（明）徐養正輯　明嘉靖刻本

徐養正，字吉甫，號蒙泉，明廣西柳州府馬平縣（今廣西柳州市）人，“柳州八賢”之一。嘉靖二十年（1541）進士，官户科右給事中、南京工部尚書等職，著有《蛙鳴集》等。該書擇二程言論之要者成書，故名“粹言”。“二程”被認爲是北宋理學的實際開創者，後來被朱熹所繼承和發展，被世人稱爲“程朱理學”。此書於 2009 年入選第二批《國家珍貴古籍名録》。

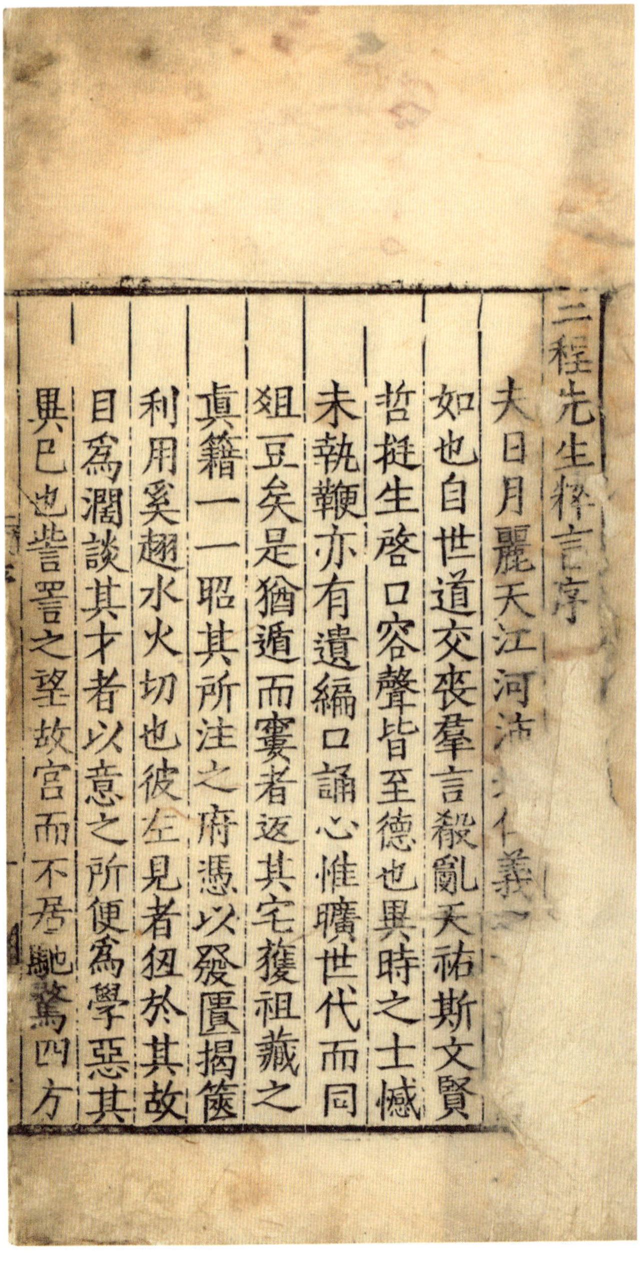
二程先生粹言序
夫日月麗天江河流[illegible]仁義[illegible]
如也自世道交喪羣言殽亂天祐斯文賢
哲挺生啓口容聲皆至德也異時之士憾
未執鞭亦有遺編口誦心惟曠世代而同
俎豆矣是猶適而寠者返其宅獲祖藏之
眞籍一一昭其所注之府憑以發匱揭篋
利用奚翅水火切也彼左見者狃於其故
目爲澗談其才者以意之所便爲學惡其
異已也訾詈之望故宮而不居馳騖四方

二程先生粹言後序

予自奉

命入滇旣以存心之說倡諸生而懼夫言之無從也隨所問辯咸取正于二程先生朝夕講究切劘與諸生相資相勵要不能外焉久之蓋忘乎其爲二程先生之言也此豈予有契于二先生哉斯道至大初不限于天下之人故夫婦之愚皆可與知皆可與能而其究也天地聖人有所不能盡使夫天地聖人之所不能盡者而有出於夫婦之愚皆可與知皆可與能之外則是聖人

二程先生粹言卷之一

後學馬平徐養正輯

明道先生

定性書

横渠先生問於明道先生曰定性未能不動猶累於外物何如明道先生曰所謂定者動亦定靜亦定無將迎無内外

苟以外物爲外牽己而從之是以己性爲有内外也且以性爲隨物於外則當其在外時何者爲在内是有意於絶外誘而不知性之無内外也既以内外爲二本則又烏可遽語定哉

適楚過（一作寓）齊魯客梁晉久之而歸曰道其在是
矣蓋始有定居之意先生少時自雄其材慷慨有
大志既學力慕高遠謂先王之事爲可必致及其
學益老德益卲玩心高明觀於天地之運化陰陽
之消長以達乎萬物之變然後頹然其順浩然其
歸在洛幾三十年始至蓬蓽環堵不蔽風雨躬爨
以養其父母居之裕如講學於家未嘗强以語人
而就問者日衆鄉里化之遠近尊之士人之道洛
者有不之公府而必之先生之廬先生德氣粹然
望之可知其賢然不事表襮不設防畛正而不諒

讀書札記一卷

（清）孔廣森撰　稿本

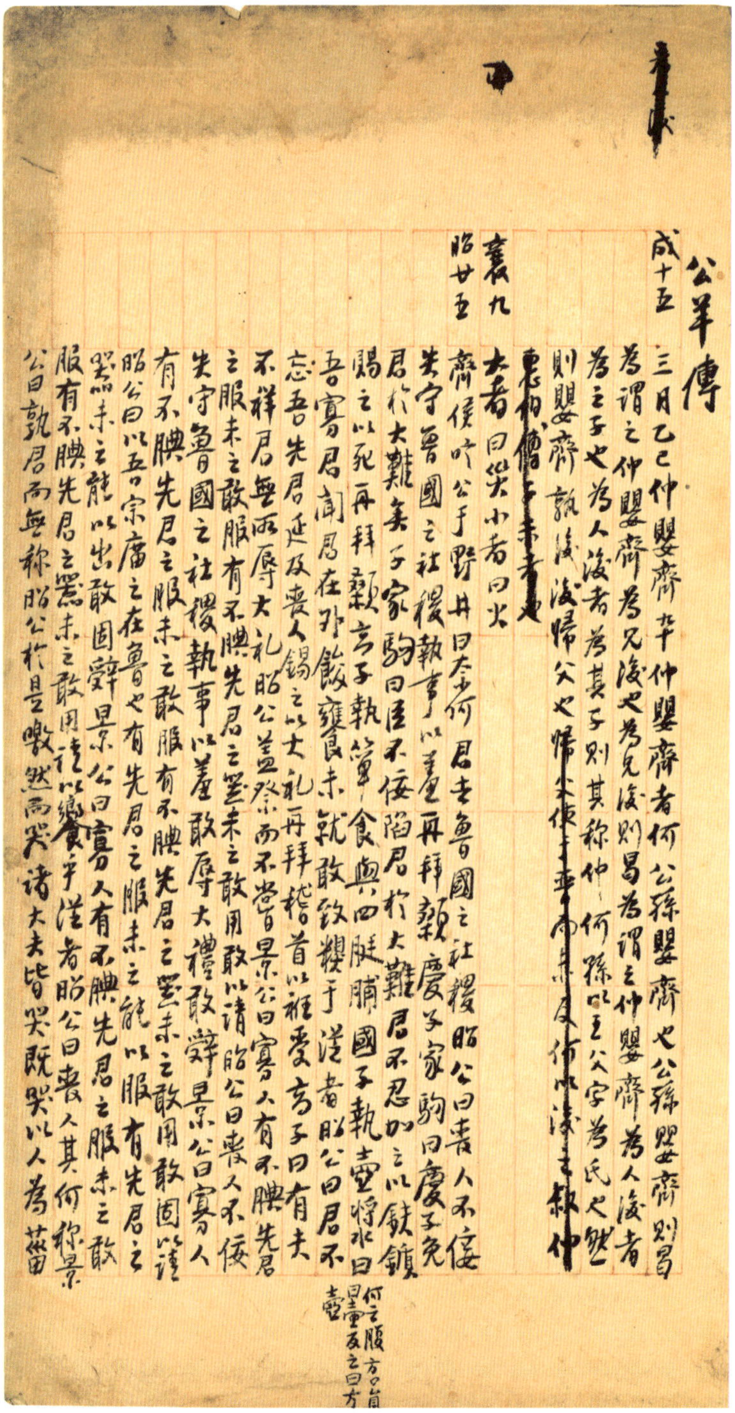

公羊傳

成十五　三月乙巳仲嬰齊卒仲嬰齊者何公孫嬰齊也公孫嬰齊則曷為謂之仲嬰齊為兄後也為兄後則曷為謂之仲嬰齊為人後者為之子也為人後者為其子則其稱仲何孫以王父字為氏也然則嬰齊孰後後歸父也歸父使于晉而未反何以後之叔仲惠伯傅子赤者也

襄九　大者曰災小者曰火

昭廿五　齊侯唁公于野井曰奈何君去魯國之社稷昭公曰喪人不佞失守魯國之社稷執事以羞再拜顙慶子家駒曰慶子免君於大難矣子家駒曰臣不佞陷君於大難君不忍加之以鈇鑕賜之以死再拜顙高子執簞食與四脡脯國子執壺漿曰吾寡君聞君在外餕饔未就敢致糗于從者昭公曰君不忘吾先君延及喪人錫之以大禮再拜稽首以衽受高子曰有夫不祥君無所辱大禮昭公蓋祭而不嘗景公曰寡人有不腆先君之服未之敢服有不腆先君之器未之敢用敢以請昭公曰喪人不佞失守魯國之社稷執事以羞敢辱大禮敢辭景公曰寡人有不腆先君之服未之敢服有不腆先君之器未之敢用敢固以請昭公曰以吾宗廟之在魯也有先君之服未之能以服有先君之器未之能以出敢固辭景公曰寡人有不腆先君之服未之敢服有不腆先君之器未之敢用請以饗乎從者昭公曰喪人其何稱景公曰孰君而無稱昭公於是噭然而哭諸大夫皆哭既哭以人為菑

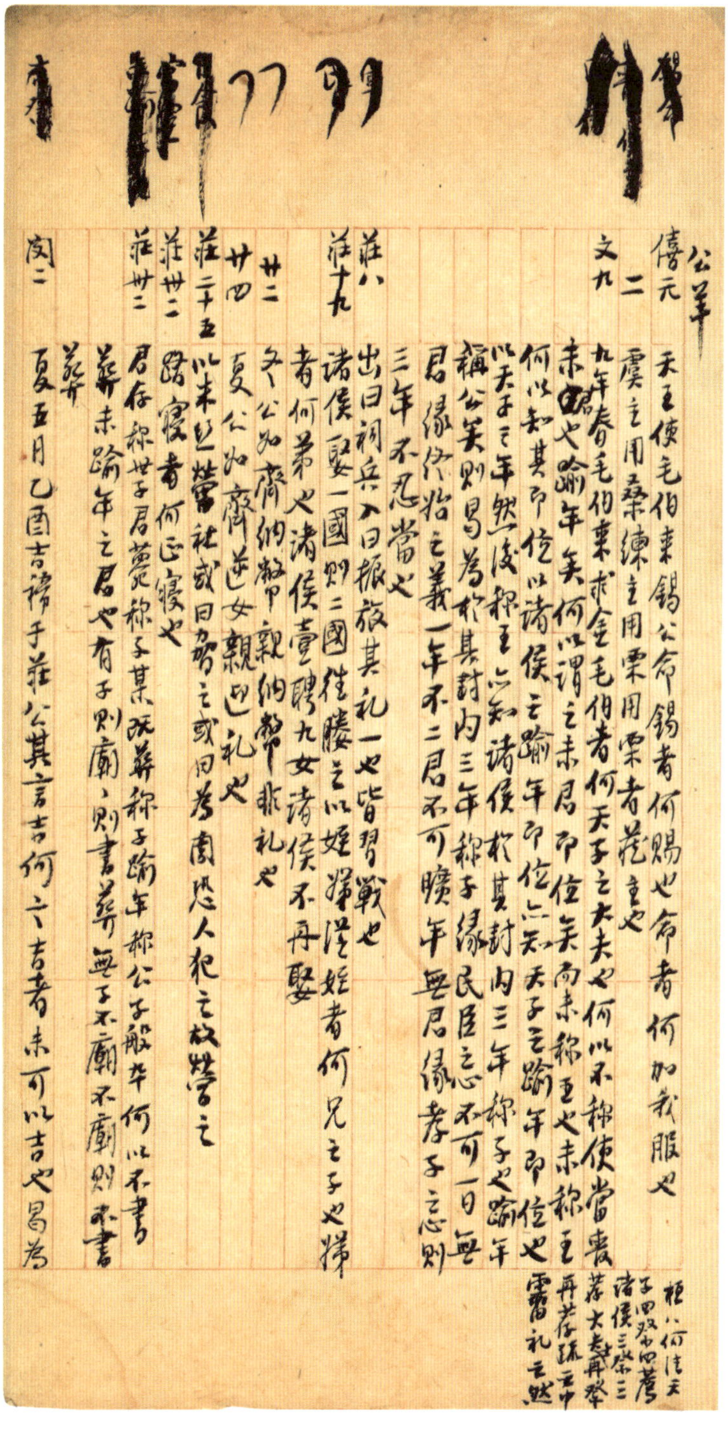

公羊

僖元 天王使毛伯來錫公命錫者何賜也命者何加我服也

二 虞主用桑練主用栗用栗者藏主也

文九 九年春毛伯來求金毛伯者何天子之大夫也何以不稱使當喪

未君也踰年矣何以謂之未君即位矣而未稱王也未稱王

何以知其即位以諸侯之踰年即位亦知天子之踰年即位也

以天子三年然後稱王亦知諸侯於其封內三年稱子也踰年

稱公矣則曷為於其封內三年稱子緣民臣之心不可一日無

君緣終始之義一年不二君不可曠年無君緣孝子之心則

三年不忍當也

莊八 出曰祠兵入曰振旅其禮一也皆習戰也

莊十九 諸侯娶一國則二國往媵之以姪娣從姪者何兄之子也娣

者何弟也諸侯壹聘九女諸侯不再娶

廿二 冬公如齊納幣親納幣非禮也

廿四 夏公如齊逆女親迎禮也

莊二十五 以朱絲營社或曰脅之或曰為闇恐人犯之故營之

莊卅二 路寢者何正寢也

莊卅二 君存稱世子君薨稱子某既葬稱子踰年稱公子般卒何以不書

葬未踰年之君也有子則廟廟則書葬無子不廟不廟則不書

葬

閔二 夏五月乙酉吉禘于莊公其言吉何言吉者未可以吉也曷為

桓八何注天子四祭四薦諸侯三祭三薦大夫再祭再薦踈云中霤禮云然

穀梁

隱元 賵人之母則可賵人之妾則不可　貝玉曰含
寰內諸侯非有天子之命不得出會諸侯
彤弓鏃矢不出竟場束脩之肉不行竟中

隱三 歸死者曰賵歸生者曰賻

隱五 舞夏天子八佾諸公六佾諸侯四佾尸子曰舞夏自天子至諸侯皆
用八佾

隱八 誥誓不及五帝盟詛不及三王交質子不及二伯

桓三 禮送女父不下堂母不出祭門諸母兄弟不出闕門父戒之曰謹
慎從爾舅之言母戒之曰謹慎從爾姑之言諸母般申之曰
謹慎從爾父母之言

桓四 四時之田皆為宗廟之事也春曰田夏曰苗秋曰蒐冬曰狩

成八 禮有受命無來錫命錫命非正也

九 夫無逆出妻之喪而為之也

成六 昔人滅鄫非滅也立異姓以蒞祭祀滅亡之道也

襄廿四 一穀不升謂之嗛二穀不升謂之饑三穀不升謂之饉四穀不
升謂之康五穀不升謂之大侵大侵之禮君食不兼味
臺榭不塗弛侯廷道不除百官布而不制鬼神禱而不祀
此大侵之禮也

昭七 鄉曰衛齊惡今曰衛侯惡此何為君臣同名也君子不奪
人名不奪人親之所名重其所以來也王父名子也秋八月戊辰衛侯惡卒

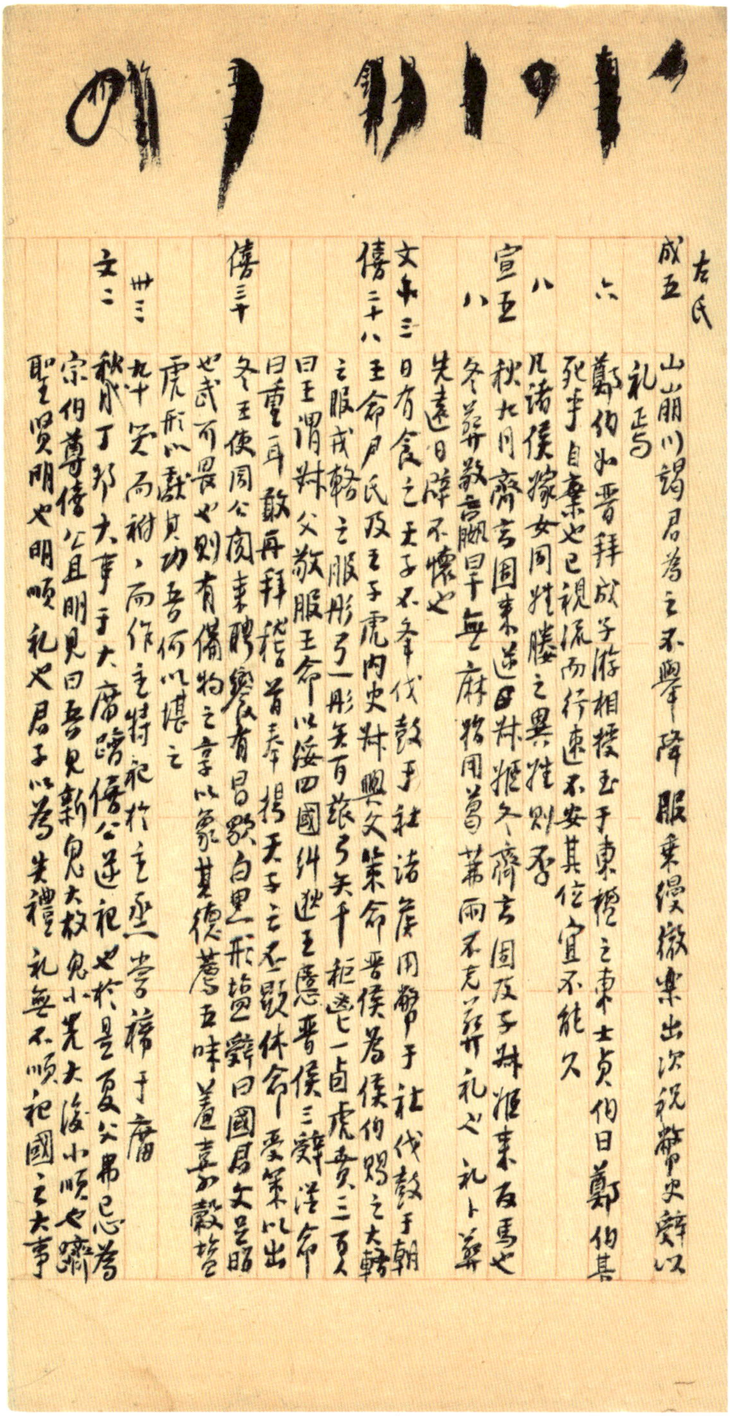

左氏

成五　山崩川竭君為之不舉降服乘縵徹樂出次祝幣史辭以禮焉

六　鄭伯如晉拜成子游相授玉于東楹之東士貞伯曰鄭伯其死乎自棄也已視流而行速不安其位宜不能久

八　凡諸侯嫁女同姓媵之異姓則否

宣五　秋九月齊高固來逆叔姬冬齊高固及子叔姬來反馬也

八　冬葬敬嬴旱無麻始用葛茀雨不克葬禮也禮卜葬先遠日辟不懷也

文十三　日有食之天子不舉伐鼓于社諸侯用幣于社伐鼓于朝

僖二十八　王命尹氏及王子虎內史叔興父策命晉侯為侯伯賜之大輅之服戎輅之服彤弓一彤矢百玈弓矢千秬鬯一卣虎賁三百人曰王謂叔父敬服王命以綏四國糾逖王慝晉侯三辭從命曰重耳敢再拜稽首奉揚天子之丕顯休命受策以出

僖三十　冬王使周公閱來聘饗有昌歜白黑形鹽辭曰國君文足昭也武可畏也則有備物之享以象其德薦五味羞嘉穀鹽虎形以獻其功吾何以堪之

卅三　凡君薨卒哭而祔祔而作主特祀於主烝嘗禘于廟

文二　秋八月丁卯大事于大廟躋僖公逆祀也於是夏父弗忌為宗伯尊僖公且明見曰吾見新鬼大故鬼小先大後小順也躋聖賢明也明順禮也君子以為失禮禮無不順祀國之大事

數學九章十卷

（宋）秦九韶撰　清抄本

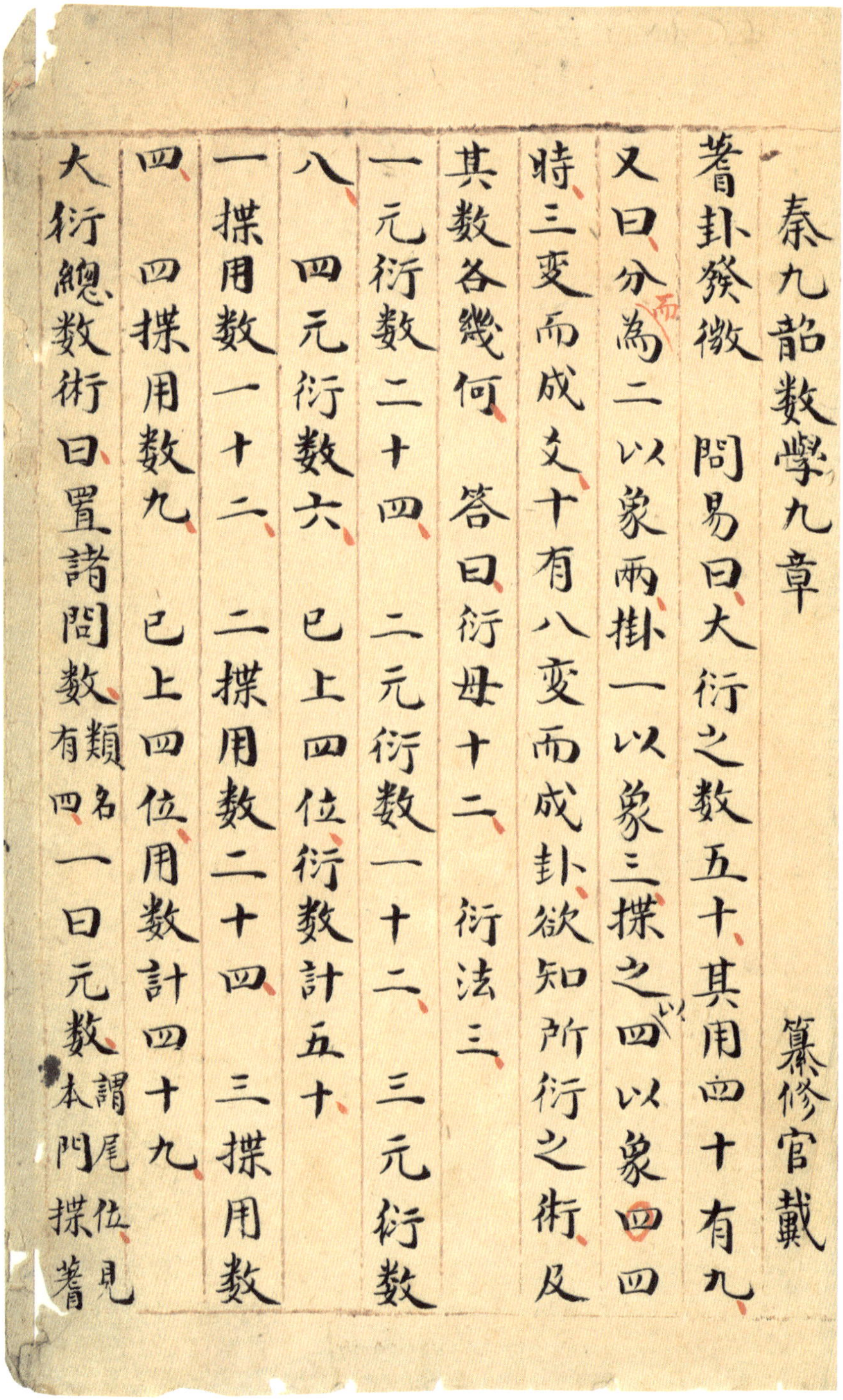
秦九韶数學九章　纂修官戴
蓍卦發微　問易曰大衍之数五十其用四十有九
又曰分為二以象兩掛一以象三揲之以四以象四
時三变而成爻十有八变而成卦欲知所衍之術及
其数各幾何　答曰衍母十二　衍法三
一元衍数二十四　二元衍数一十二　三元衍数
八　四元衍数六　已上四位衍数計五十
一揲用数一十二　二揲用数二十四　三揲用数
四　四揲用数九　已上四位用数計四十九
大衍總数術曰置諸問数類名有四一曰元数謂尾位見本門揲蓍

算 算法十八　　纂修官戴

秦九韶數學九章古池推元　問有方中古圓池堙圯止餘一角從外方隅斜至内圓邉七尺六寸欲就古積修之欲求方圓方斜各幾何　答曰池圓徑三丈六尺六寸〔四百二十九分寸之四百一十二〕方面三丈六尺六寸〔四百二十九分寸之四百一十二〕方斜五丈一尺八寸〔四百二十九分寸之四百一十二〕　術曰以少廣求之㧞胎術入之斜自乘倍之爲寔倍斜爲益方以半寸爲從隅開㧞胎平方得徑又爲方面以隅併之共爲方斜

古池圖

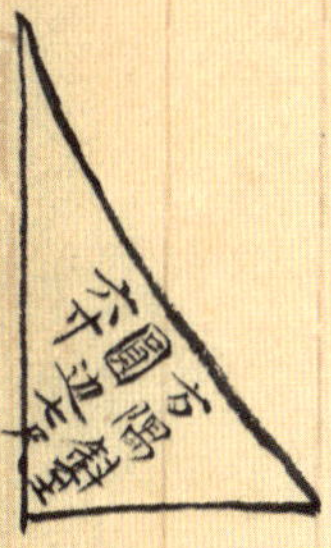

草曰以斜七尺六寸自乘得五千七百七十六倍之

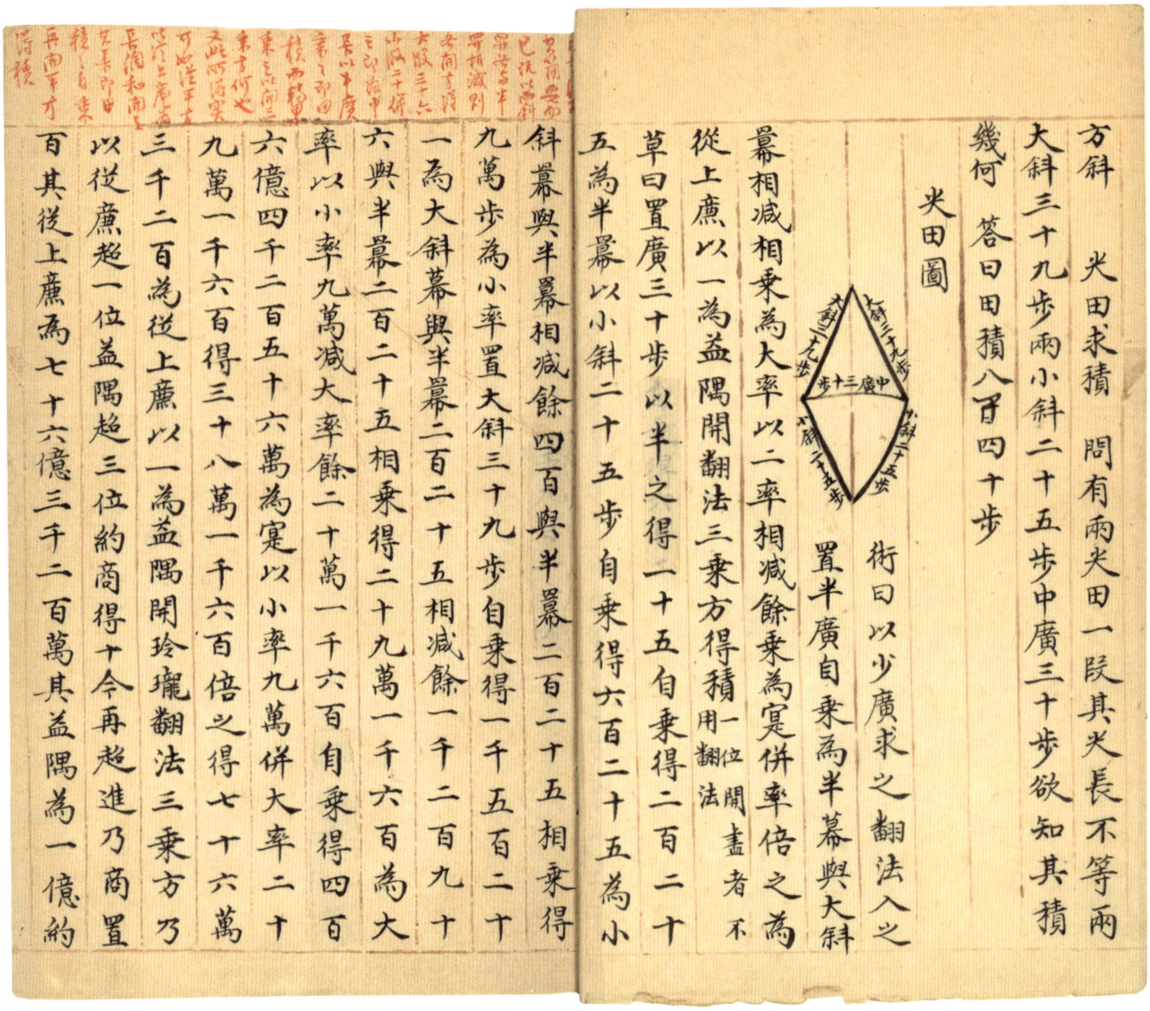

方斜　夾田求積　問有兩夾田一段其夾長不等兩
大斜三十九步兩小斜二十五步中廣三十步欲知其積
幾何　荅曰田積八百四十步

夾田圖

術曰以少廣求之翻法入之
置半廣自乘為半冪與大斜
冪相減相乘為大率以二率相減餘乘為寔併率倍之為
從上廉以一為益隅開翻法三乘方得積（一位開盡者不用翻法）
草曰置廣三十步以半之得一十五自乘得二百二十
五為半冪以小斜二十五步自乘得六百二十五為小
斜冪與半冪相減餘四百與半冪二百二十五相乘得
九萬步為小率置大斜三十九步自乘得一千五百二十
一為大斜冪與半冪二百二十五相減餘一千二百九十
六與半冪二百二十五相乘得二十九萬一千六百為大
率以小率九萬減大率餘二十萬一千六百自乘得四百
六億四千二百五十六萬為寔以小率九萬併大率二十
九萬一千六百得三十八萬一千六百倍之得七十六萬
三千二百為從上廉以一為益隅開玲瓏翻法三乘方乃
以從廉超一位益隅超三位約商得十令再超進乃商置
百其從上廉為七十六億三千二百萬其益隅為一億約

為衍母以定約衍母得衍数衍数同衍母者去之為無無者借之同類其各滿定母去餘為奇数以奇定用大衍求乘率乘衍数為用数無者則以原数同類者求等約衍母得数為借数次置有零文庫零錢数乘本用数併為總数滿衍母去之不滿為諸庫日息足錢各大小月日数乘之各為實各以原陌約為舊會

草曰置甲庫市陌一十二遞減一得一十一為乙庫陌一十為丙庫陌九為丁庫陌八為戊庫陌七為己庫陌六為庚庫陌得諸庫原陌

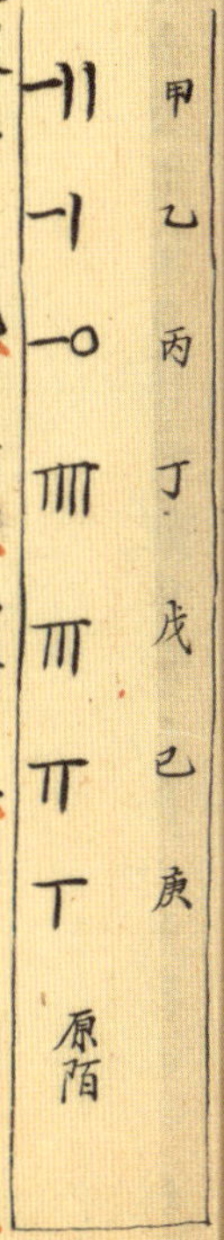

以連環求等約訖甲得一乙得十一丙得五丁得九戊得八己得七庚得一各為定母立各一為子

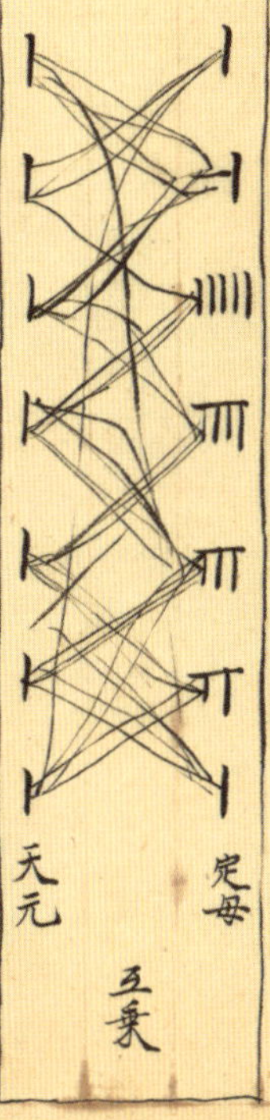

先以諸定相乘得二萬七千七百二十為衍母次以諸定互乘諸子甲得二萬七千七百二十乙得二千五百二十丙得五千五百四十四丁得三千〇八十戊

新刊音點性理群書句解後集二十三卷

（宋）朱熹　（宋）吕祖謙撰　（宋）熊剛大集解　元刻本　存二十二卷（一至二十二）

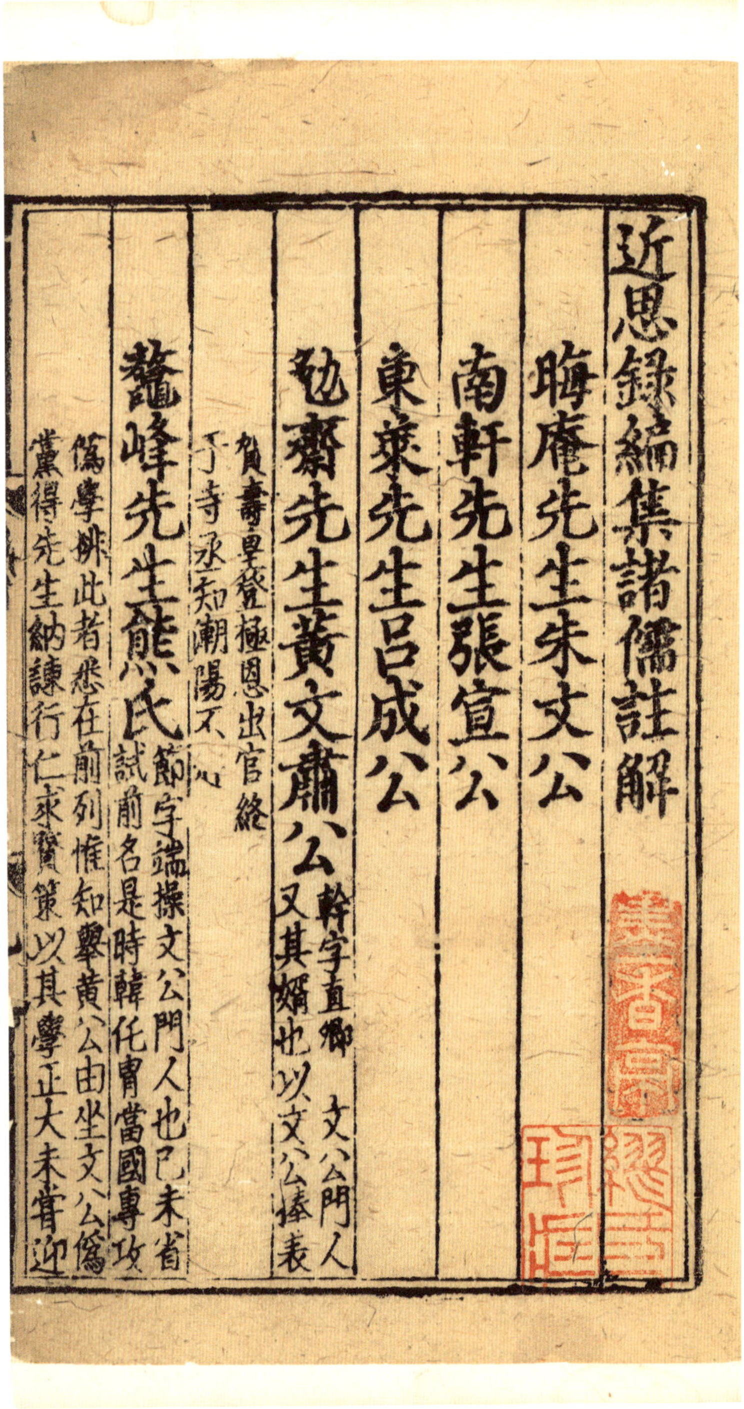
近思錄編集諸儒註解
晦庵先生朱文公
南軒先生張宣公
東萊先生呂成公
勉齋先生黄文肅公幹字直卿　文公門人又其婿也以文公捧表賀壽皇登極恩出官終于寺丞知潮陽不赴
鼇峰先生熊氏節字端操文公門人也已未省試前名是時韓侂冑當國專攻僞學排此者悉在前列惟知舉黄公由坐文公僞黨得先生納諫行仁求賢策以其學正大未嘗迎

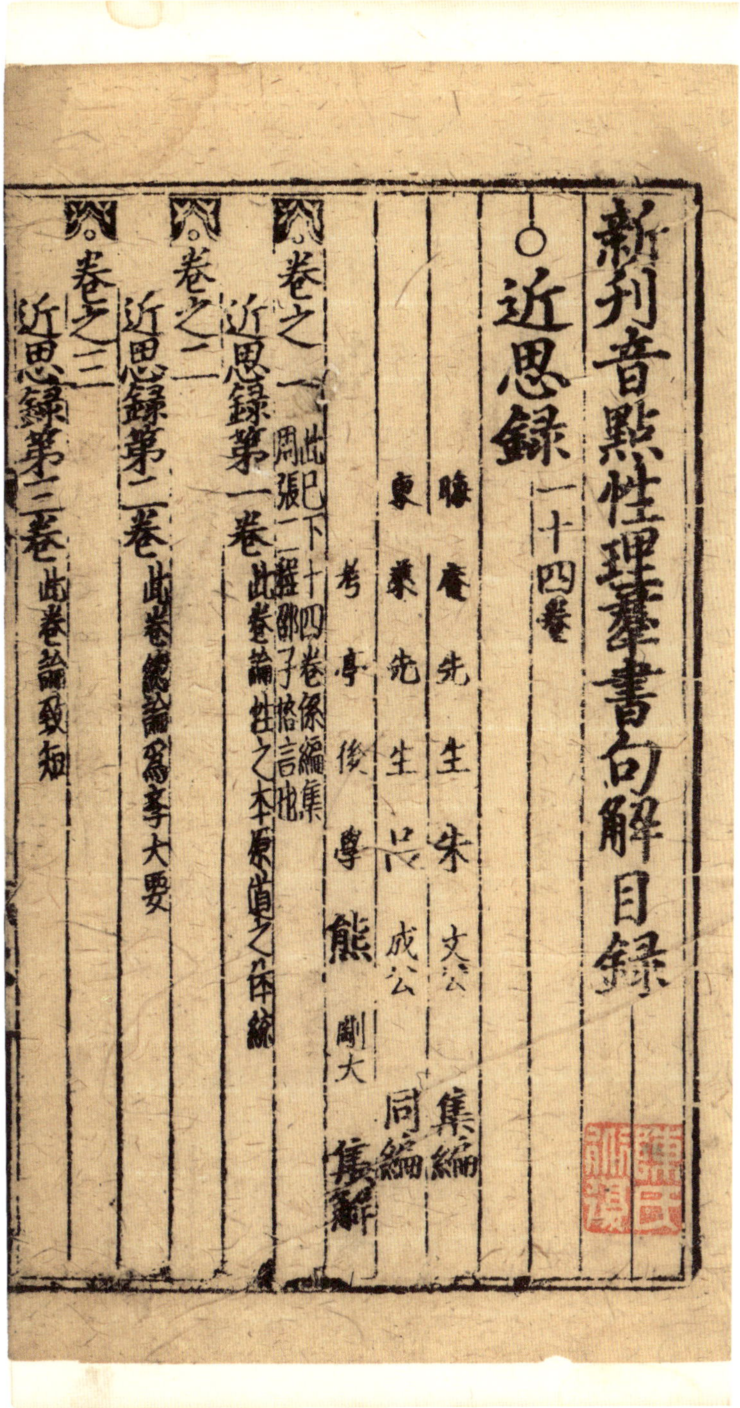

新刊音點性理羣書句解目錄

○近思錄 一十四卷

晦菴先生朱文公集編

東萊先生呂成公同編

考亭後學熊剛大集解

卷之一

近思錄第一卷 此已下十四卷係編集周張二程邵子格言也 此卷論性之本原道之體統

卷之二

近思錄第二卷 此卷總論爲學大要

卷之三

近思錄第三卷 此卷論致知

新刊音點性理羣書句解卷之一

近思錄卷第一　此卷論性之本原道之體統蓋學問之綱領也

伊川先生曰先生姓程名頤字正叔河南人伊川其號也喜怒哀樂之未發謂之中喜怒哀樂情也其未發則性也元無所偏倚故謂之中中也者言寂然不動者也中之爲言不偏不倚寂然無所感動也故

曰天下之大本大本者天命之性天下之理皆由此出道之體也發而皆中節謂之和發皆中節情之正也無所乖戾故謂之和和也者言感而遂通者也和之爲言感物而動也故

曰天下之達道達道者循性之謂天下古今之所共由道之用也【又曰】下同心一也心一而已故曰一心有指體而言者寂然不動是其體也有指用而言

者感而遂通天下之故是其用也惟觀其所見如何耳爲心之體則觀其寂然不動則見其體觀其感而遂通則見其用

心之用【又曰】

乾天也乾天也天者天之形體以其形體而言曰天乾者天之性情以

運行不息之謂乾乾健也乾之道健而無息之謂乾乾而无有止息是爲性情朱夫子以爲

皆情一者當相參有體有情有性以之性情則是

永之理性情則是其天之性情則是健之體爲性健之用是情

新刊音點性理羣書句解卷之二

近思錄卷第二

此卷總論爲學之要，蓋尊德性矣，必道問學，明乎道體，知所指歸，斯可究爲學之大方矣

橫渠先生姓張名載問於明道先生曰：定性未能不動謂性既定矣，未能无所感動，猶累於外物，何如如果尚爲外物所牽奈何？明道先生曰答云：所謂定者所謂定性者非一定，動亦定動而中節，動亦定也，靜亦定靜而无欲，靜亦定也，無將迎將迎事之往也，無內外事之來也，无內外，動静一定，何有於將迎？無內外寂然不動者存於內也，感而遂通者應於外也，體用一貫，何有於內外？苟以外物爲外，牽己而從之苟以應物而爲外，應者爲外，牽己而從之，是凡應物者必牽己而從之，是以己性爲有內外也是以性爲有內外，且以性爲隨物於外若以性爲隨物於外，則當其在外時，何者爲在內如是則方其應物在外之時，何者爲在內？此在內已无，是有意於絕外誘有意於絕外物之誘，而不知性之無內外也本无內外，而不知性之无內外，既以內外爲二本，則又烏可語定哉既分內外，則爲兩端，不可言定，夫天地之常天地常理也，以其心普萬物而無心天地之心運用

康節先生觀物篇解五卷

（宋）祝泌撰　明抄本

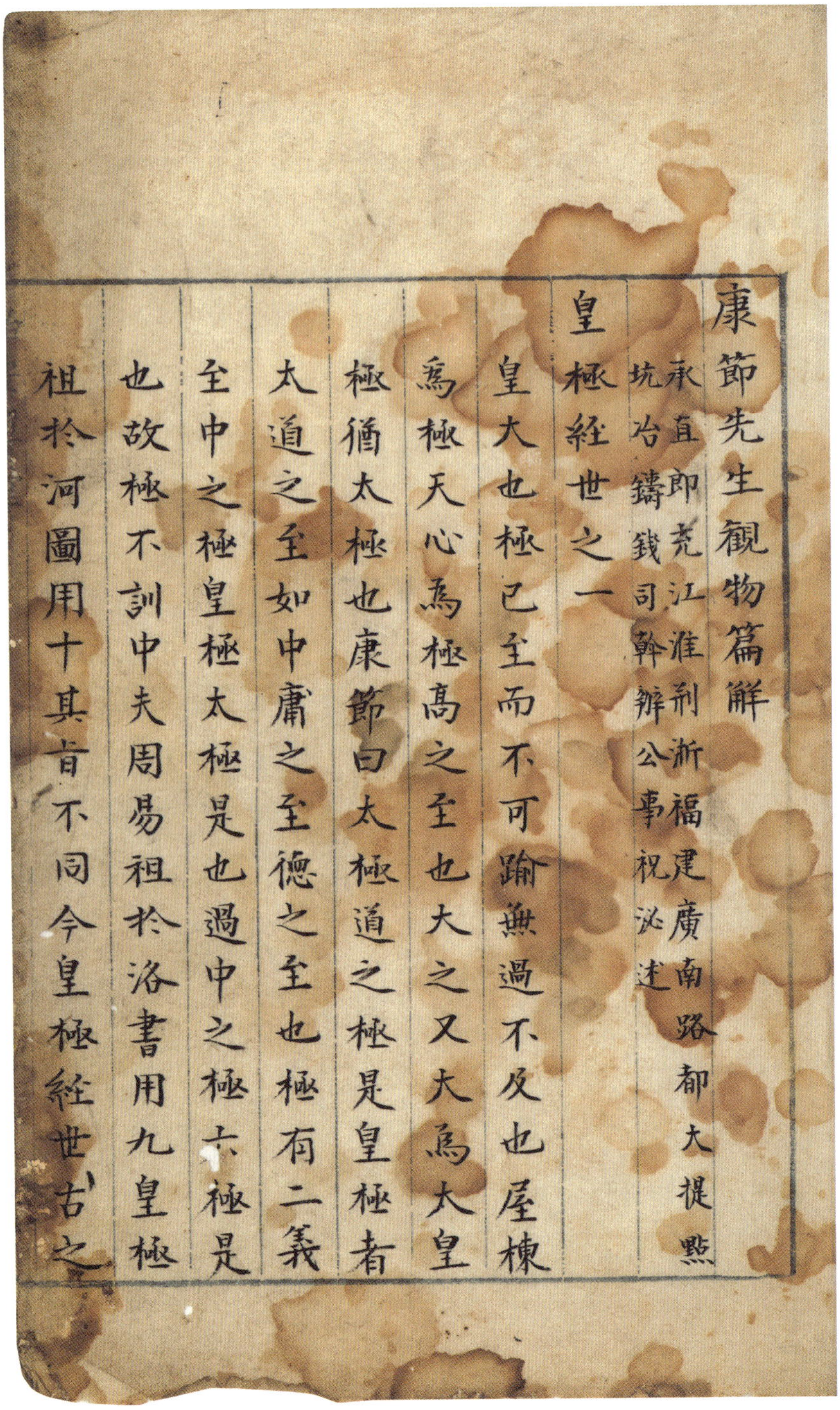
康節先生觀物篇解
承直郎充江淮荆浙福建廣南路都大提點
坑冶鑄錢司幹辦公事祝泌述
皇極經世之一
皇大也極已至而不可踰無過不及也屋棟
爲極天心爲極高之至也大之又大爲大皇
極猶太極也康節曰太極道之極是皇極者
太道之至如中庸之至德之至也極有二義
至中之極皇極太極是也過中之極六極是
也故極不訓中夫周易祖於洛書用九皇極
祖於河圖用十其旨不同今皇極經世古之

康節先生觀物篇斷訣

楚東祝泌述

發題

夫子繫易曰以言者尚其辭以動者尚其變以制器者尚其象以卜筮者尚其占夫易有象有數有占有辭夫子繫易不及數康節所傳之皇極有畫卦之象有布卦之數有測卦之占而無其辭易豈無數哉用數而不泥於數所以為數之妙極豈無辭哉示法而不說辭所以為辭之至是故易以占為神極以筭為智占者所圖变之蓍以求將見之象筭者布一定之卦以御無窮

經世鈐
大傳曰易有太極是生兩儀兩儀生四象四象生八卦又曰天地定位山澤通氣雷風不相薄水火不相射八卦相錯数往者順知來者逆是故易逆数也外篇曰陽在陰中陽逆行陰在陽中陰逆行陽在陽中陰在陰中則皆順行此真正之理按圖可見之矣圖雖無文吾終日言而未嘗離乎是蓋天地萬物之理盡在其中矣先天學心法也故圖皆自中起萬化萬事生乎心也先天圖中環中也
先天學主乎誠至誠可以通神明不誠則不可以得

方員畐卦法

方畐縱数一直一曲問剥卦在坤如何却作艮宫用方畐又屯震作坎宫

其次序如乾履同人无妄此四卦直数皆乾宫自下而上

夬兑革隨四卦直数皆兑宫自下而上

姤大過鼎恒此四卦曲轉皆巽宫自右之左

訟困未濟解四卦皆坎宫曲轉自右之左

坤謙師升四卦直数皆坤宫自上而下

復頤屯益曲轉皆震宫数餘可推自左之右

華夷花木鳥獸珍玩考十二卷

（明）慎懋官撰　明萬曆刻本

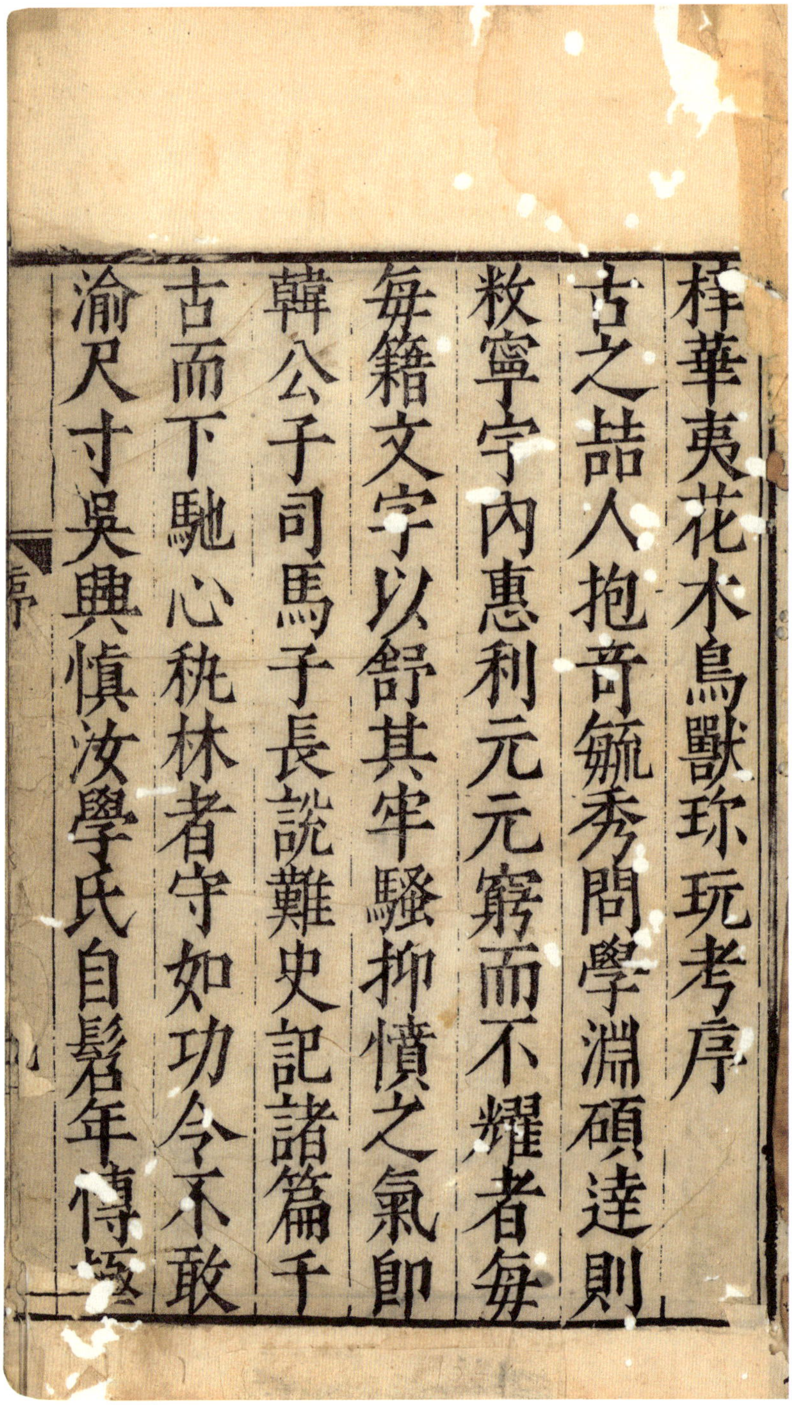

梓華夷花木鳥獸珎玩考序
古之喆人抱奇毓秀問學淵碩達則
敉寧宇內惠利元元窮而不耀者每
每籍文字以舒其牢騷抑憤之氣即
韓公子司馬子長説難史記諸篇乎
古而下馳心秇林者守如功令不敢
渝尺寸吳興慎汝學氏自髫年傳[illegible]

華夷花木考卷之一

吳興郡山人慎懋官選集

珊瑚樹

珊瑚生海中最深處初生色白漸長變黃以絲繩繫五爪鐵貓兒用黑鉛爲墜擲海中取之初得肌理軟膩見風則乾硬變紅色者爲貴若失時不取則蠹敗

烽火樹

積翠池中有珊瑚樹高一丈二尺一本三柯上有四百六十二條是南越王趙佗所獻號爲烽火樹至夜光景常欲然

華夷鳥獸考卷之七

吳興郡山人慎懋官選集

鳳

孔演圖曰鳳火精也毛詩草蟲經曰雄曰鳳雌曰皇其雛爲鸑鷟或曰鳳皇一名鸑鷟一名鶠毛詩疏曰鳳非梧桐不棲非竹實不食論摘衰聖曰鳳有六像九包六像者一曰頭像天二曰目像日三曰背像月四曰翼像風五曰足像地六曰尾像緯九包者一曰口包命二曰心合度三曰耳聽達四曰舌詘伸五曰彩色光六曰冠矩州七曰距銳鉤八曰音激揚九曰

華夷花木雜考卷之十三

吳興郡山人慎懋官選集

花候

一月二氣六候自小寒至穀雨凡四月八氣二十四候每候五日以一花之風信應之世所畧言曰始于梅花終於楝花也詳而言之小寒之一候梅花二候山茶三候水僊大寒之一候瑞香二候蘭花三候山礬立春一候迎春二候櫻桃三候望春雨水一候菜花二候杏花三候李花驚蟄一候桃花二候棣棠三候薔薇春分一候海棠二候梨花三候木蘭清明一

顔氏家訓二卷

（北齊）顔之推撰　明萬曆三年（1575）顔嗣慎刻本

顔之推（531—591？），字介，琅琊臨沂（今屬山東）人。南北朝時期的思想家、教育家。平生著作甚多，《顔氏家訓》是其代表作。該書分上下兩卷，分爲教子、兄弟、治家、風操、文章、雜藝等二十篇，是一部用以訓誡子孫的系統完整的家庭教育著作，對後世的家訓創作影響深遠。該書由顔子後裔、世襲翰林院五經博士顔嗣慎於萬曆三年刊刻，書前有于慎行所作序言。2014年入選第三批《山東省珍貴古籍名録》。

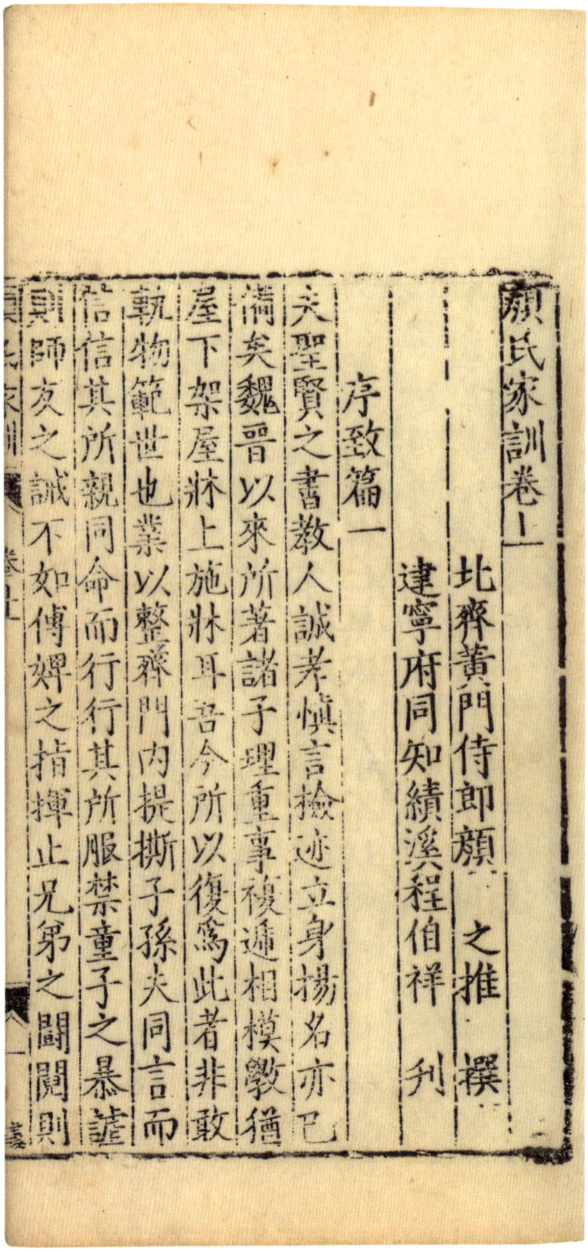
顔氏家訓卷上
北齊黄門侍郎顔之推撰
建寧府同知績溪程伯祥刊
序致篇一
夫聖賢之書教人誠孝慎言檢迹立身揚名亦已
備矣魏晋以來所著諸子理重事複遞相模斆猶
屋下架屋牀上施牀耳吾今所以復爲此者非敢
軌物範世也業以整齊門内提撕子孫夫同言而
信信其所親同命而行行其所服禁童子之暴謔
則師友之誡不如傅婢之指揮止兄弟之鬩鬩則

子部

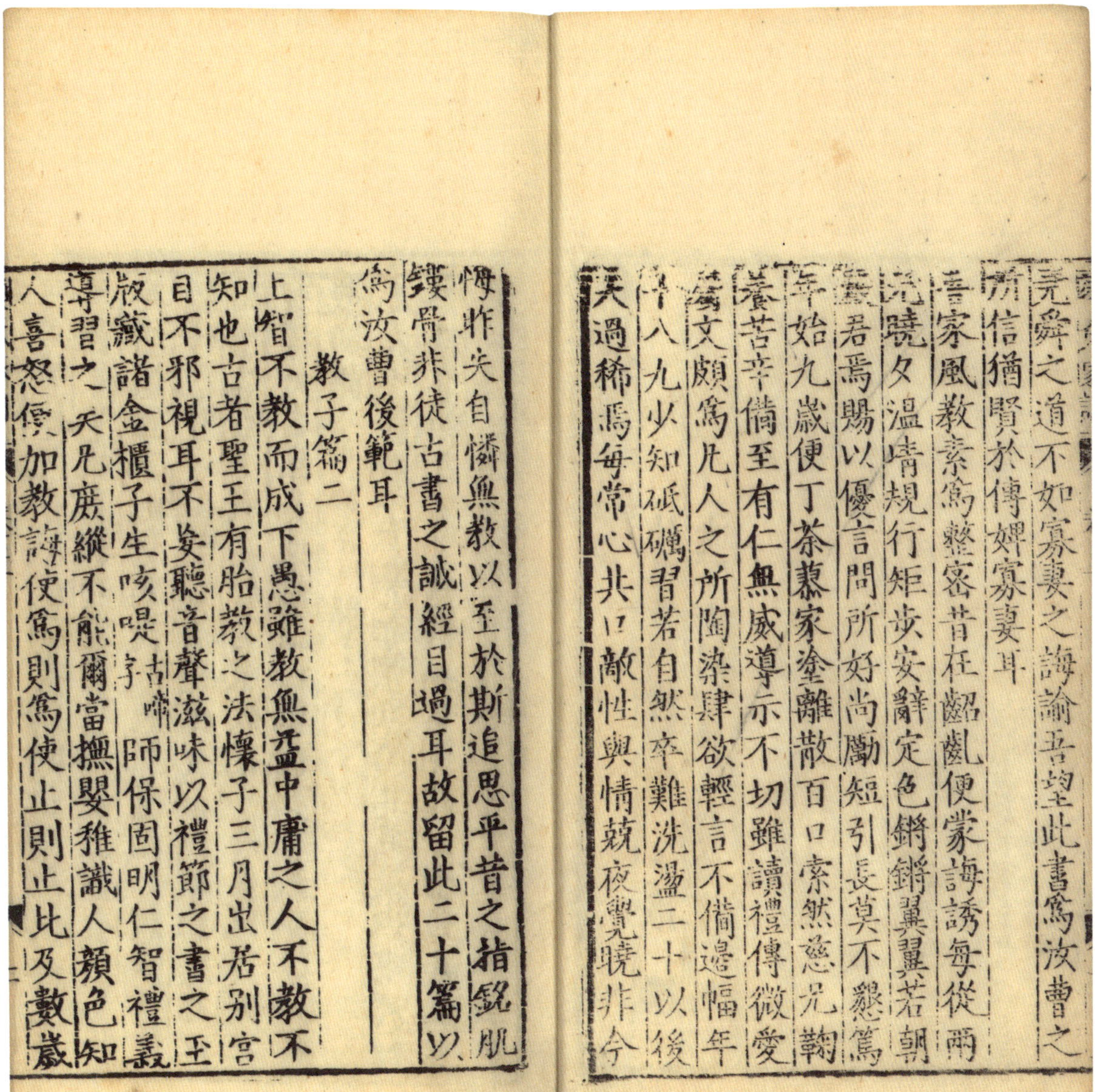
堯舜之道不如寡妻之誨諭吾望此書爲汝曹之
所信猶賢於傅婢寡妻耳
吾家風教素爲整密昔在齠齔便蒙誘誨每從兩
兄曉夕溫凊規行矩步安辭定色鏘鏘翼翼若朝
嚴君焉賜以優言問所好尚勵短引長莫不懇篤
年始九歲便丁荼蓼家塗離散百口索然慈兄鞠
養苦辛備至有仁無威導示不切雖讀禮傳微愛
屬文頗爲凡人之所陶染肆欲輕言不備邊幅年
十八九少知砥礪習若自然卒難洗盪二十以後
大過稀焉每常心共口敵性與情競夜覺曉非今
悔昨失自憐無教以至於斯追思平昔之指銘肌
鏤骨非徒古書之誡經目過耳故留此二十篇以
爲汝曹後範耳
教子篇二
上智不教而成下愚雖教無益中庸之人不教不
知也古者聖王有胎教之法懷子三月出居別宮
目不邪視耳不妄聽音聲滋味以禮節之書之玉
版藏諸金櫃子生咳㖒（古啼字）師保固明仁智禮義
導習之矣凡庶縱不能爾當撫嬰稚識人顏色知
人喜怒便加教誨使爲則爲使止則止比及數歲

顔氏家訓後叙

余觀魯顔氏世諜記自復聖之先有爵邑于國者固十數世矣迨素王作及門之徒顔氏八人焉斯已盛矣其後歷晋宋隋唐千餘年名人碩士垂声實載籍者固不可勝數北齊侍郎之推其著者

容齋隨筆十六卷續筆十六卷三筆十六卷四筆十六卷五筆十卷

（宋）洪邁撰　明末刻本

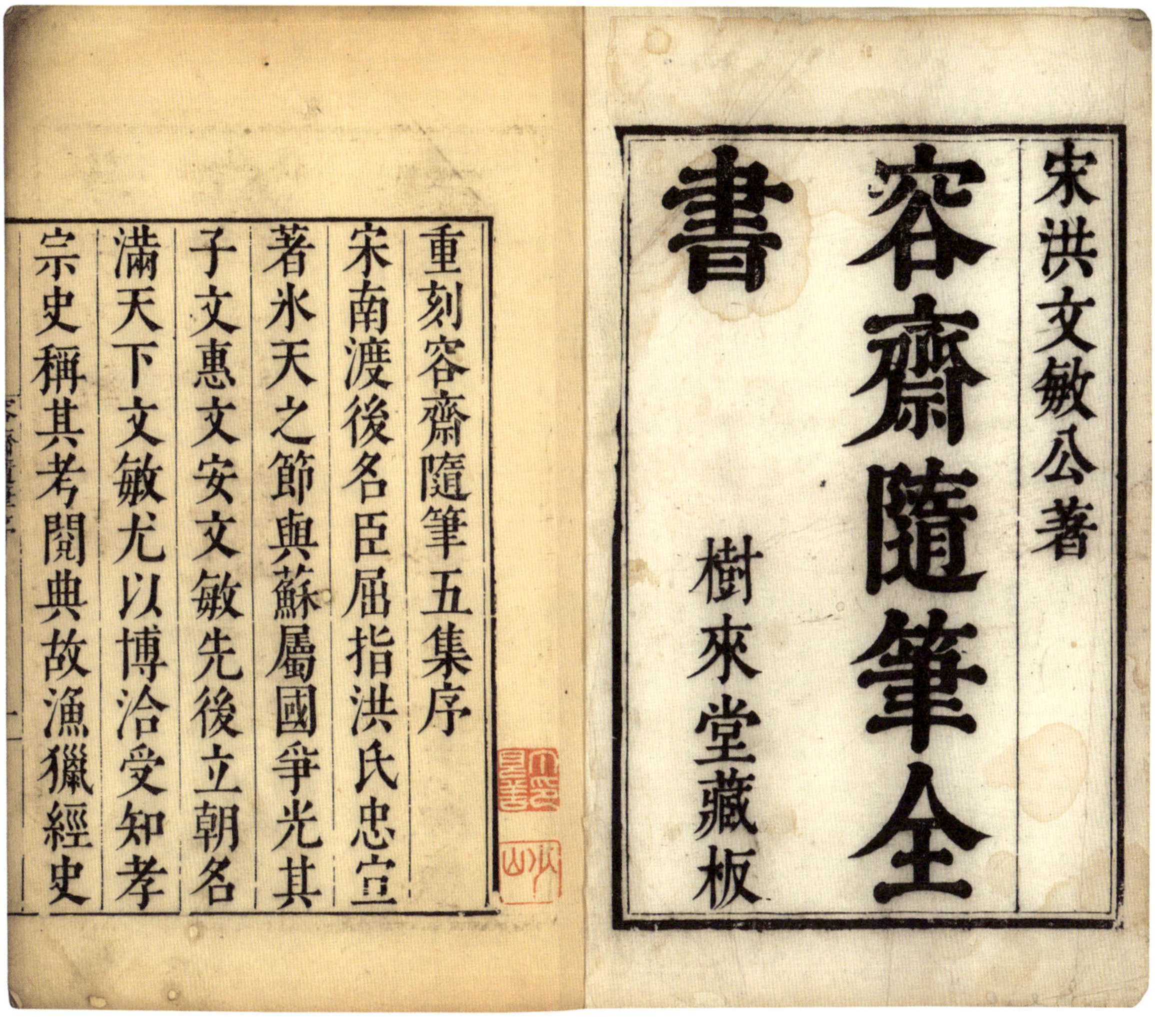

宋洪文敏公著

容齋隨筆全書

樹來堂藏板

重刻容齋隨筆五集序

宋南渡後名臣屈指洪氏忠宣著氷天之節與蘇屬國爭光其子文惠文安文敏先後立朝名滿天下文敏尤以博洽受知孝宗史稱其考閱典故漁獵經史

容齋隨筆卷第一 二十九則

予老去習懶讀書不多意之所之隨即紀錄因其後先無復詮次故目之曰隨筆淳熙庚子鄱陽洪邁景盧

歐率更帖

臨川石刻雜法帖一卷載歐陽率更一帖云年二十餘至鄱陽地沃土平飲食豐賤衆士往往湊聚每日賞華恣口所須其二張才華議論一時俊傑殷薛二侯故不可言戴君國士出言便

容齋隨筆 卷第一 一

容齋續筆卷第一 十八則

是書先已成十六卷淳熙十四年八月在禁林日入侍至尊壽皇聖帝清閒之燕聖語忽云近見甚齋隨筆邁竦而對曰是臣所著容齋隨筆無足采者上曰煞有好議論邁起謝退而詢之乃婺女所刻賈人販鬻于書坊中貴人買以入遂塵乙覽書生遭遇可謂至榮因復裒臆說綴于後懼與前書相亂故别以一二數而目曰續亦十六卷云紹熙三年三

容齋三筆卷第一　十四則

鼂景迂經說

景迂子鼂以道留意六經之學各著一書發明其旨故有易規書傳詩序論中庸洪範傳三傳說其說多與世儒異謂易之學者所謂應所謂位所謂承乘所謂主皆非是大抵云繫辭言卦爻象數剛柔變通之類非一未嘗及初應四二應五三應六也以陽居陽以陰居陰爲得位得位者吉以陽居陰以陰居陽爲失位失位者凶

新編古今事文類聚前集六十卷後集五十卷續集二十八卷別集三十二卷 （宋）祝穆輯 新集三十六卷外集十五卷 （元）富大用輯

明萬曆三十二年（1604）書林唐富春德壽堂刻本

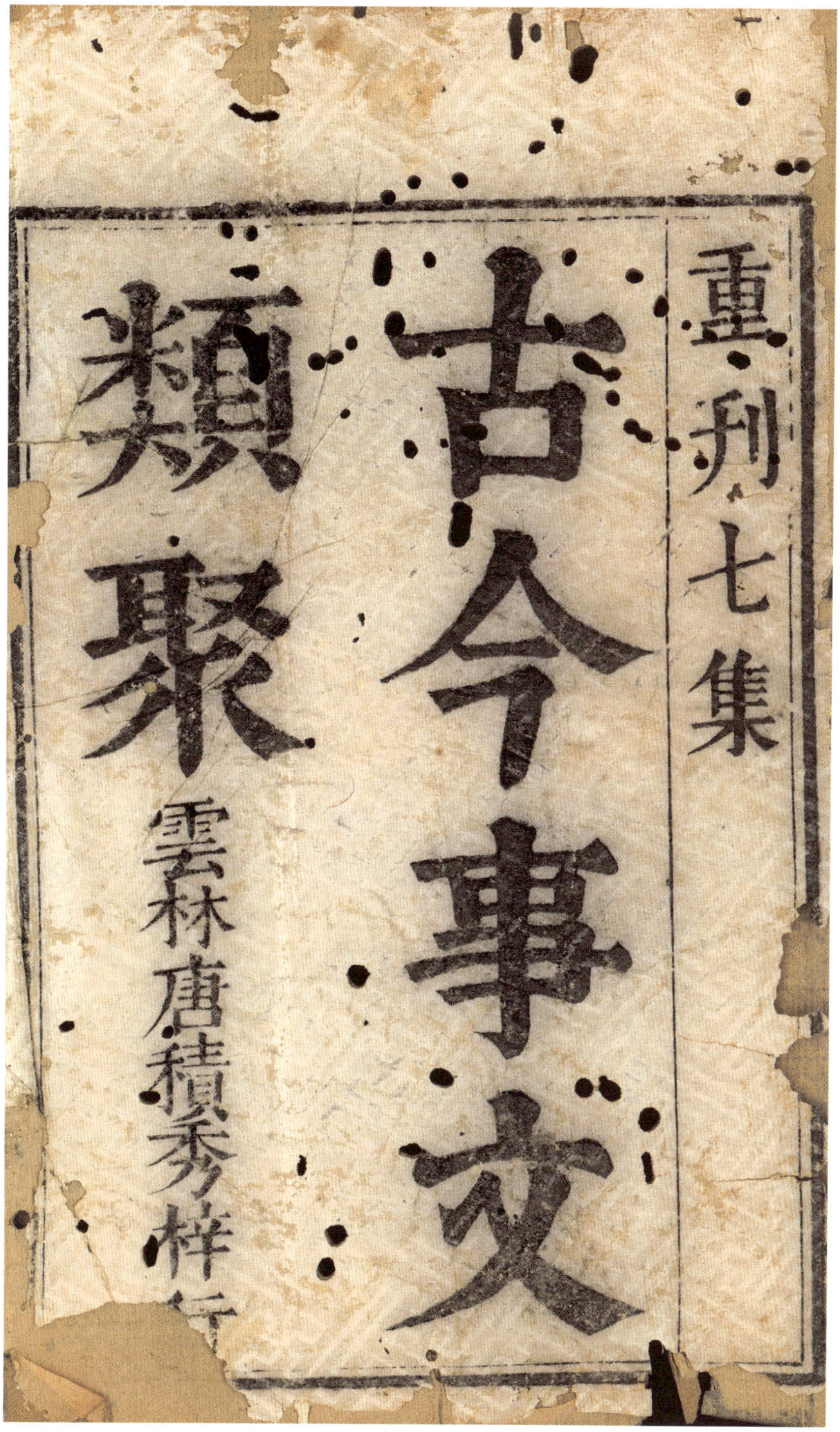
重刊七集
古今事文類聚
雲林唐積秀梓行

重刻事文類聚序

記問非講學所急而亦講學之一助爲昔上蔡謝公初謁明道程先生頗以記問自多至貽玩物喪志之戒非鄙之也特不欲專以此爲學耳竊謂講學固以窮理爲尚而考古訂今亦必資記問之博使有一書之未讀一

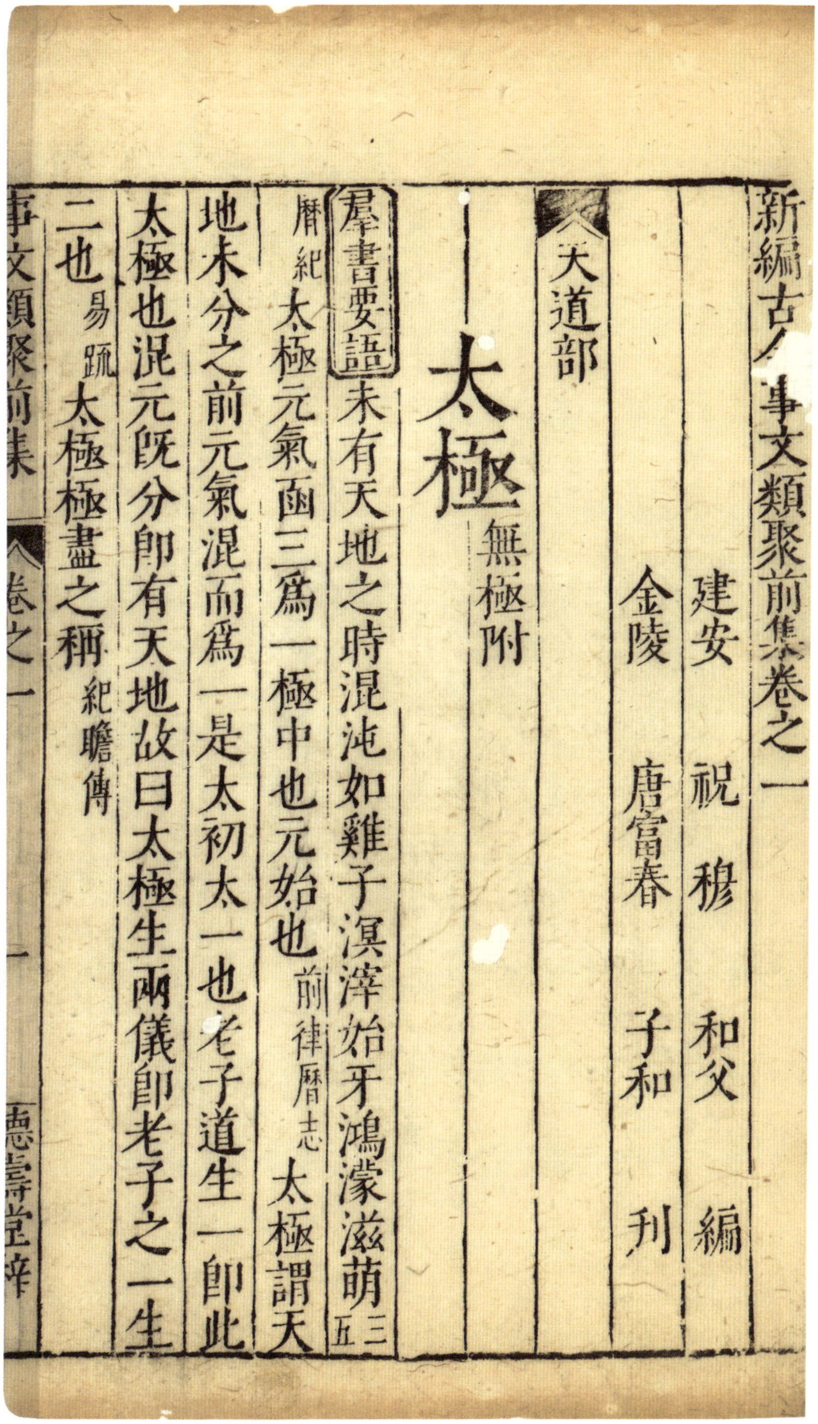

新編古今事文類聚前集卷之一

建安　祝穆　和父　編

金陵　唐富春　子和　刊

天道部

太極　無極附

羣書要語　未有天地之時混沌如雞子溟涬始牙鴻濛滋萌三五歷紀　太極元氣函三爲一極中也元始也前律曆志　太極謂天地未分之前元氣混而爲一是太初太一也老子道生一即此太極也混元既分即有天地故曰太極生兩儀即老子之一生二也易疏　太極極畫之稱紀瞻傳

事文類聚前集　卷之一　一　德壽堂梓

新編古今事文類聚後集卷之一

建安　祝穆　和父　編
建業　唐富春　子和　梓

人倫部

宗族

同姓通譜　不肯通譜　妄認譜系　以上並附

群書要語

以親九族 注 上至高祖下至玄孫夏侯歐陽等以爲九族者父族四母族三妻族二 堯典 疏 角弓刺幽王也不親九族骨肉相怨 小雅 葛藟王族刺平王也周室道衰棄其九族 周上 豈無它人不如我同姓 杕杜

古今事實

新編古今事文類聚別集卷之一

建安　祝穆　和父　編

金陵　唐富春　子和　刊

儒學部

學術　傳記　博識

博學

羣書要語 學古入官 周官 幼學壯行 梁惠 古之人得志澤加於民不得志脩身見於世窮則獨善其身達則兼善天下 盡心 儒術誠行則天下大而富 前富國 有與術業 楊學 學而後入政未聞以政學者也 前儒林序 傳記 君子多識前言往行 易 好古博雅君子 書序 儒有博學而不窮 儒行 博學無方 內則 記問之學不

鹽邑志林四十種六十六卷附一種六卷

（明）樊維城編　明天啓三年（1623）樊維城刻本

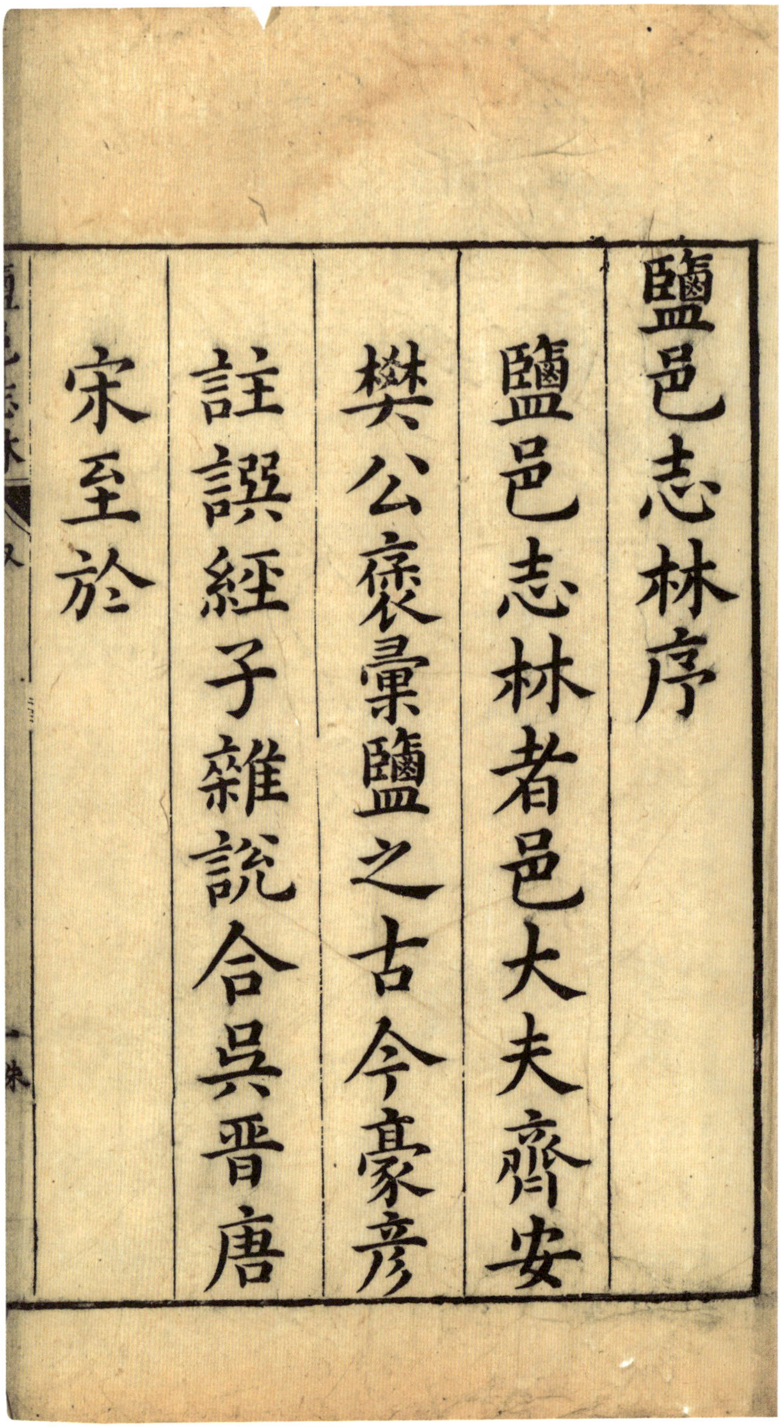
鹽邑志林序
鹽邑志林者邑大夫齊安
樊公裒彙鹽之古今豪彥
註譔經子雜說合吳晉唐
宋至於

陸公紀易解　　鹽邑志林第一帙

明黃岡樊維城彙編　　後學姚士麟訂閱

鄭端胤

劉祖鐘

☰乾

上九亢龍有悔

陽極陰來吉去凶生

用九見羣龍無首吉

純陽用九之德

六位時乘

鹽邑志林　卷之一　一　易解

鄭敬中摘語　　　　鹽邑志林第四十七帙

黄岡樊維城彙編

表姪劉祖鐘
友人姚士麟　訂閲
男端胤重較

善觀人者索其終善修己者履其始

立身制行小心翼翼易云恐懼修省朱云憂勤惕厲書云驕淫矜侉孟云般樂怠敖此十六字出入之間禍福别焉思之慎之

惟謙可以養德惟儉可以守家惟寡慾可以多男惟讀書可以遠到

鹽邑志林　卷之四十七　一　摘語

吳少君遺事　鹽邑志林第五十二帙

鄭端胤

黄岡樊維城彙編　後學胡　遴訂閱

劉祖鍾

麟讀鄒王兩公吳少君誌傳恠其辟傚自遂雅負流俗而世亦卒能成就之彼豈漫無操挾然哉比從諸名舊得少君遺事乃知少君以廉儉奉巳惕畏御人既不攘一世之所心鬭而復以湯火視一世故雖身處人間心遠人外巳至于韻客道流朝暾夜雪水石英卉

性理大全七十卷

明萬曆二十五年（1597）吴勉學刻本

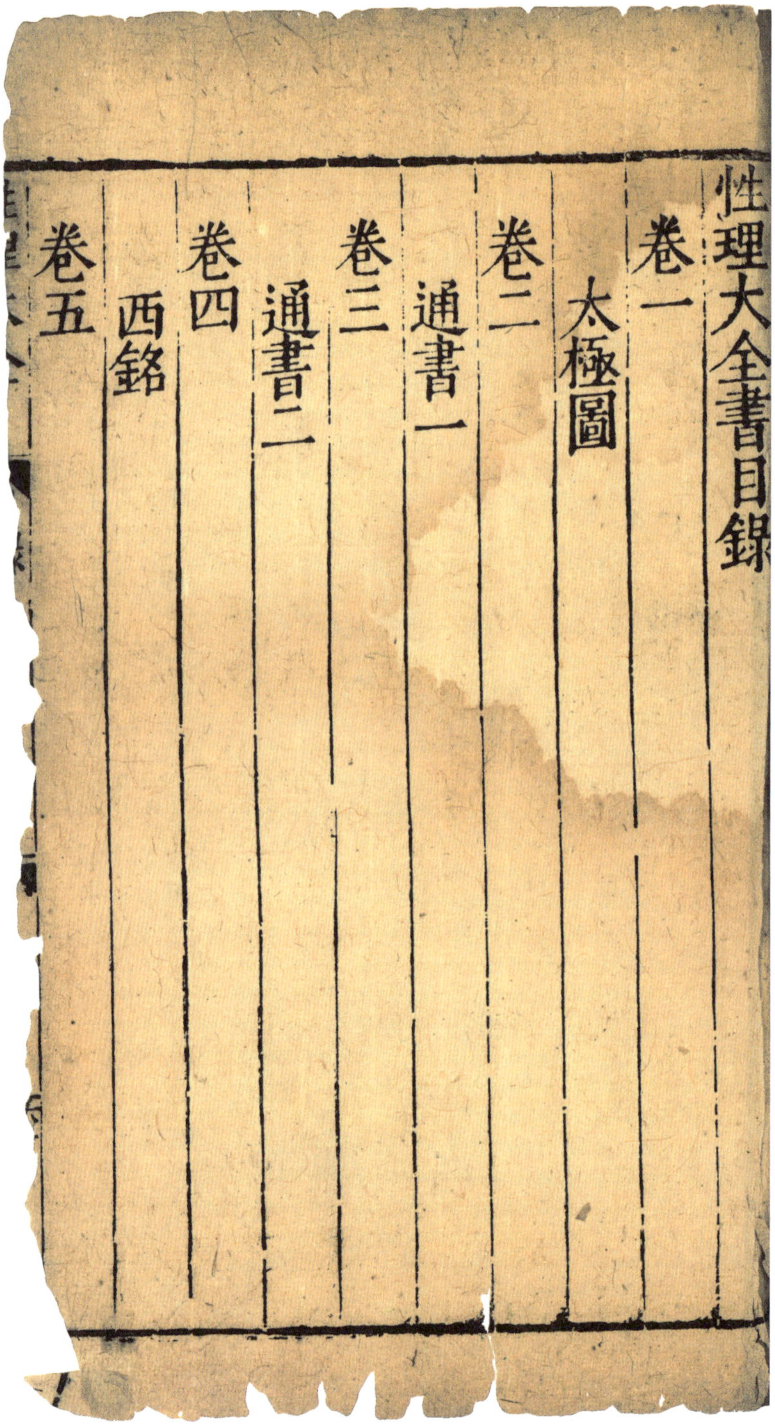
性理大全書目録
卷一
太極圖
卷二
通書一
卷三
通書二
卷四
西銘
卷五

又說生陰生陽曰生陰生陽亦猶陽生陰生太
極隨陰陽而爲動靜陰陽則於動靜而見其生
不是太極在這邊動陽在那邊生譬如蟻在磨
盤上一般磨動則蟻隨他動磨止則蟻隨他止
蟻隨磨轉而因蟻之動靜可以見磨之動靜○
天道是理陰陽五行是氣合而言之氣即是理
一陰一陽之謂道也分而言之理自爲理氣自
爲氣形而上下是也○一陰便是靜一陽便是
動道是太極誠是太極其動也其靜也二條上
合動靜說此分動靜說動極而靜以下又換形
了一箇說流行底一箇說定分底蓋太極而下
上文解圖周匝此下文又衮說箇圖太極與陰陽
自其著而觀之著是陰陽自其微而觀之微是
太極問既太極陰陽不是二物如何又有微有
著曰須看觀字是我去他裏面拆看却非他有
兩箇頭面又曰所乘之機一句最妙又曰此既
言氣與理合雖然以下言雖是恁地却那裏見
他入頭處所以不見他合不見他離正以其動
靜無端陰陽無始下面若有縫這太極也須漏
出了○太極動而生陽動極而靜靜而生陰靜

性理大全書卷之二

通書一

通書者濂溪夫子之所作也夫子姓周氏名惇頤字茂叔自少即以學行有聞於世而莫或知其師傳之所自獨以河南兩程夫子嘗受學焉而得孔孟不傳之正統則其淵源因可槩見然所以指夫仲尼顏子之樂而發其吟風弄月之趣者亦不可得而悉聞矣所著之書又多散失獨此一篇本號易通與太極圖說並出程氏以傳於世而其爲說實相表裏大抵推一理二氣

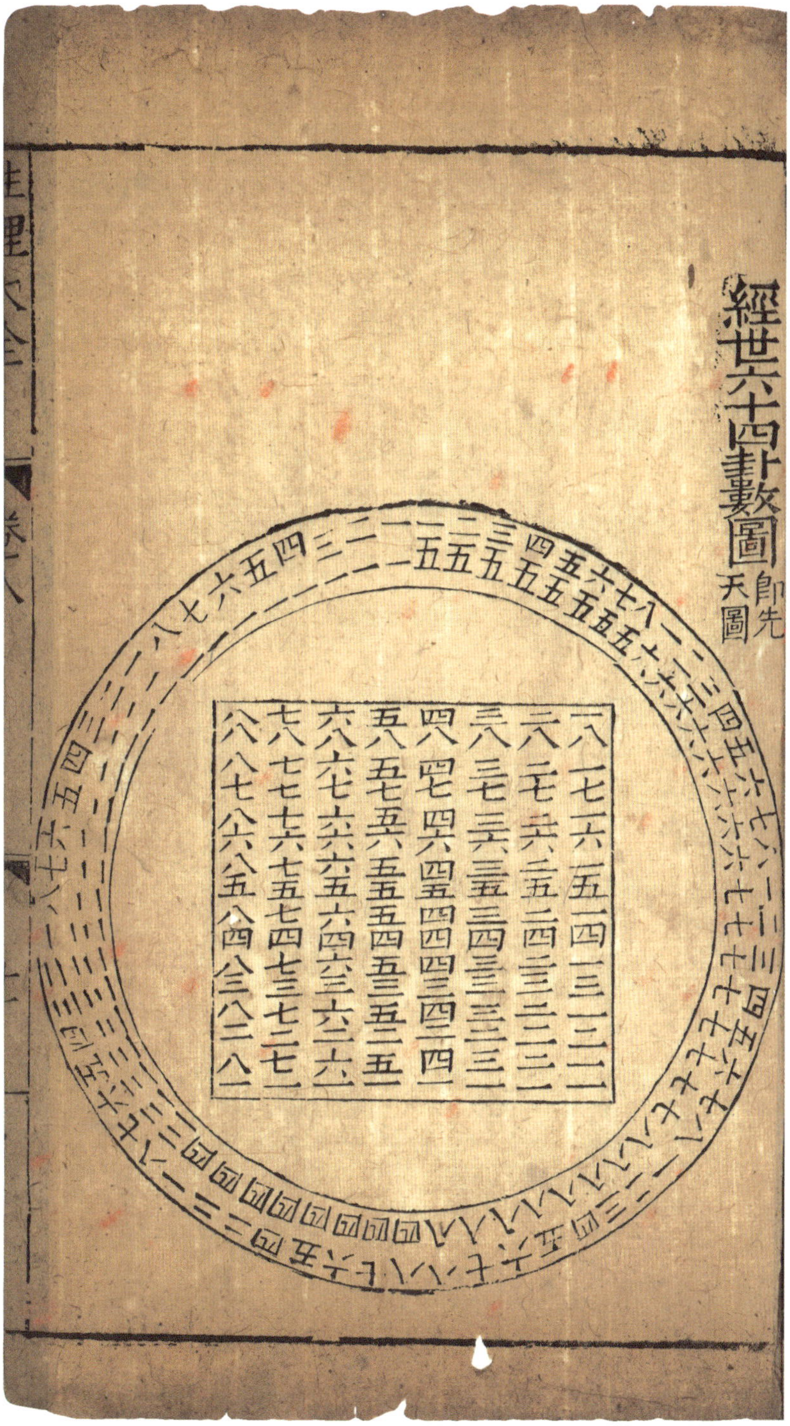
經世六十四卦數圖

申鑒五卷

（漢）荀悦撰　（明）黄省曾注　明嘉靖四年（1525）黄氏文始堂刻本

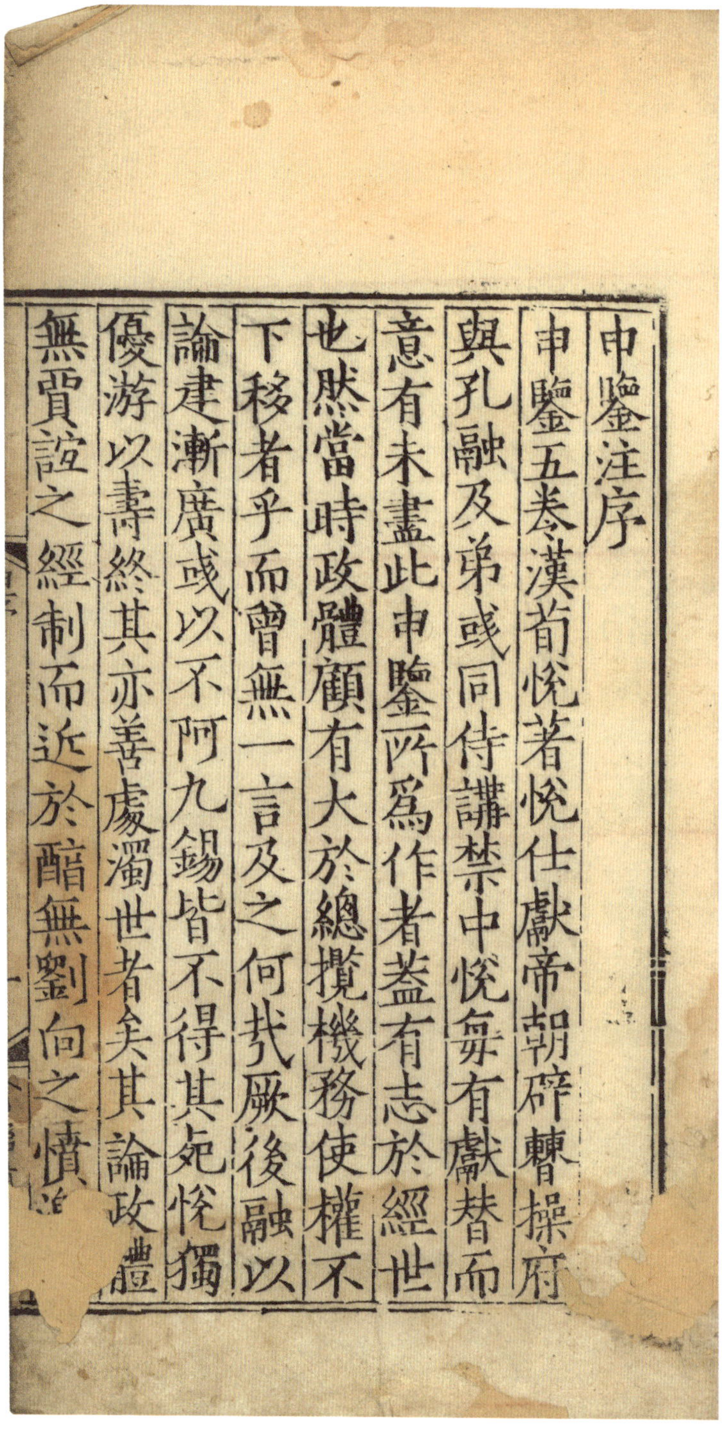

申鑒注序
申鑒五卷漢荀悅著悅仕獻帝朝辟曹操府與孔融及弟彧同侍講禁中悅每有獻替而意有未盡此申鑒所爲作者蓋有志於經世也然當時政體顧有大於總攬機務使權不下移者乎而曾無一言及之何哉厥後融以論建漸廣彧以不阿九錫皆不得其死悅獨優游以壽終其亦善處濁世者矣其論政體無賈誼之經制而近於醕無劉向之憤

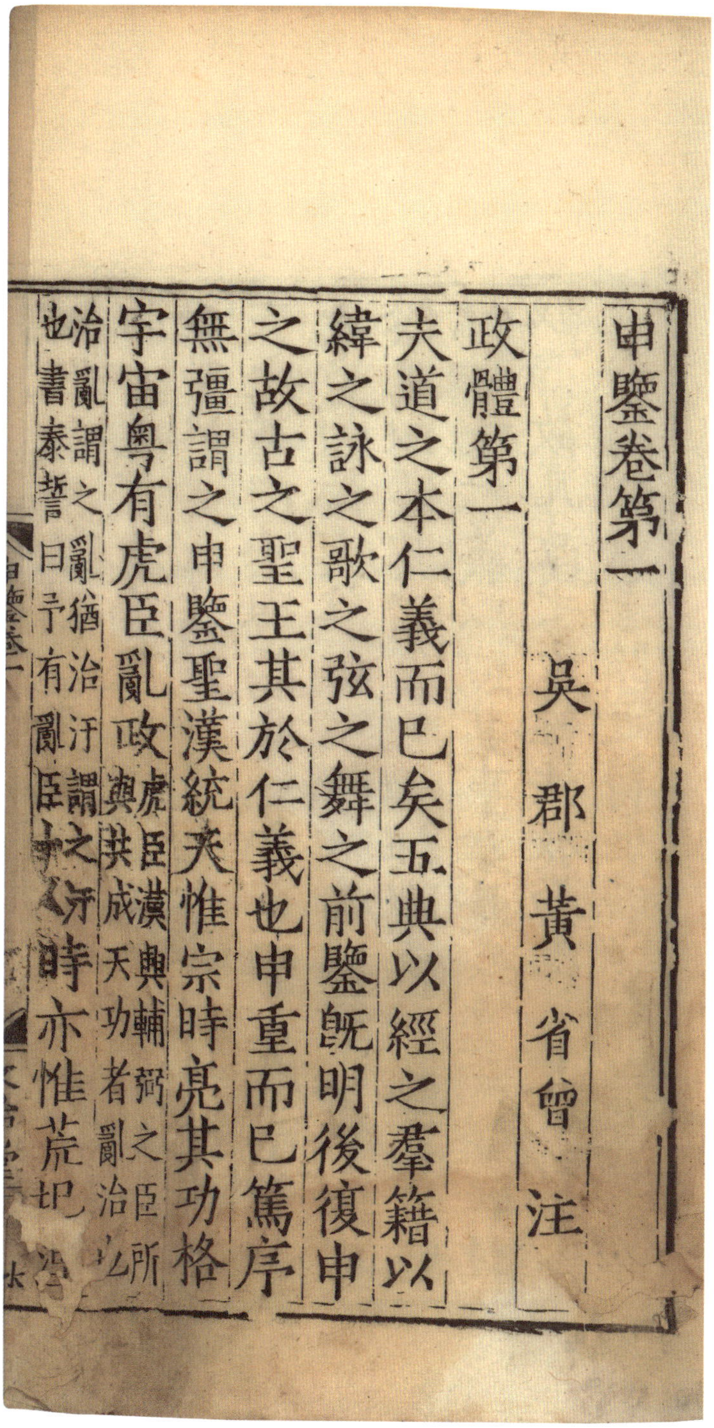
申鑒卷第一

吳郡黃省曾注

政體第一

夫道之本仁義而已矣五典以經之羣籍以緯之詠之歌之弦之舞之前鑒既明後復申之故古之聖王其於仁義也申重而已篤序無疆謂之申鑒聖漢統天惟宗時亮其功格宇宙粵有虎臣亂政虎臣漢典輔弼之臣所與共成天功者亂治也治亂謂之亂猶治汙謂之汙也書泰誓曰予有亂臣十人時亦惟荒圮治

此者也義也者宜此者也禮也者履此者也信也者守此者也智也者知此者也是故好惡以章之喜怒以泣之哀樂以恤之若乃二端不愆二端者教與法也五德不離五德者仁義禮智信也六節不悖六節者好惡喜怒哀樂也則三才允序五事交備洪範次二曰敬用五事一曰貌二曰言三曰視四曰聽五曰思恭從明聰睿所謂交備也百工惟釐庶績咸熙堯典曰允釐百工庶績咸熙注曰工官釐治庶績功咸皆熙廣也天作道皇作極洪範次五曰建用皇極又曰惟皇作極極中也臣作輔民作基輔助也弼也基址也言臣工協棐民心鞏固也

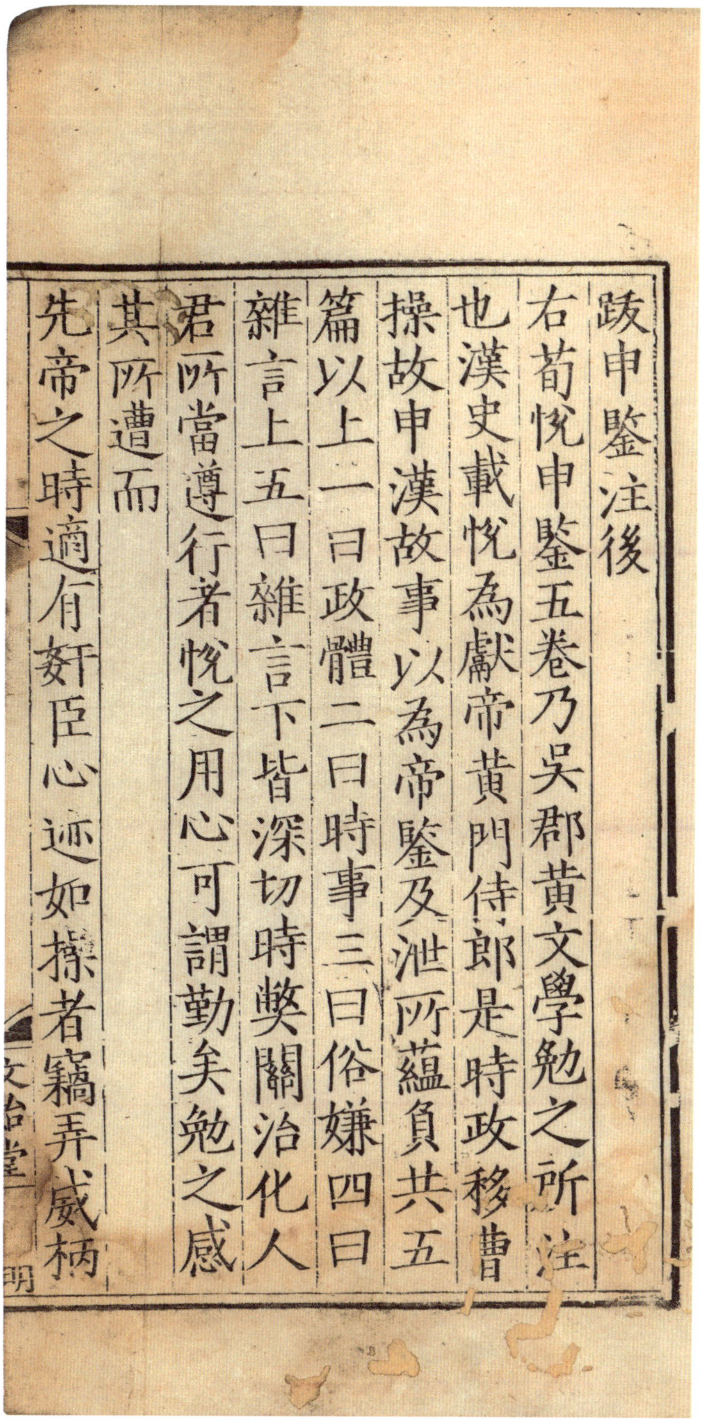

跋申鑒注後

右荀悅申鑒五卷乃吴郡黄文學勉之所注
也漢史載悅為獻帝黄門侍郎是時政移曹
操故申漢故事以為帝鑒及泄所蘊負共五
篇以上一曰政體二曰時事三曰俗嫌四曰
雜言上五曰雜言下皆深切時獘關治化人
君所當遵行者悅之用心可謂勤矣勉之感
其所遺而
先帝之時適有姧臣心迹如操者竊弄威柄

文治堂

明

管窺輯要八十卷

（清）黄鼎纂　清順治九年（1652）黄氏家刻本

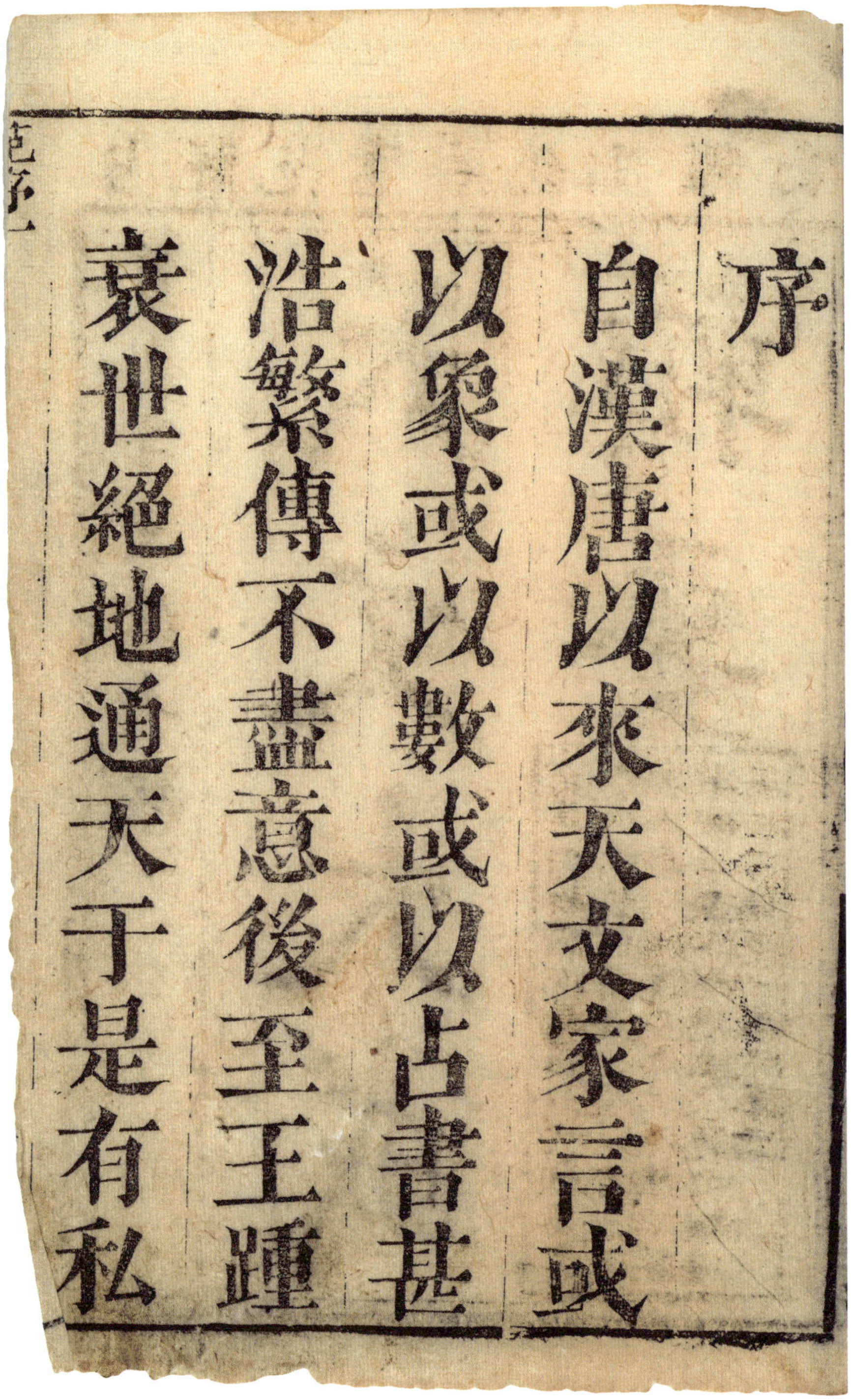

序

自漢唐以來天文家言或以象或以數或以占書甚浩繁傳不盡意後至王踵衰世絕地通天于是有私

序
按天文五行爲二志以補史遷之闕劉
向李尋與京房翼奉之徒後先相繼指
陳事應著爲臣戒其君之書誠可謂謇
謇君子矣太史公曰五星失軌道則占
然則占測之有述其來遠哉蓋天有三
垣曰天市象明堂巡狩之居也曰太微

管窺輯要卷之一

六安黄　鼎玉耳父纂定

男九命簡臣

侄九錫公位

九疇倫叙

九如眉介

侄孫珮琢成

珂先鳴

桐城方兆及子詒仝閲

天官窺輯要卷之五

六安黄　鼎玉耳父　定

任九錫公位

九疇倫叙

九如眉介

桐城方兆及子論同閱

天變色占

天以輕清爲體色變昏黑者君不明𢥠白爲喪憂赤如火血爲兵起天下亂　黄爲土功與　慘黄

集部

御製避暑山莊詩二卷

（清）聖祖玄燁撰　（清）揆敘等注　清康熙五十一年（1712）内府刻朱墨套印本

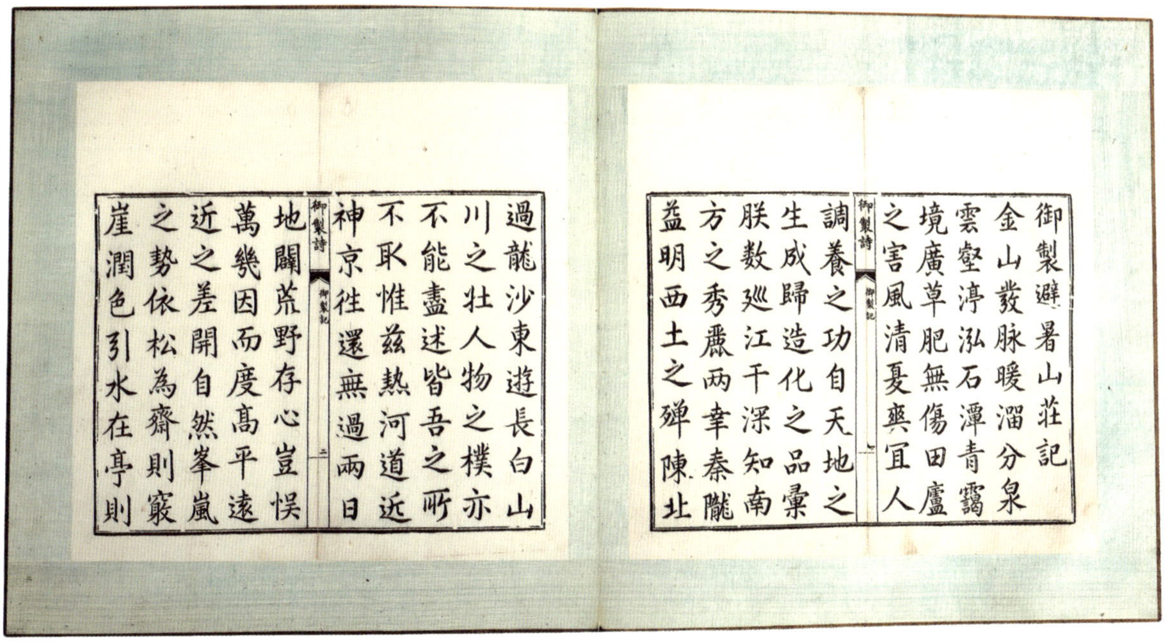

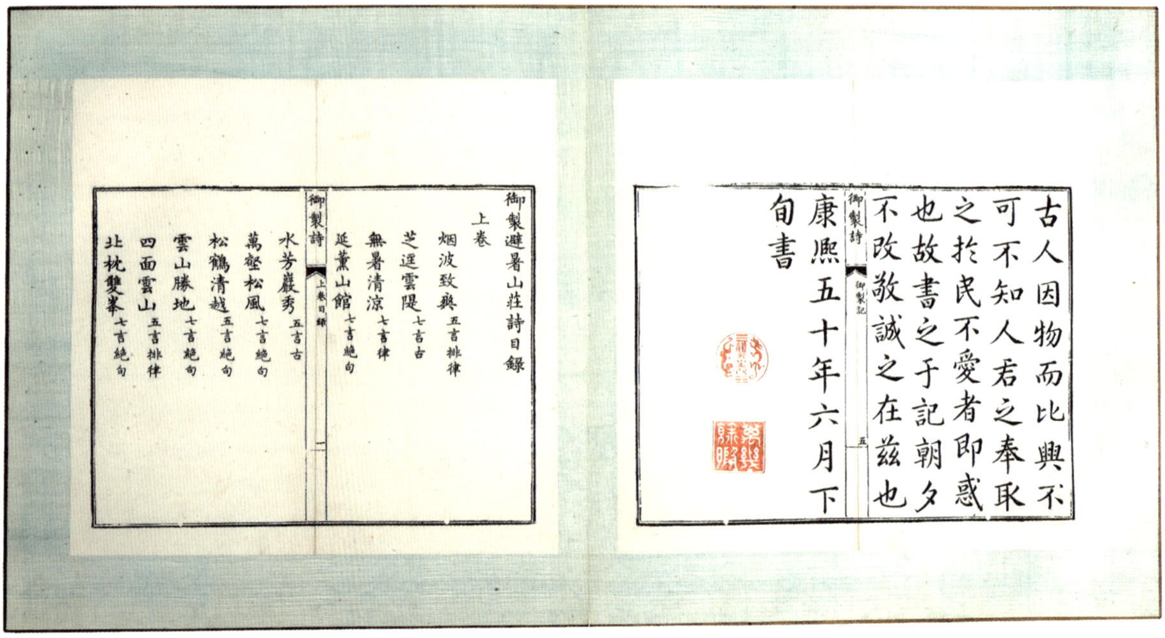
古人因物而比興不可不知人君之奉取之於民不愛者即惑也故書之于記朝夕不改敬誠之在茲也

康熙五十年六月下旬書

御製詩 御製記 五

御製避暑山莊詩目錄

上卷

烟波致爽 五言排律

芝逕雲隄 七言古

無暑清涼 七言律

延薰山館 七言絶句

水芳巖秀 五言古

萬壑松風 七言絶句

松鶴清越 五言絶句

雲山勝地 七言絶句

四面雲山 五言排律

北枕雙峯 七言絶句

御製詩 上卷目錄 一

集部

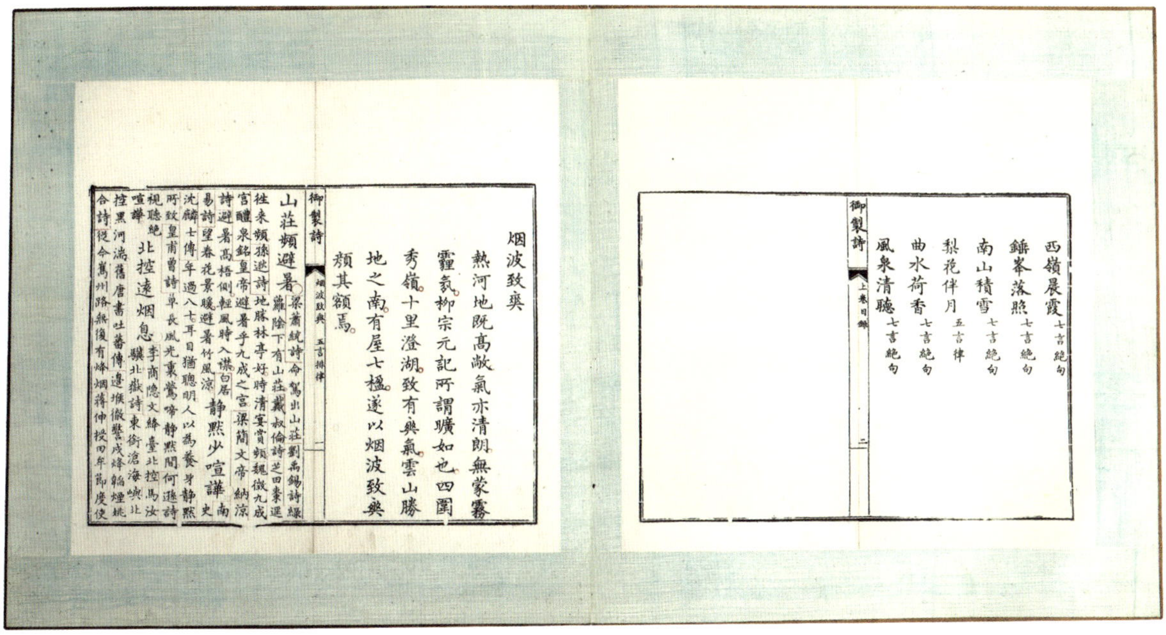

西嶺晨霞 七言絶句
錘峯落照 七言絶句
南山積雪 七言絶句
梨花伴月 五言律
曲水荷香 七言絶句
風泉清聽 七言絶句

御製詩 上卷目錄 二

御製詩 烟波致爽 五言排律 一

烟波致爽

熱河地既高敞氣亦清朗無蒙霧霾氛柳宗元記所謂曠如也四圍秀嶺十里澄湖致有爽氣雲山勝地之南有屋七楹遂以烟波致爽顏其額焉

山莊頻避暑 梁蕭統詩命駕出山莊劉禹錫詩綠蘿陰下有山莊戴叔倫詩芝田秉遐徃來頻孫逖詩地勝林亭好時清宴賞頻魏徵九成宮醴泉銘皇帝避暑乎九成之宮梁簡文帝納涼詩避暑高梧側輕風時入襟白居易詩望春花景暖避暑竹風涼 靜默少喧譁 南史沈麟士傳年過八十耳目猶聰明人以為養身靜默所致皇甫曾詩草長風光裏鶯啼靜默間何遜詩視聽絶喧譁 北控遠烟息 李商隱文絳臺北控馬汝驥北嶽詩東銜滄海嶼北控黑河湍舊唐書吐蕃傳邊堠徹警戍烽韜煙姚合詩從今萬州路無復有烽烟蔣仲授四年節度使

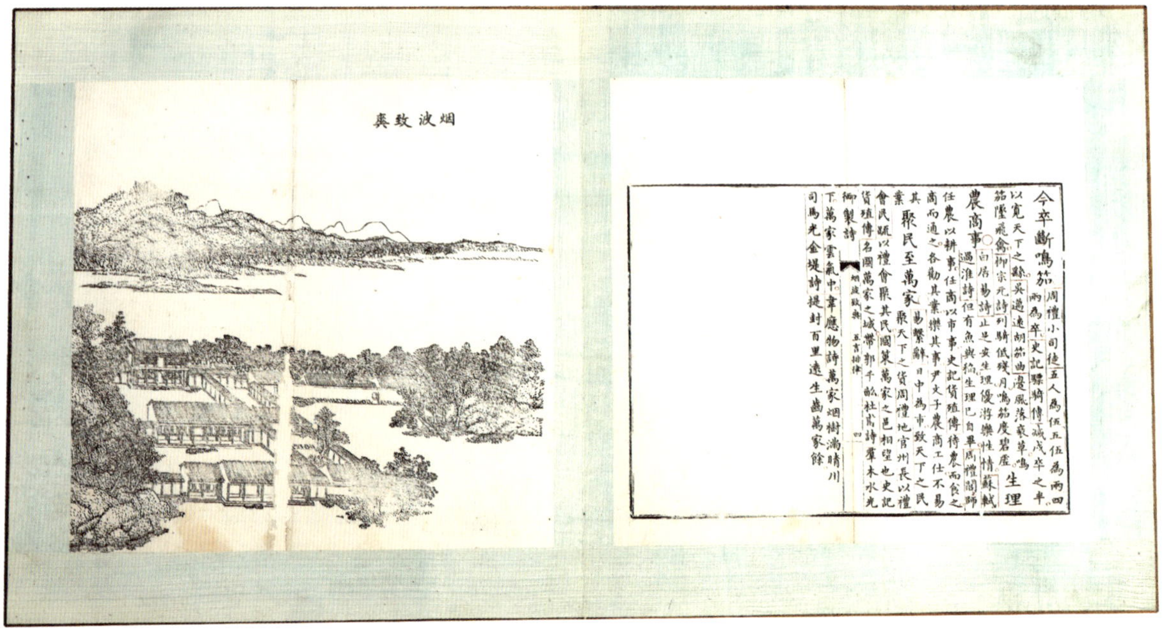
烟波致爽
今卒斷鳴笳 周禮小司徒五人爲伍五伍爲兩四
兩爲卒 史記驃騎傳減戍卒之半
以寛天下之繇 吳邁遠胡笳曲邊風落衰草鳴
笳墜飛禽 柳宗元詩列騎低殘月鳴笳度碧虛 生理
農商事 白居易詩止足安生理優游樂性情 蘇軾
過淮詩但有魚與稻生理已自畢 周禮閭師
任農以耕事任商以市事 史記貨殖傳待農而食之
商而通之各勸其業樂其事 尹文子農商工仕不易
其業 聚民至萬家 易繫辭日中爲市致天下之民
聚天下之貨 周禮地官州長以禮
會民射以禮會聚其民 國策萬家之邑相望也 史記
貨殖傳名國萬家之城帶郭千畝 杜甫詩羣木水光
御製詩 烟波致爽 五言排律 四
下萬家雲氣中 韋應物詩萬家烟樹滿晴川
司馬光金堤詩提封百里遠生齒萬家餘

司馬太師温國文正公傳家集八十卷目録二卷

（宋）司馬光撰　明刻本

司馬光（1019—1086），字君實，號迂叟。原籍陝州夏縣（今山西夏縣）涑水鄉人，世稱“涑水先生”。司馬光著有《文集》八十卷、《資治通鑒》三百二十四卷等，此書所收均爲司馬光手稿、遺墨，爲司馬光殁後，其後人司馬伋等蒐集整理匯編而成。原刻於宋代，明清多次重刊，此本爲明中期刻印。前有劉隨序：“文集凡八十卷爲二十八門，其間詩賦、章奏、制誥、表啓、雜文、書傳無所不備。”此書於2013年入選第四批《國家珍貴古籍名録》。

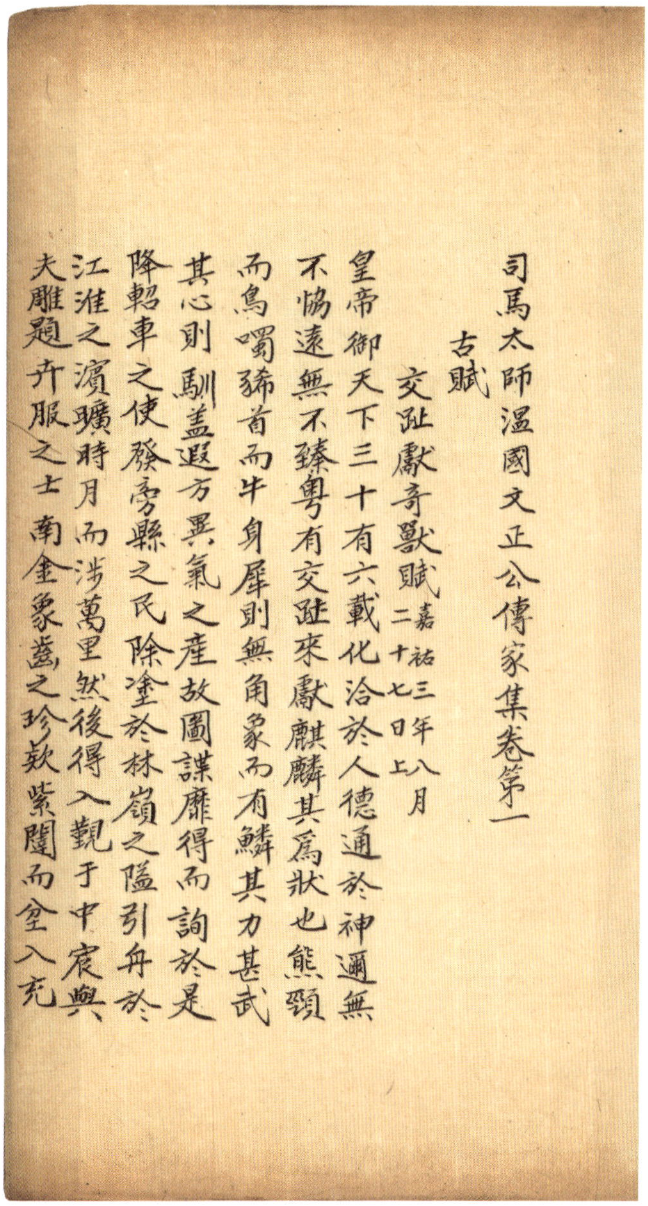
司馬太師温國文正公傳家集卷第一
古賦
交趾獻奇獸賦 嘉祐三年八月二十七日上
皇帝御天下三十有六載化洽於人德通於神邇無不懾遠無不臻粤有交趾來獻麒麟其爲狀也熊頸而烏喙豨首而牛身犀則無角象而有鱗其力甚武其心則馴蓋遐方異氣之產故圖諜靡得而詢於是降輶車之使發旁縣之民除塗於林嶺之隘引舟於江淮之濱曠時月而涉萬里然後得入覲于中宸與夫雕題卉服之士南金象齒之珍款紫闥而坌入充

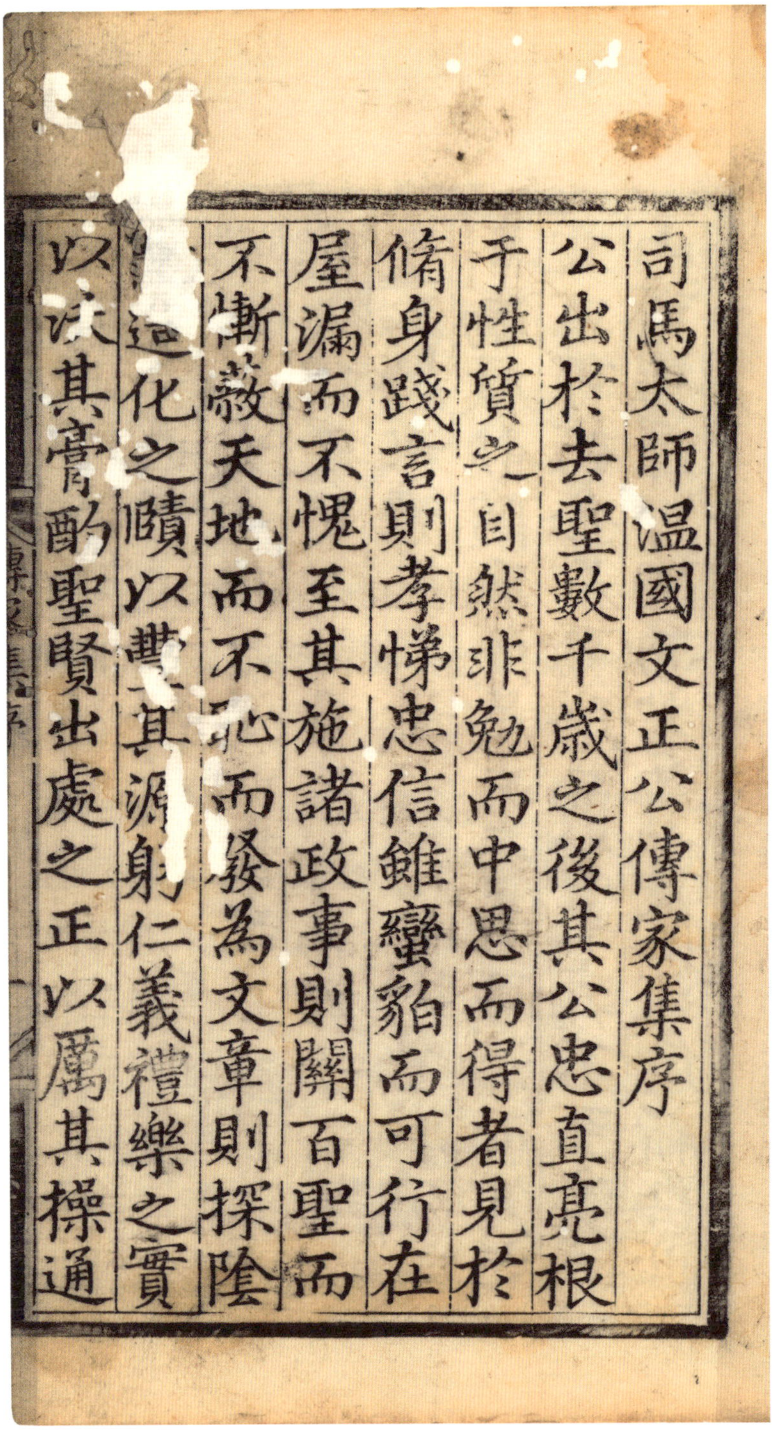

司馬太師温國文正公傳家集序

公出於去聖數千歲之後其公忠直亮根于性質之自然非勉而中思而得者見於脩身踐言則孝悌忠信雖蠻貊而可行在屋漏而不愧至其施諸政事則關百聖而不慚穀天地而不恥而發爲文章則探陰陽造化之賾以豐其源射仁義禮樂之實以決其膏酌聖賢出處之正以厲其操通

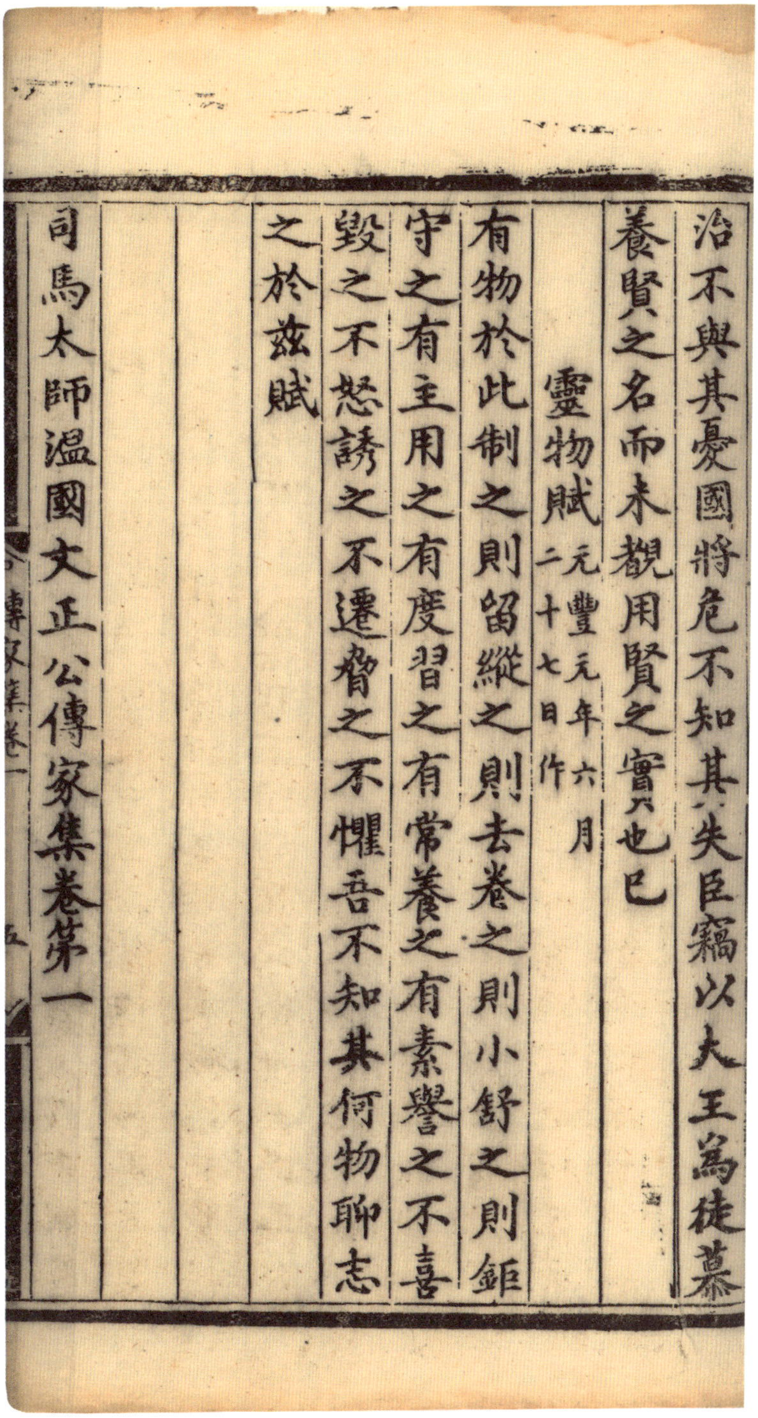

治不與其憂國將危不知其失臣竊以大王爲徒慕
養賢之名而未覩用賢之實也已

靈物賦 元豐元年六月二十七日作

有物於此制之則留縱之則去卷之則小舒之則鉅
守之有主用之有度習之有常養之有素譽之不喜
毀之不怒誘之不遷脅之不懼吾不知其何物聊志
之於茲賦

司馬太師溫國文正公傳家集卷第一

司馬太師温國文正公傳家集卷第二

古詩一

贈邵興宗

窮達有常分得喪難豫言古今浩茫茫倚伏安可原
軒裳彼自榮舉俗同崩奔錙銖校重輕氷火殊涼温
君子固無愧立身明本根度矩苟不愆寵辱徒喧喧
有如清濟流橫貫長河渾景公馬千駟南面雄東藩
陶青劉舍徒位爲丞相尊當時非不顯磨滅何足論
顔回在陋巷藜藿甘盤餐原憲結弊衣蓬蒿塞其門
當時豈不窮至今榮名存况君齒方壯德業素所敦

安懷堂全集六卷

（清）孔傳鐸撰　清奎文閣抄本

《安懷堂全集》存《安懷堂文集》二卷、《申椒集》二卷、《繪心集》二卷，計六册。抄寫工整。封面題書名并有"奎文閣藏板"字樣，爲刻板印刷。奎文閣系孔廟内藏書樓，既有"藏板"且已鐫板，説明此本可能爲刻梓前的底本，惜今未見《安懷堂文集》二卷的刻本，惟賴此抄本見其風貌。此抄本的存世，具有極高的歷史文獻價值。此書已於2013年入選第四批《國家珍貴古籍名録》。

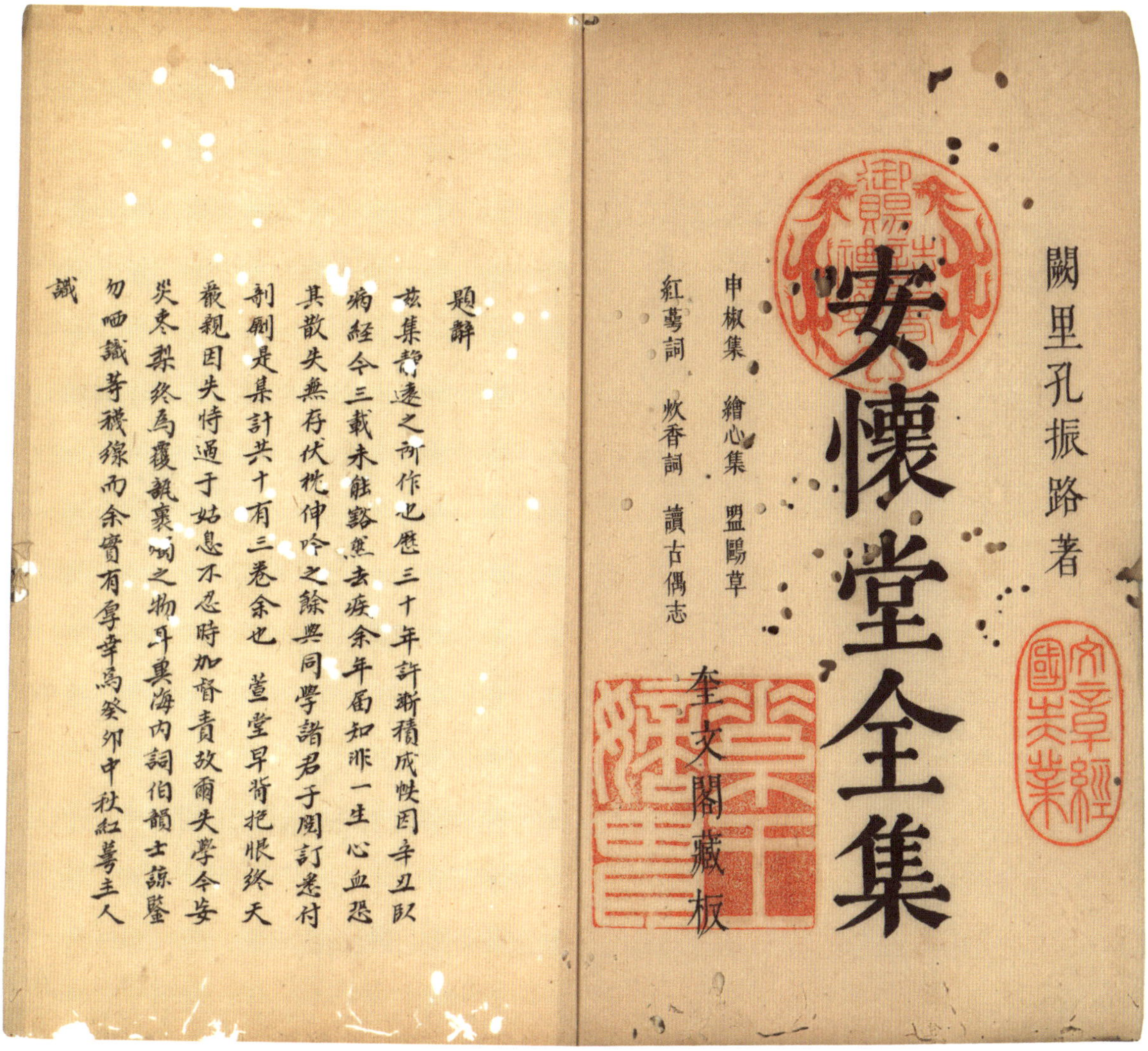

申椒集卷下

闕里孔傳鐸振路著
疁城孫致彌松坪定
梁溪顧彩湘槎

梅意

何處飄香雪年年繞此亭粉痕侵蠟屐玉質慕銅瓶堪擬凌波步羞為行雨雲倚欄明月夜想像立娉婷

又

繪心集卷上

闕里孔傳鐸振路著
休寧汪芳藻蓉洲評
長白陳于王健夫叅

煌煌京洛行

爭名必朝爭利市莫如生長長安裏亘天玉闕起雲霄
夾道朱門散羅綺歡娛歌舞日雲屯挾彈王孫駿馬奔
妙妓當壚唱白雪繁花侑酒揮金尊三十六宮銀漏曉
鈿車玉勒來何早油壁盤龍票[illegible]珠簾繡鳳葳甤巧

跋

余自童稚宿食舅氏家，輙見表兄叉手成吟，刻燭睃韵，心艷羨之。稍長為諸生，則困於八股業，未暇旁及也。然每聆舅氏東歸海上，輙歎風雅牢落，能移我性情者絕少，又耿耿不忘讀表兄之詩。積歲月，復驅車仙源，而表兄詩彌進，又成數帙矣。其數帙之中，且無境不備矣。夫將為壯烈激楚之音，必遊戰場戍壘間，得金戈鐵馬之氣；為將為幽咽怨亂之音，必遊荒墟廢苑間，得零歌斷舞之氣；為將

朱文公校昌黎先生文集二十卷外集一卷遺文一卷傳一卷

（唐）韓愈撰　（宋）朱熹考異　（宋）王伯大音釋　明弘治十五年（1502）王氏善敬書堂刻本

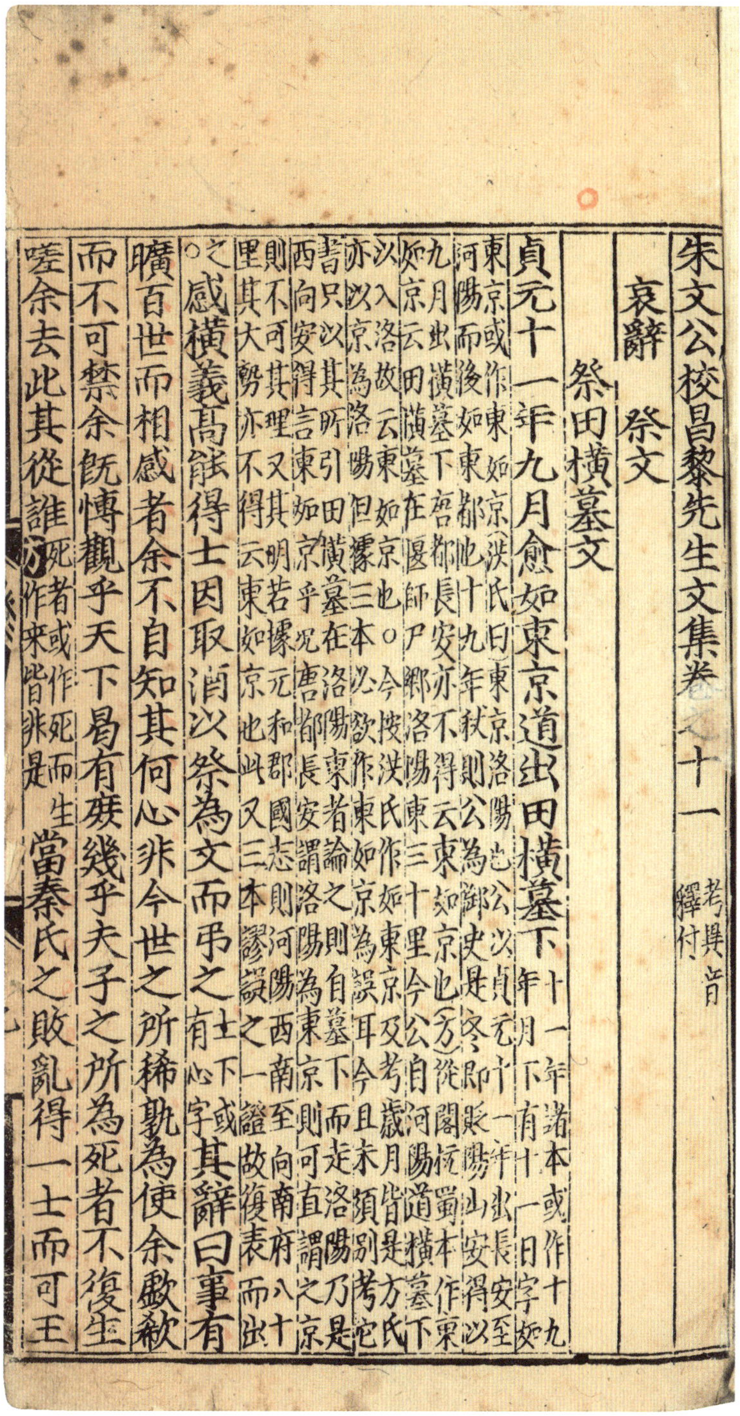
朱文公校昌黎先生文集卷之十一 考異音釋付

哀辭 祭文

祭田横墓文

貞元十一年九月愈如東京道出田横墓下十一年諸本或作十九年月下有十一日字如東京或作東如京洪氏曰東京洛陽也公以貞元十一年出長安至河陽而後如東都也十九年秋則公為御史是冬即貶陽山安得以九月出横墓下吾都長安亦不得云東如京也方從閣杭蜀本作東如京云田横墓在偃師尸鄉洛陽東三十里今公自河陽道横墓下以入洛故云東如京也○今按洪氏作東如京及考歲月皆是方氏亦以京為洛陽但據三本必欲作東如京為誤耳今且未須别考它書只以其所引田横墓在洛陽東者論之則自墓下而走洛陽乃是西向安得言東如京乎况唐都長安謂洛陽為東京則可直謂之京則不可其理又其明若據元和郡國志則河陽西南至向南府八十里其大勢亦不得云東如京也此又三本謬誤之一證故復表而出之○感横義高能得士士下或有心字因取消以祭為文而弔之其辭曰事有曠百世而相感者余不自知其何心非今世之所稀孰為使余歔欷而不可禁余既博觀乎天下曷有庶幾乎夫子之所為死者不復生嗟余去此其從誰死者或作死而生方作來皆非是當秦氏之敗亂得一士而可王

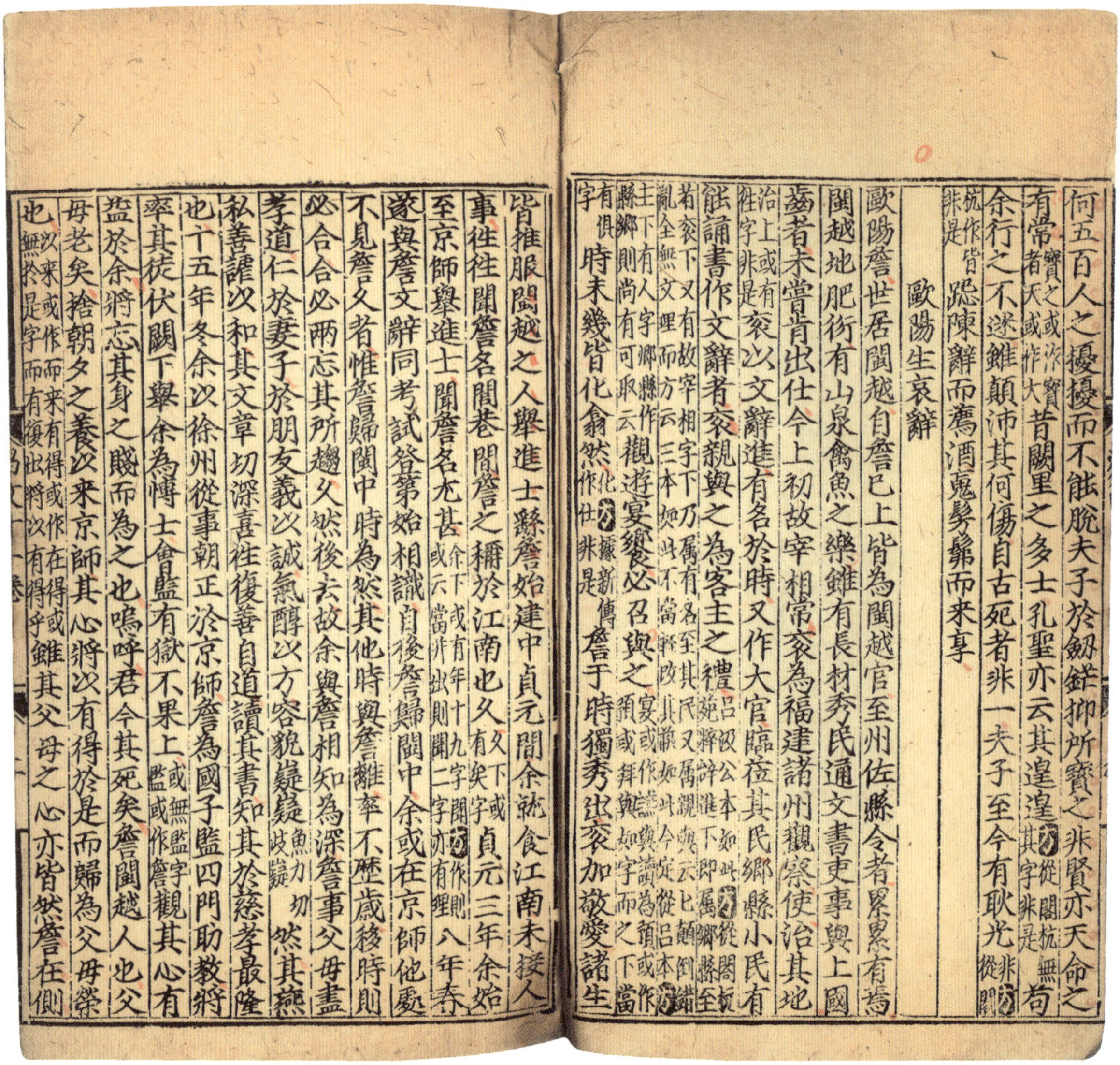

何五百人之擾擾而不能脫夫子於鉤鉗抑所寶之非賢亦天命之有常寶之或作寶者天或作大昔闕里之多士孔聖亦云其遑遑方從閣杭無其字非是苟余行之不遂雖顛沛其何傷自古死者非一夫子至今有耿光非方從閣杭作皆非是跽陳辭而薦酒魂髣髴而來享

歐陽生哀辭

歐陽詹世居閩越自詹已上皆為閩越官至州佐縣令者累累有爲閩越地肥衍有山泉禽魚之樂雖有長材秀民通文書吏事與上國齒者未嘗肯出仕今上初故宰相常袞為福建諸州觀察使治其地治上或有往字非是袞以文辭進有名於時又作大官臨莅其民鄉縣小民有能誦書作文辭者袞親與之為客主之禮呂汲公本如此方從閣杭延辭許進下即屬鄉縣至若袞下又有故宰相字下乃屬有名至其民又屬親與云匕顛倒錯亂全無文理而方云三本如此不當輕改其謬如此今定從呂本方主下有人字鄉縣作縣鄉則尚有可取云觀遊宴饗必召與之宴或作讌與讀為預或作須或拜與如字而之下當有俱字時未幾皆化翕然化方據新傳作仕非是詹于時獨秀出袞加敬愛諸生皆推服閩越之人舉進士繇詹始建中貞元間余就食江南未接人事往往聞詹名閭巷間詹之稱於江南也久久下或有矣字貞元三年余始至京師舉進士聞詹名尤甚余下或有年十九字聞方作則或云當作出則聞二字亦有理八年春遂與詹文辭同考試登第始相識自後詹歸閩中余或在京師他處不見詹久者惟詹歸閩中時為然其他時與詹離率不歷歲移時則必合合必兩忘其所趨久然後去故余與詹相知為深詹事父母盡孝道仁於妻子於朋友義以誠氣醇以方容貌嶷嶷魚力切岐嶷然其燕私善謔以和其文章切深喜往復善自道讀其書知其於慈孝最隆也十五年冬余以徐州從事朝正於京師詹為國子監四門助教將率其徒伏闕下舉余為博士會監有獄不果上或無監字監或作詹觀其心有益於余將忘其身之賤而為之也嗚呼君今其死矣詹閩越人也父母老矣捨朝夕之養以來京師其心將以有得於是而歸為父母榮也以來或作而來有得或作在得或無於是字而有復出將以有得乎雖其父母之心亦皆然詹在側

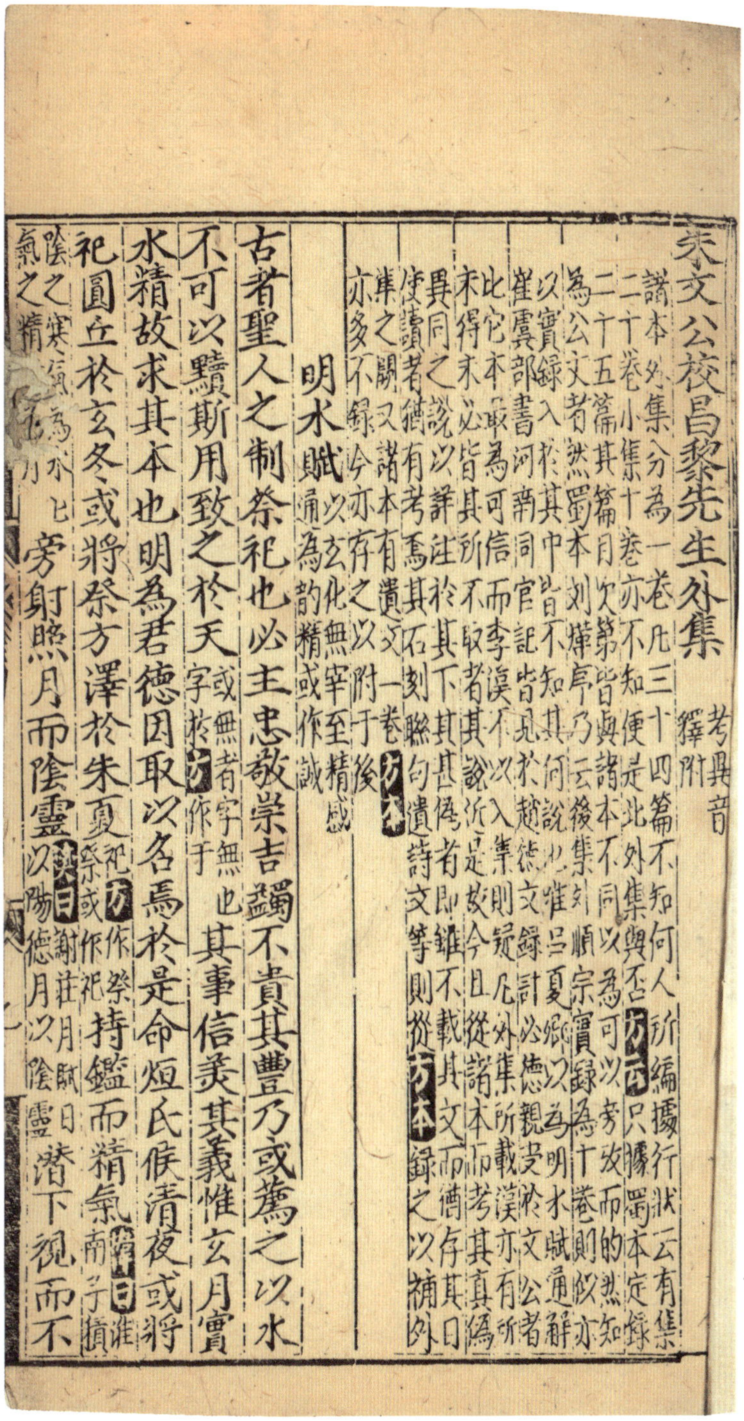

朱文公校昌黎先生外集 考異音釋附

諸本外集分為一卷凡三十四篇不知何人所編據行狀云有集二十卷小集十卷亦不知便是此外集與否方云只據蜀本定錄二十五篇其篇目次第皆與諸本不同以為可以考攷而的然知為公文者然蜀本刘㷆序乃云後集刻順宗實錄為十卷則敘亦以實錄入於其中皆不知其何說也唯呂夏卿以為明水賦通解崔虞部書河南同官記皆見於趙德文錄計必德親受於文公者比它本最為可信而李漢不以入集則疑凡外集所載漢亦有所未得未必皆其所不取者其說近是故今且從諸本而考其真僞異同之說以詳注於其下其甚僞者即雖不載其文而猶存其目使讀者猶有考焉其石刻聯句遺詩文等則從方本錄之以補外集之闕又諸本有遺文一卷方本亦多不錄今亦存之以附于後

明水賦 以玄化無宰至精感通為韻精或作誠

古者聖人之制祭祀也必主忠敬崇吉蠲不貴其豐乃或薦之以水不可以黷斯用致之於天 或無者字無也字於方作于 其事信美其義惟玄月實水精故求其本也明為君德因取以名焉於是命烜氏候清夜或將祀圓丘於玄冬或將祭方澤於朱夏 祀方作祭祭或作祀 持鑑而精氣 補注曰淮南子積陰之寒氣為水[illegible]氣之精[illegible]月 旁射照月而陰靈 韓曰謝莊月賦曰以陽德月以陰靈 潛下視而不

朱文公校昌黎先生集傳

新書本傳　宋景文公

今以李翺所撰行狀皇甫湜所撰墓誌神道碑舊史本傳資治通鑑洪興祖所撰年譜程俱所撰歷官記方崧卿增考年譜考其同異詳畧附注本文之下以見公之行事本末而文之已見於集者不復載云

韓愈字退之鄧州南陽人七世祖茂有功於後魏封安定王父仲卿為武昌令有美政既去縣人刻石頌德終祕書郎李白作文公父仲卿去思碑云南陽人而公常自稱昌黎李翺作公行狀亦云昌黎某人皇甫湜作墓誌不言鄉里又作神道碑乃云上世嘗居南陽又隸延州之武陽而舊史亦但云昌黎某今按新史蓋因李碑而加鄧州二字也然考漢書地理志有兩南陽其一河內脩武即左傳所謂晉啓南陽也其一南陽堵陽即荊州之南陽郡字與赭同在唐屬鄧州者也元和姓纂唐書世系表有兩韓氏其一漢弓高侯穨當玄孫騫避亂居南陽郡之赭陽九世孫河東太守術生河東太守純々四世孫安之晉員外郎二子潛恬隨司馬休之入後魏為玄菟太守二子都偃々生後魏中郎潁々生播々從昌黎棘城其一則穨當裔孫尋為後漢隴西太守世居潁川生司空稜稜後徙安定武安至後魏有常山太守武安成侯耆徙居九門生尚書令征南大將軍安定恒王茂々生均々生晙々生仁泰仁泰生睿素睿素生仲卿仲卿生會愈而中間嘗徙陳留以此而推則公固潁川之族尋稜之後而不得承騫之系矣而洪興祖所譔年譜但以騫之後世嘗徙昌黎遂附新史之說獨以赭陽為均州

范勛卿文集六卷詩集二十一卷

（明）范鳳翼撰　明末刻清初增修本

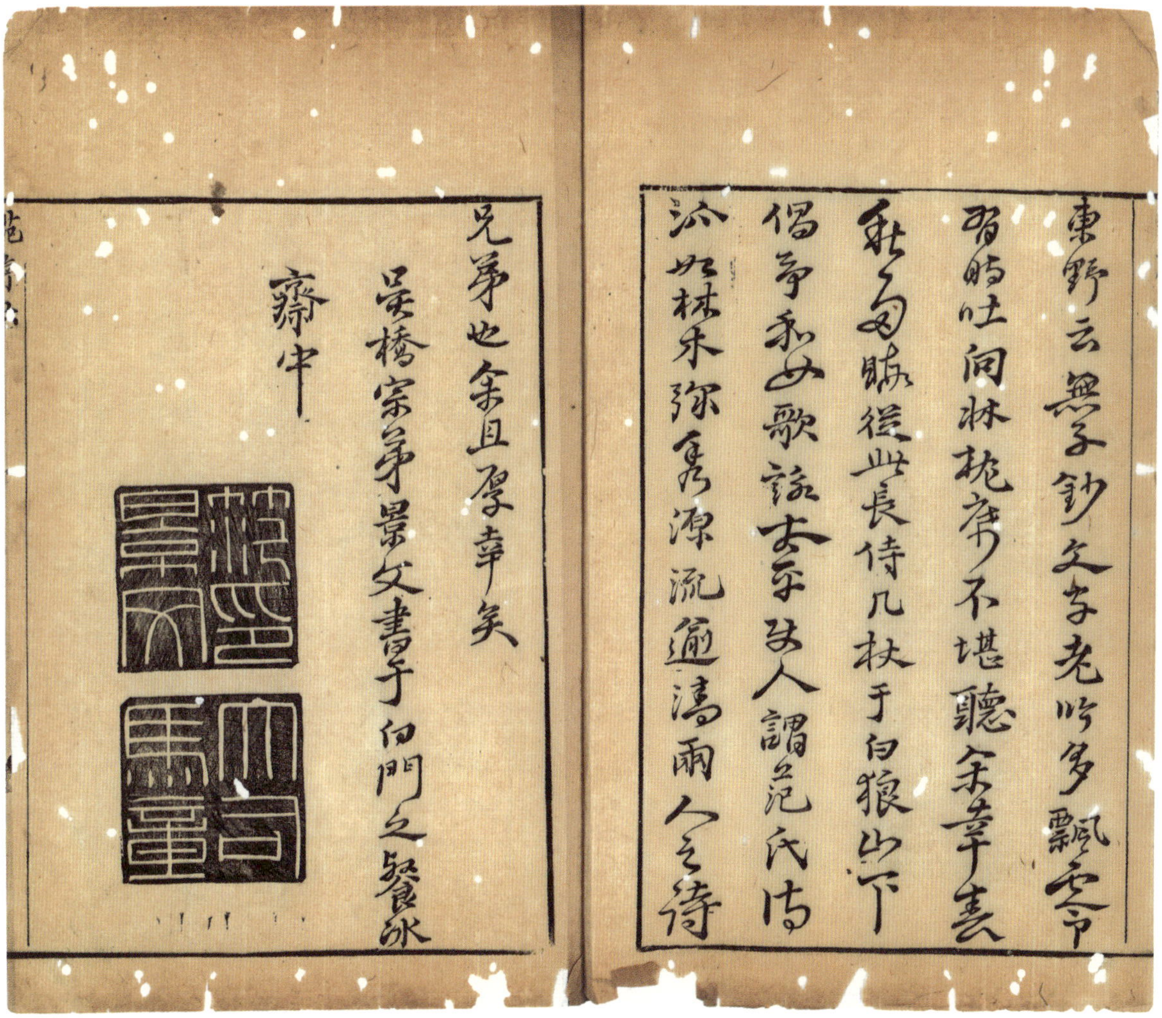

范雲鄉集小引

予讀白氏長慶集緣情遂
頗尋變騁節可謂靡曼矣
其自叙一章顧謂康樂溺
於山水靖節放于田園而

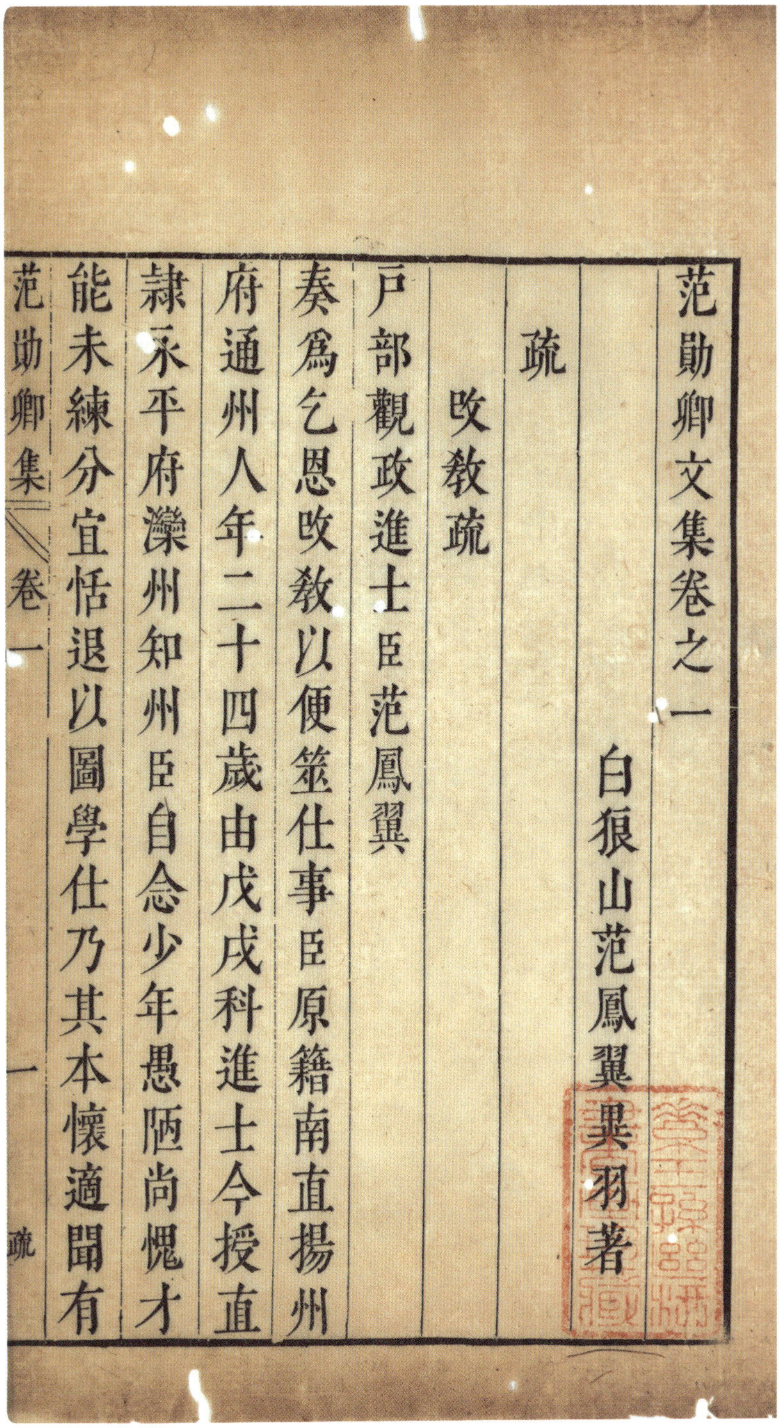

范勳卿文集卷之一

白狼山范鳳翼異羽著

疏

改教疏

戶部觀政進士臣范鳳翼

奏爲乞恩改教以便筮仕事臣原籍南直揚州府通州人年二十四歲由戊戌科進士今授直隸永平府灤州知州臣自念少年愚陋尚愧才能未練分宜恬退以圖學仕乃其本懷適聞有

范勳卿集　卷一　一　疏

范勛卿詩集卷之一

白狼山范鳳翼異羽著

賦

介壽賦有引

戊子歲仲春念有九日爲社友李羽中之懸弧旦不佞實與心交謹仰福謙艮友足延無量壽因敢奏賦以風其詞曰

惟萬類之憑元氣兮伏領大塊之洪鈞雖任陰陽之變化兮猶仗信修爲環循何意乎九爻陽

詩譚十卷續録一卷

（明）葉廷秀撰　明崇禎八年（1635）胡正言十竹齋刻本

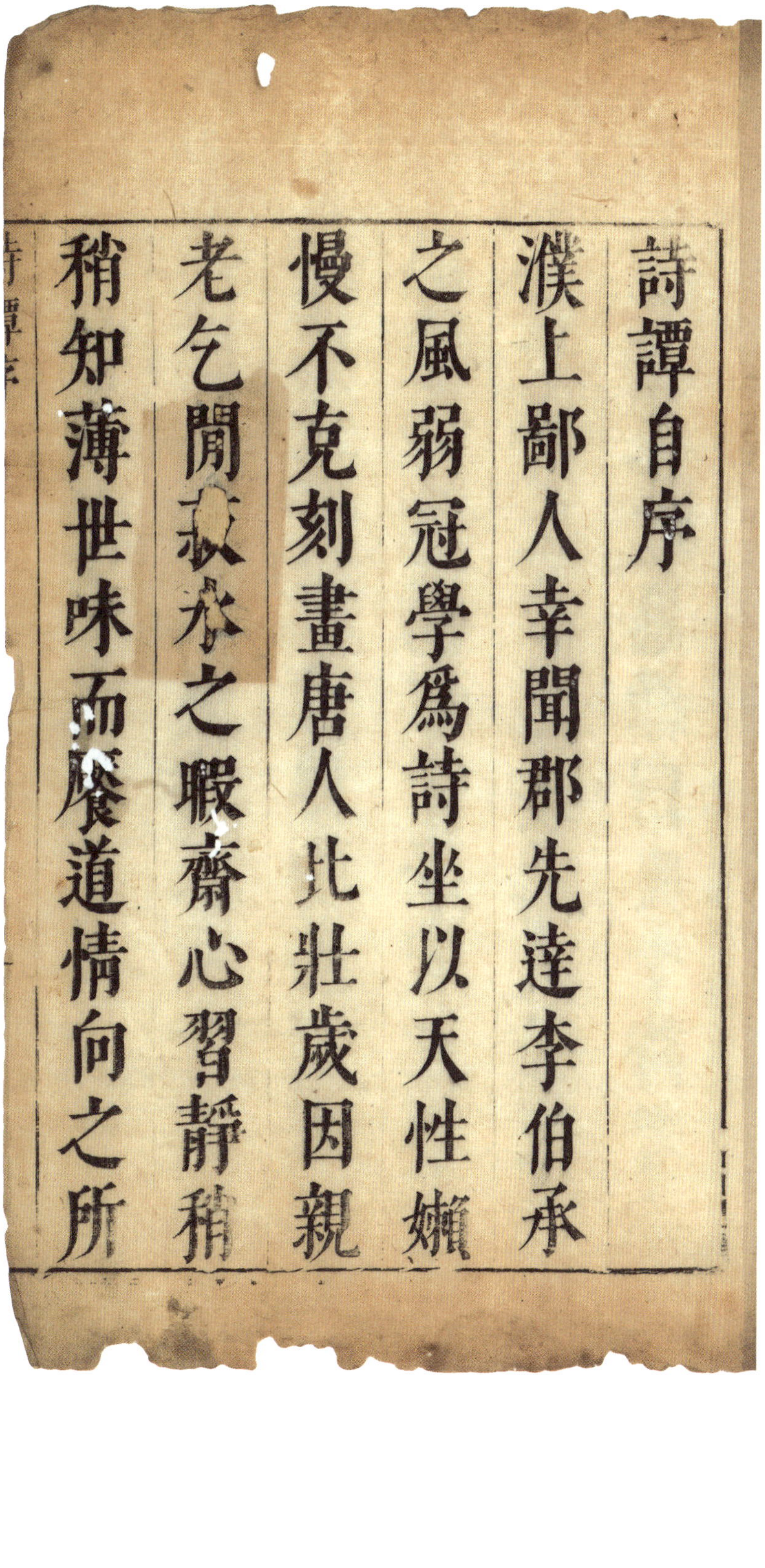

詩譚自序

濮上鄗人幸聞郡先達李伯承

之風弱冠學爲詩坐以天性嬾

慢不克刻畫唐人比壯歲因親

老乞閒[illegible][illegible]之暇齋心習靜稍

稍知薄世味而厭道情向之所

詩譚序

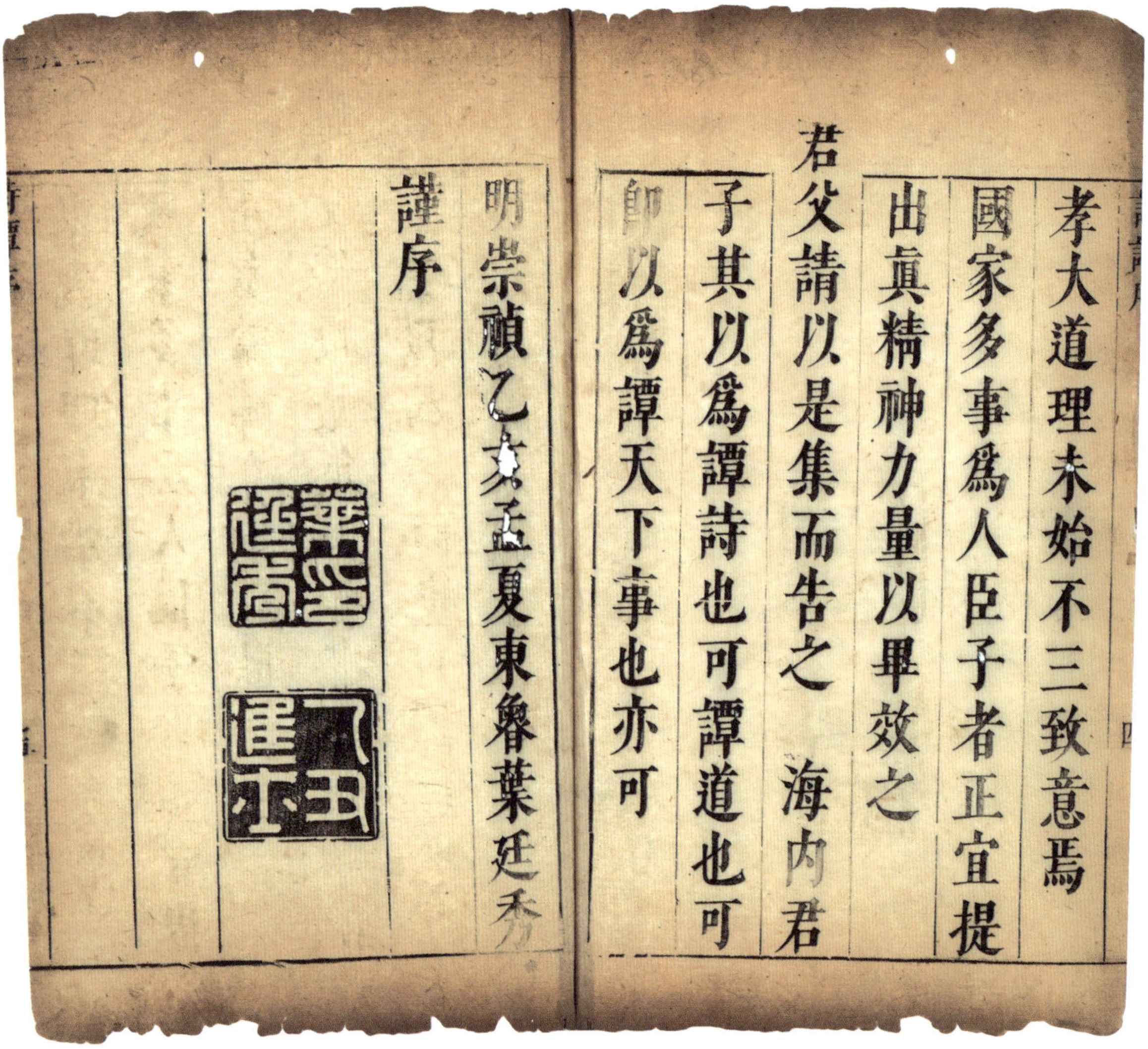
孝大道理未始不三致意焉
國家多事爲人臣子者正宜提
出眞精神力量以畢效之
君父請以是集而告之　海內君
子其以爲譚詩也可譚道也可
即以爲譚天下事也亦可

明崇禎乙亥孟夏東魯葉廷秀
謹序

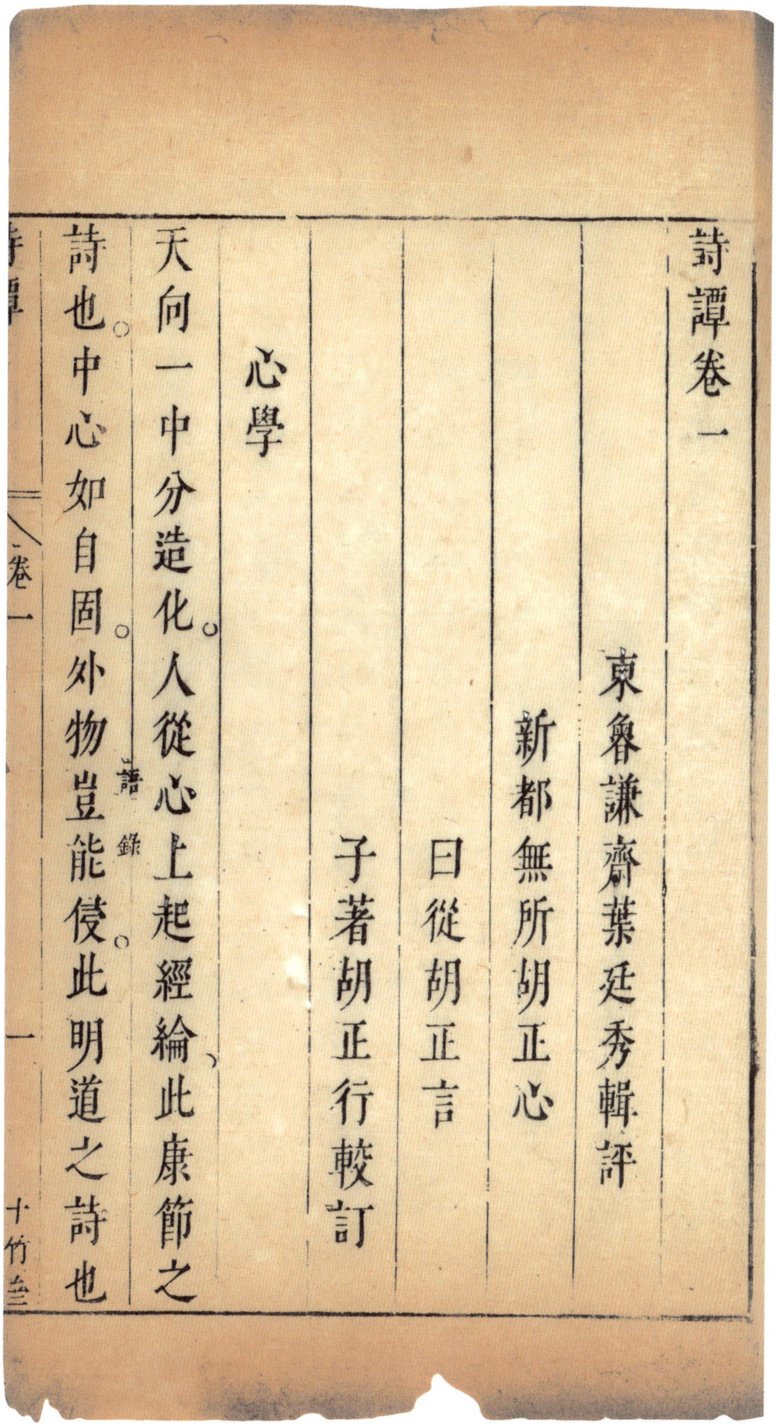

詩譚卷一

東魯謙齋葉廷秀輯評

新都無所胡正心

曰從胡正言

子著胡正行較訂

心學

天向一中分造化人從心上起經綸此康節之

語錄

詩也中心如自固外物豈能侵此明道之詩也

詩譚　卷一　一　十竹齋

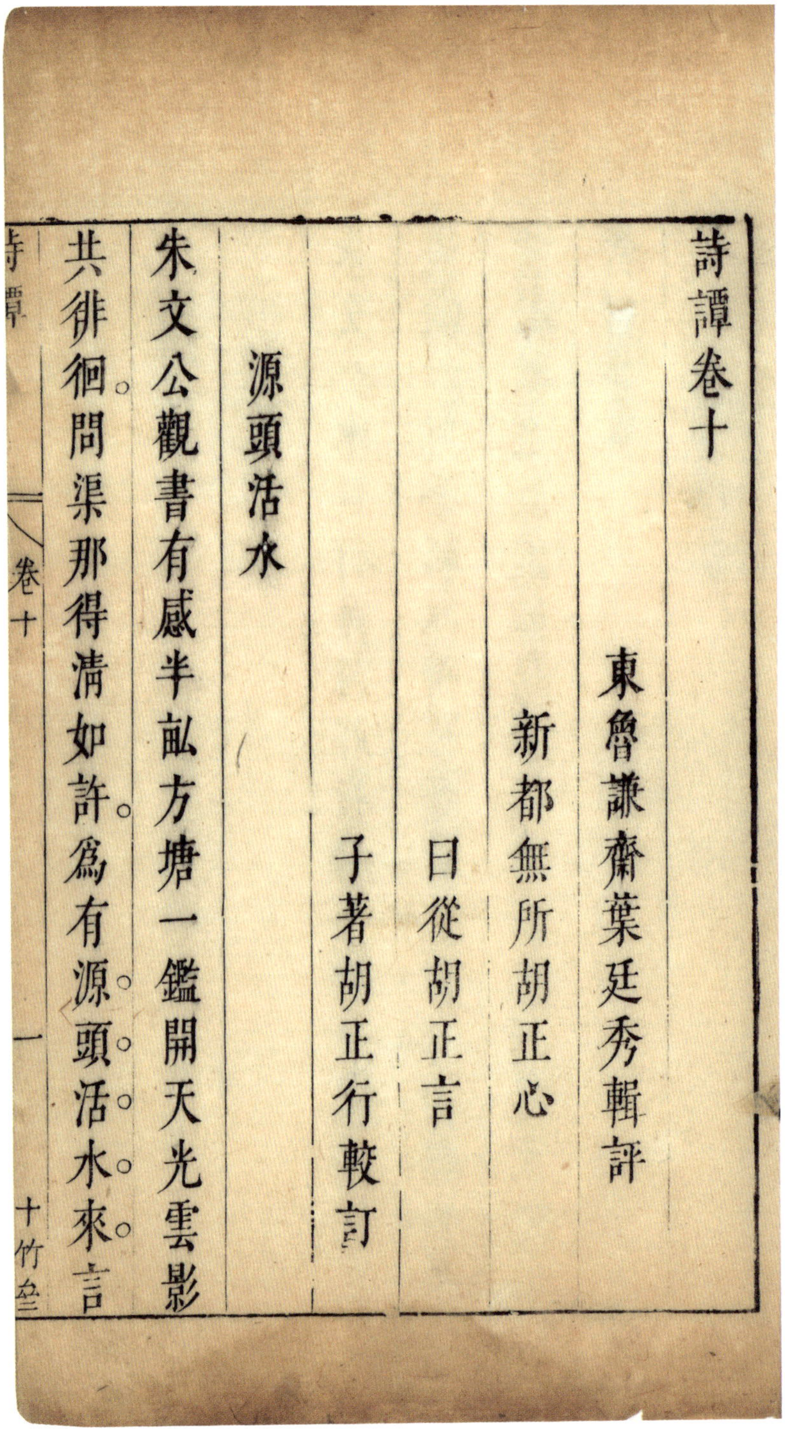
詩譚卷十

東魯謙齋葉廷秀輯評

新都無所胡正心

曰從胡正言

子著胡正行較訂

源頭活水

朱文公觀書有感半畝方塘一鑑開天光雲影

共徘徊問渠那得清如許爲有源頭活水來言

詩譚　卷十　一　十竹齋

古文淵鑒六十四卷

（清）徐乾學等編注　清康熙内府刻五色套印本

徐乾學（1631—1694），字原一，號健庵。江蘇昆山人。清初學者、藏書家。自編《傳是樓書目》《傳是樓宋元本書目》等。本書上起《春秋左傳》，下迄於宋，選録歷代散文名作一千三百二十四篇，擇其辭義精純，可以鼓吹六經者匯爲正集，間有瑰麗之篇列之别集，旁采諸子録其要論以爲外集。本書考證明確，詳略得宜，備載前人評語，諸臣附論，各列其名。本書編成由武英殿以朱、墨、黄、藍、緑五色套印刊行，其鎸刻、套色、刷印皆極精工，體現了清代内府多色套印的高超水平。本書卷前有康熙二十四年清聖祖御製序，序末鈐印“體元主人”“稽古右文之章”二印。2009 年入選第一批《山東省珍貴古籍名録》。

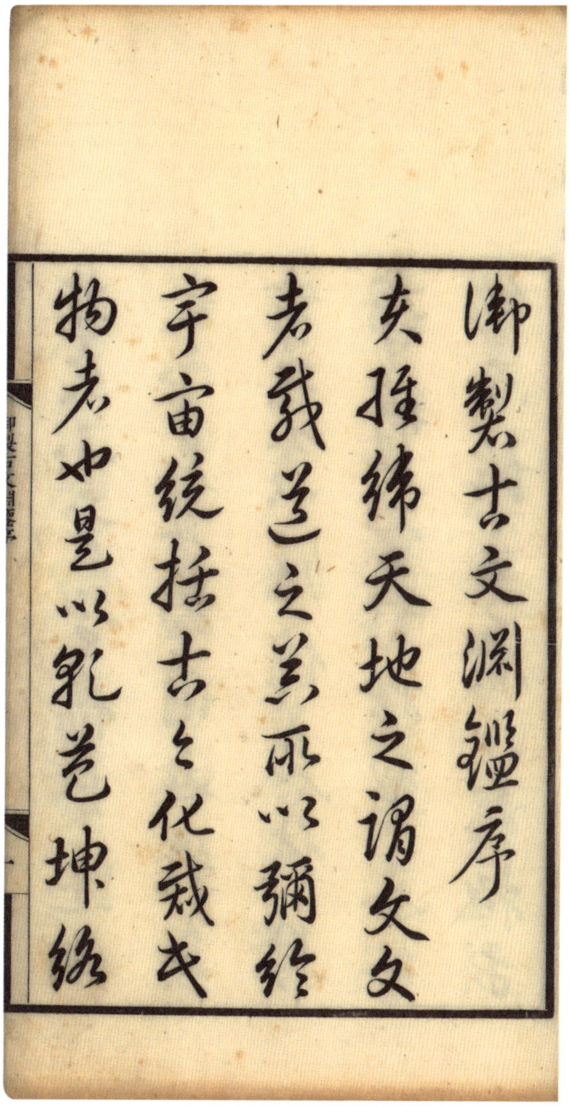
御製古文淵鑒序
夫經緯天地之謂文文
者載道之器所以彌綸
宇宙統括古今化裁民
物者也是以乾坤繇

集部

古文淵鑒卷第一目錄

周

左傳

集部

古文淵鑒卷第一

御選

內閣學士兼禮部侍郎教習庶吉士臣徐乾學等奉

旨編注

周 姬姓黃帝苗裔后稷之後武王伐紂而有天下至幽王爲犬戎所弑謂之西周平王東遷洛邑謂之東周卽春秋之始也

左傳 左丘明著丘明魯史也孔子將修春秋與丘明乘如周觀書於周史歸而修春秋之經七十子之徒口受其傳丘明懼弟子之各安其意失其眞故論其語成左氏春秋或先經以始事或後經以終事或依經以辯理或錯經以合異隨義而發是爲春秋內傳

古文淵鑒卷一 左傳 鄭莊公叔段本末 一

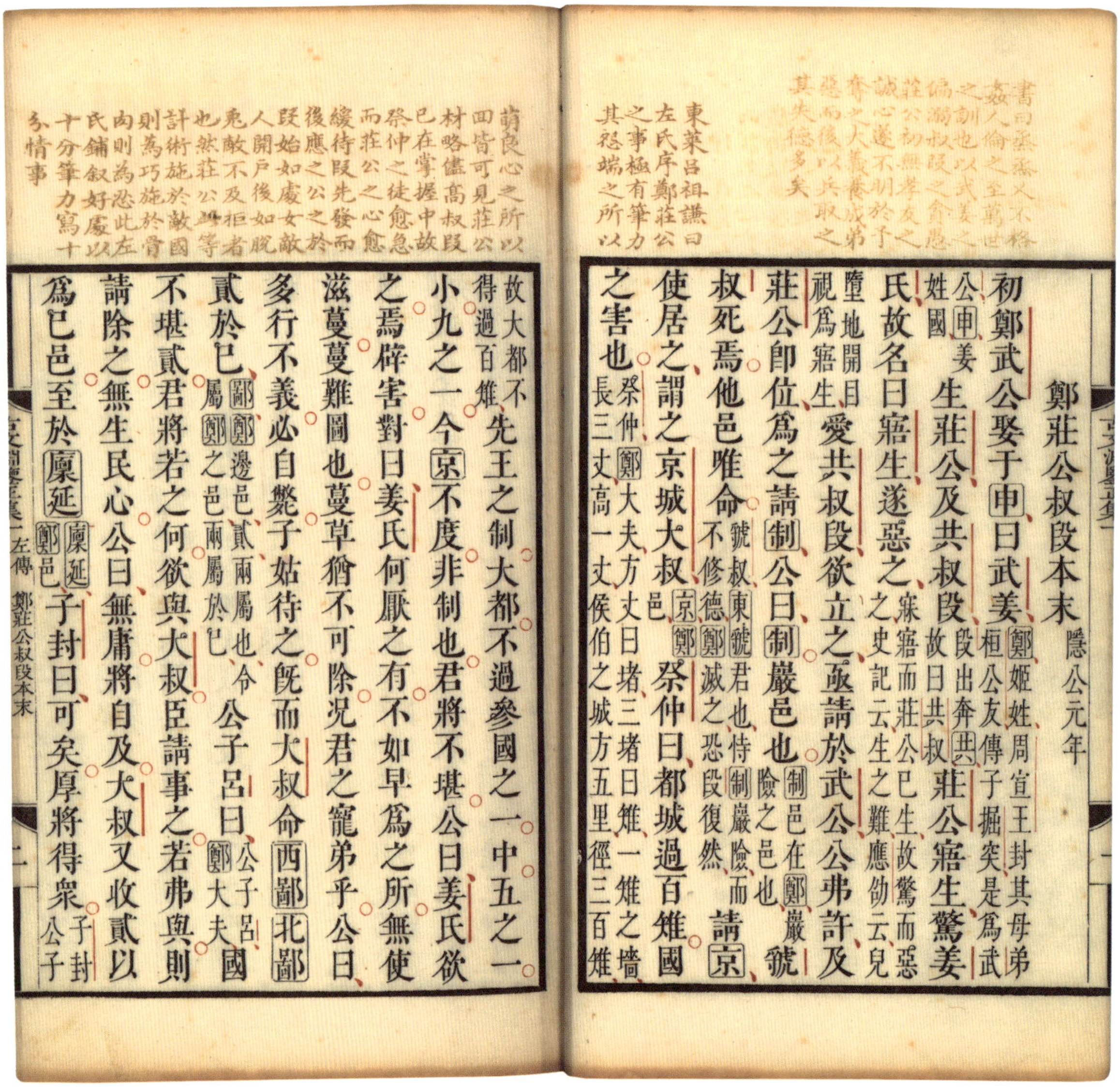
書曰烝烝乂不格姦人倫之至萬世之訓也以武姜之偏溺叔段之貪愚莊公初無孝友之誠心遂不明於予奪之大義養成弟惡而後以兵取之其失德多矣
東萊呂祖謙曰左氏序鄭莊公之事極有筆力其怨端之所以
鄭莊公叔段本末 隱公元年
初鄭武公娶于申曰武姜 鄭姬姓周宣王封其母弟桓公友傳子掘突是為武公 申姜姓國 生莊公及共叔段 段出奔共故曰共叔 莊公寤生驚姜氏故名曰寤生遂惡之 寐寤而莊公已生故驚而惡之史記云生之難應劭云兒墮地開目視為寤生 愛共叔段欲立之亟請於武公公弗許及莊公即位為之請制公曰制巖邑也 制邑在鄭巖險之邑也 虢叔死焉 虢叔東虢君也恃制巖險而不修德鄭滅之恐段復然 他邑唯命 請京 京鄭邑 使居之謂之京城大叔 祭仲曰都城過百雉國之害也 祭仲鄭大夫方丈曰堵三堵曰雉一雉之墻長三丈高一丈侯伯之城方五里徑三百雉
古文淵鑒卷一
萌良心之所以回皆可見莊公材略儘高叔段已在掌握中故祭仲之徒愈急而莊公之心愈緩待段先發而後應之公之於段始如處女敵人開戶後如脫兎敵不及拒者也然莊公此等計術施於敵國則為巧施於骨肉則為恐此左氏鋪敘好處以十分筆力寫十分情事
故大都不得過百雉 先王之制大都不過參國之一中五之一小九之一今京不度非制也君將不堪 公曰姜氏欲之焉辟害 對曰姜氏何厭之有不如早為之所無使滋蔓蔓難圖也蔓草猶不可除況君之寵弟乎 公曰多行不義必自斃子姑待之 既而大叔命西鄙北鄙貳於己 鄙鄭邊邑貳兩屬也令屬鄭之邑兩屬於己 公子呂曰 公子呂鄭大夫 國不堪貳君將若之何欲與大叔臣請事之若弗與則請除之無生民心 公曰無庸將自及 大叔又收貳以為己邑至於廩延 廩延鄭邑 子封曰可矣厚將得眾 子封公子
古文淵鑒卷一 左傳 鄭莊公叔段本末 二

集部

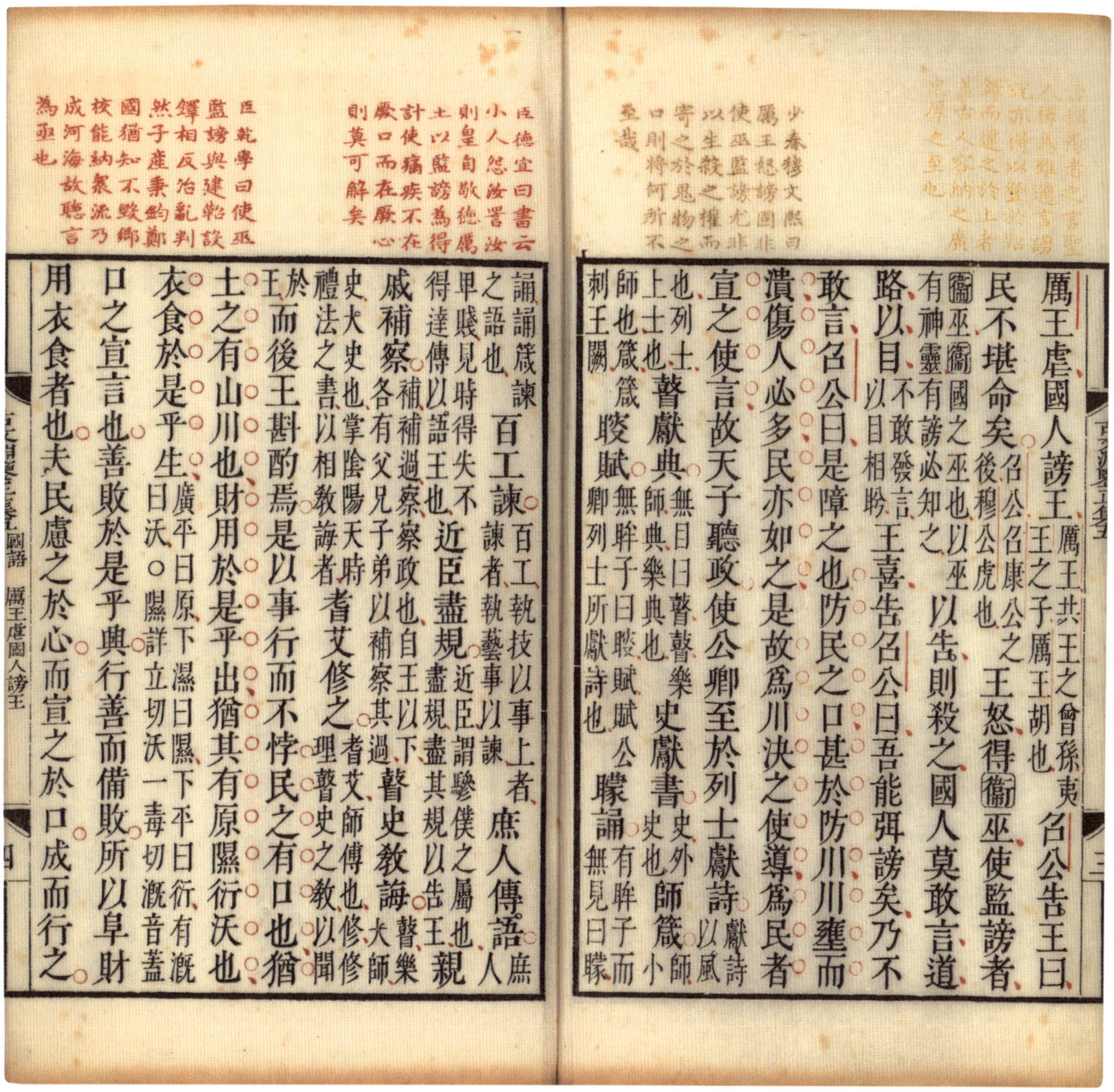

少春穆文熙曰厲王怒謗固非使巫監謗尤非以生殺之權而寄之於鬼物之口則將何所不至哉

厲王虐國人謗王厲王共王之曾孫夷王之子厲王胡也召公告王曰民不堪命矣召公召康公之後穆公虎也王怒得衞巫使監謗者衞巫衞國之巫也以巫有神靈有謗必知之以告則殺之國人莫敢言道路以目不敢發言以目相眄王喜告召公曰吾能弭謗矣乃不敢言召公曰是障之也防民之口甚於防川川壅而潰傷人必多民亦如之是故爲川者決之使導爲民者宣之使言故天子聽政使公卿至於列士獻詩獻詩以風也列士上士也瞽獻典無目曰瞽瞽樂師典樂典也史獻書史外史也師箴小師也箴箴刺王闕瞍賦無眸子曰瞍賦公卿列士所獻詩也矇誦有眸子而無見曰矇

三

臣德宜曰書云小人怨汝詈汝則皇自敬德厲王以監謗爲得計使痛疾不在厥口而在厥心則莫可解矣

臣乾學曰使巫監謗與建鞀設鐸相反治亂判然子產秉鈞鄭國猶知不毀鄉校能納衆流乃成河海故聽言爲亟也

誦誦箴諫之語也百工諫百工執技以事上者諫者執藝事以諫庶人傳語庶人卑賤見時得失不得達傳以語王也近臣盡規近臣謂驂僕之屬也盡規盡其規以告王親戚補察補補過察察政也自王以下各有父兄子弟以補察其過瞽史教誨瞽樂大師史大史也掌陰陽天時禮法之書以相教誨者耆艾修之耆艾師傅也修修理瞽史之教以聞於王而後王斟酌焉是以事行而不悖民之有口也猶土之有山川也財用於是乎出猶其有原隰衍沃也衣食於是乎生廣平曰原下濕曰隰下平曰衍有溉曰沃○隰詳立切沃一毒切溉音蓋口之宣言也善敗於是乎興行善而備敗所以阜財用衣食者也夫民慮之於心而宣之於口成而行之

國語　厲王虐國人謗王

四

明人詩鈔正集十四卷續集十四卷

（清）朱琰輯　清乾隆二十五年（1760）樊桐山房刻本

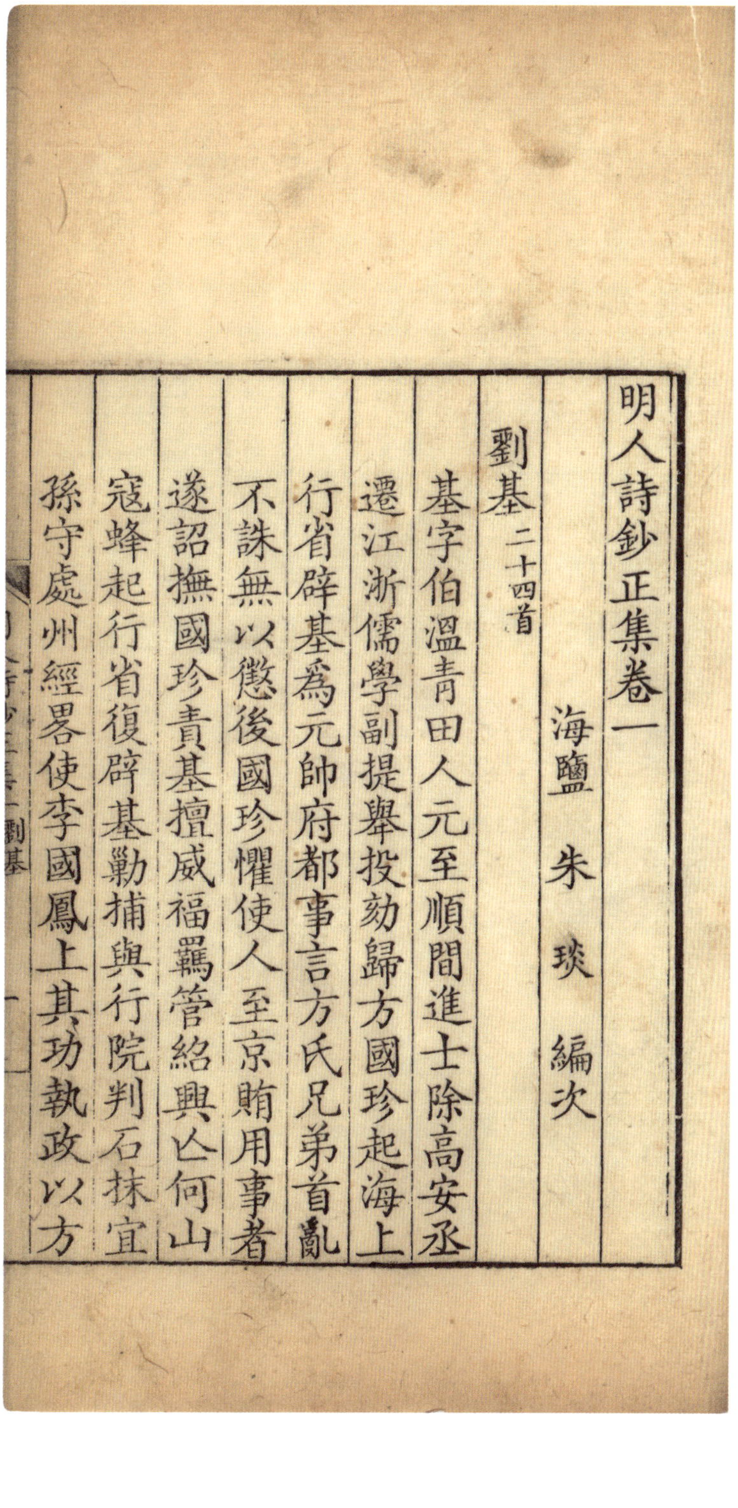
明人詩鈔正集卷一
海鹽　朱　琰　編次
劉基　二十四首
基字伯溫青田人元至順間進士除高安丞
還江浙儒學副提舉投劾歸方國珍起海上
行省辟基爲元帥府都事言方氏兄弟首亂
不誅無以懲後國珍懼使人至京賄用事者
遂詔撫國珍貴基擅威福羈管紹興亾何山
寇蜂起行省復辟基勦捕與行院判石抹宜
孫守處州經畧使李國鳳上其功執政以方

明人詩鈔續集卷一

海鹽　朱琰　編次

汪廣洋 三首

廣洋字朝宗高郵人流寓太平太祖渡江名爲元帥府令史累進中書右司郎中遷江西參政洪武元年山東平命理行省入拜中書省參政進右丞封忠勤伯時胡惟庸爲左丞廣洋浮沉守位而已惟庸敗以朋欺貶廣南舟次太平賜死有鳳池吟槀朱竹垞云忠勤詩饒清剛之氣一洗元人纖縟之習

楚辭章句十七卷

（漢）王逸撰　明萬曆十四年（1586）馮紹祖觀妙齋刻本

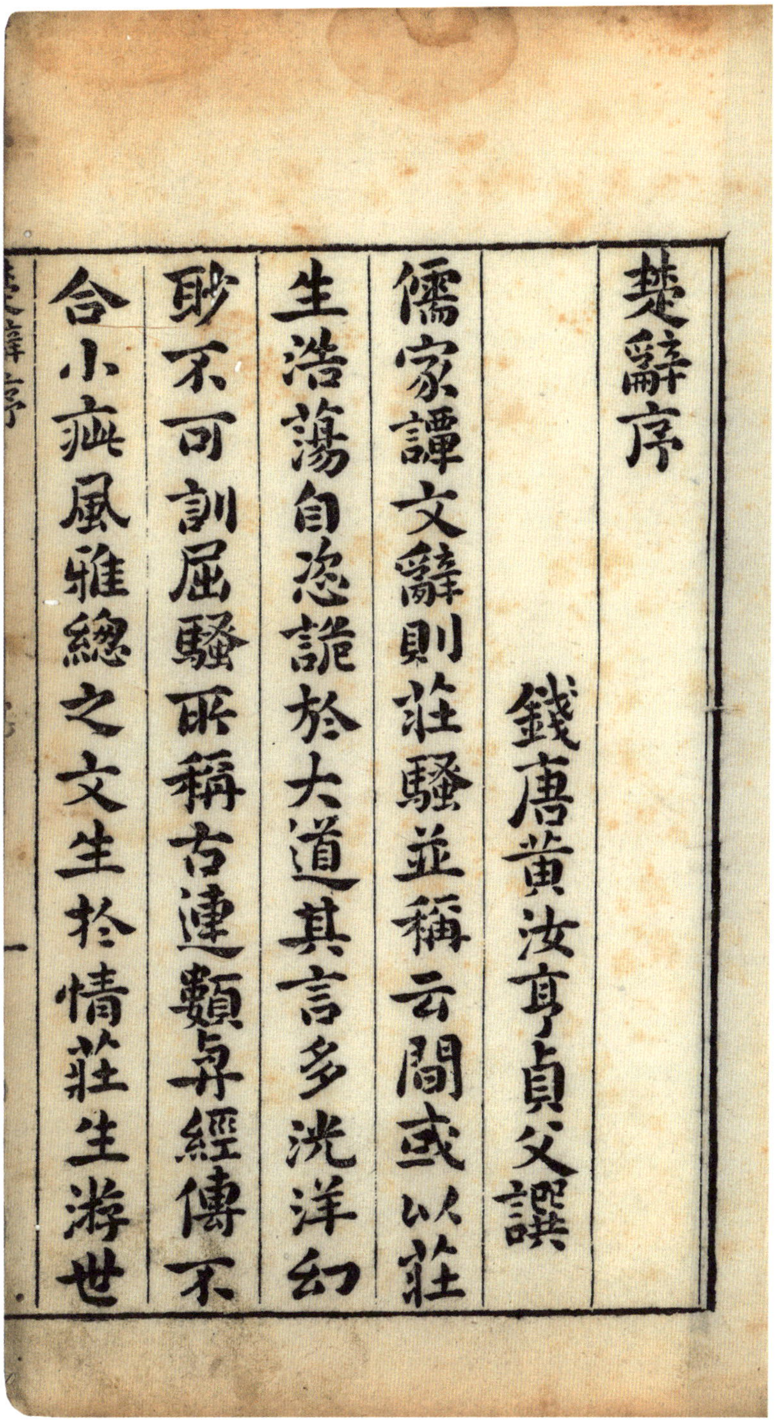

楚辭序

錢唐黄汝亨貞父譔

儒家譚文辭則莊騷並稱云間或以莊
生浩蕩自恣詭於大道其言多洸洋幻
眇不可訓屈騷所稱古違類舁經傳不
合小疵風雅總之文生於情莊生游世

校楚辭章句後序

不佞非知騷者也而讀讀慕騷讀傷靈脩從彭咸語見謂庶幾谷風白華之什而哀怨過之觀哀郢懷沙則忿懟濁世湛沒清流以世無屈子忠也者而屈子遇無屈子遇而屈子忠也者心悲之羗

楚辭卷第一

漢劉向子政編集王逸叔師章句

明後學武林馮紹祖繩武父校正

離騷經章句第一

離騷經者屈原之所作也屈原與楚同姓仕於懷王爲三閭大夫三閭之職掌王族三姓曰昭屈景屈原序其譜屬率其賢良以厲國士入則與王圖議政事決定嫌疑出則監察群下應對諸侯謀行職修王甚珍之同列大夫上官靳尚

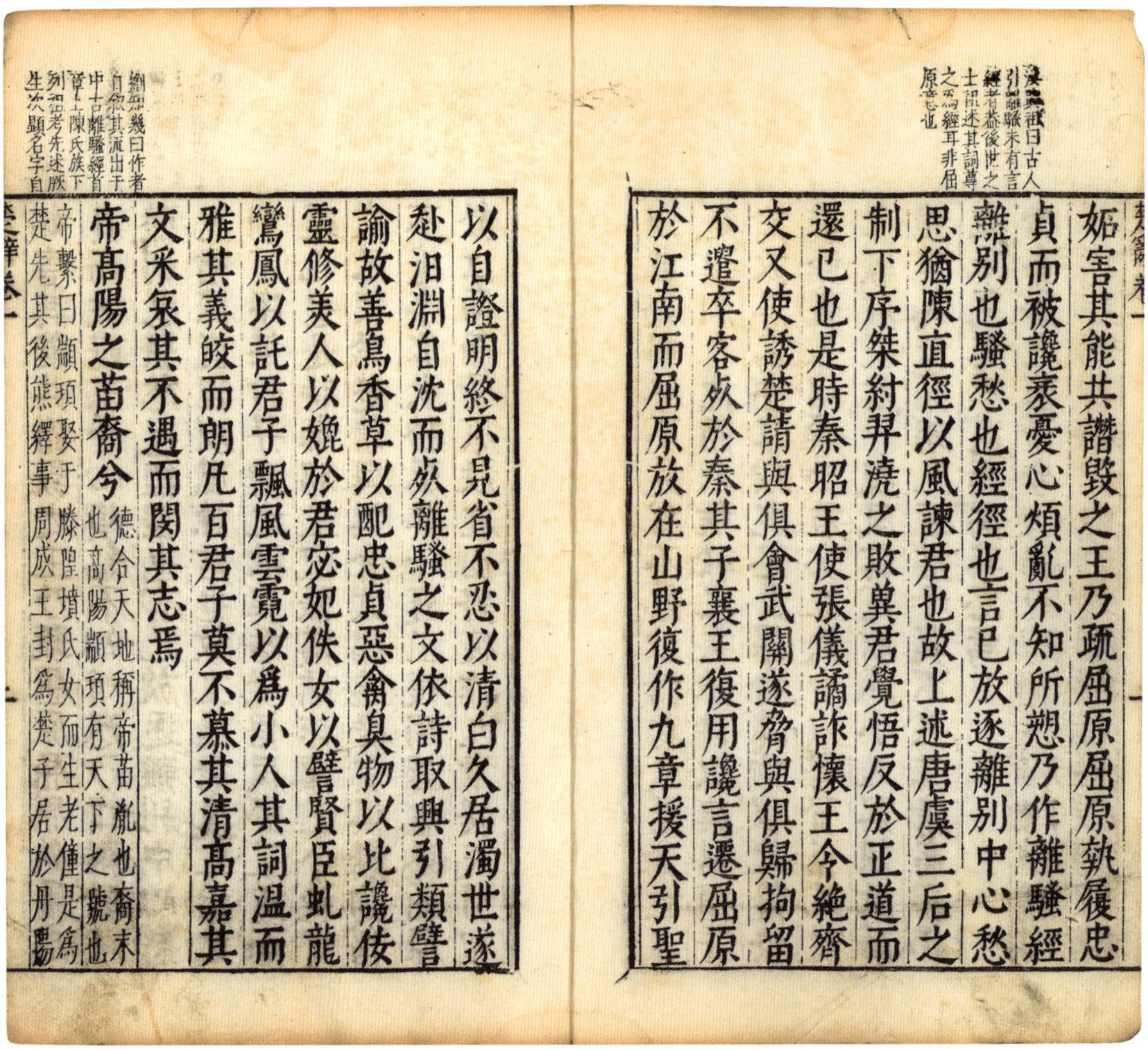

洪興祖曰古人引離騷未有言經者蓋後世之士祖述其詞尊之爲經耳非屈原意也

楚辭卷一

妬害其能共譖毁之王乃疏屈原屈原執履忠貞而被讒衺憂心煩亂不知所愬乃作離騷經離別也騷愁也經徑也言已放逐離別中心愁思猶陳直徑以風諫君也故上述唐虞三后之制下序桀紂羿澆之敗冀君覺悟反於正道而還已也是時秦昭王使張儀譎詐懷王令絕齊交又使誘楚請與俱會武關遂脅與俱歸拘留不遣卒客死於秦其子襄王復用讒言遷屈原於江南而屈原放在山野復作九章援天引聖

劉辰翁曰作者自敘其流出于中古離騷經首章上陳氏族下列祖考先述厥生次顯名字自

以自證明終不見省不忍以清白久居濁世遂赴汨淵自沈而死離騷之文依詩取興引類譬諭故善鳥香草以配忠貞惡禽臭物以比讒佞靈修美人以媲於君宓妃佚女以譬賢臣虬龍鸞鳳以託君子飄風雲霓以爲小人其詞溫而雅其義皎而朗凡百君子莫不慕其清高嘉其文采哀其不遇而閔其志焉

帝高陽之苗裔兮德合天地稱帝苗胤也裔末也高陽顓頊有天下之號也帝繫曰顓頊娶于滕隍墳氏女而生老僮是爲楚先其後熊繹事周成王封爲楚子居於丹陽

楚辭卷一

分類補注李太白詩二十五卷　（唐）李白撰　（宋）楊齊賢集注　（元）蕭士贇補注　**年譜一卷**　（宋）薛仲邕撰　明嘉靖二十五年（1546）玉几山人刻重修本

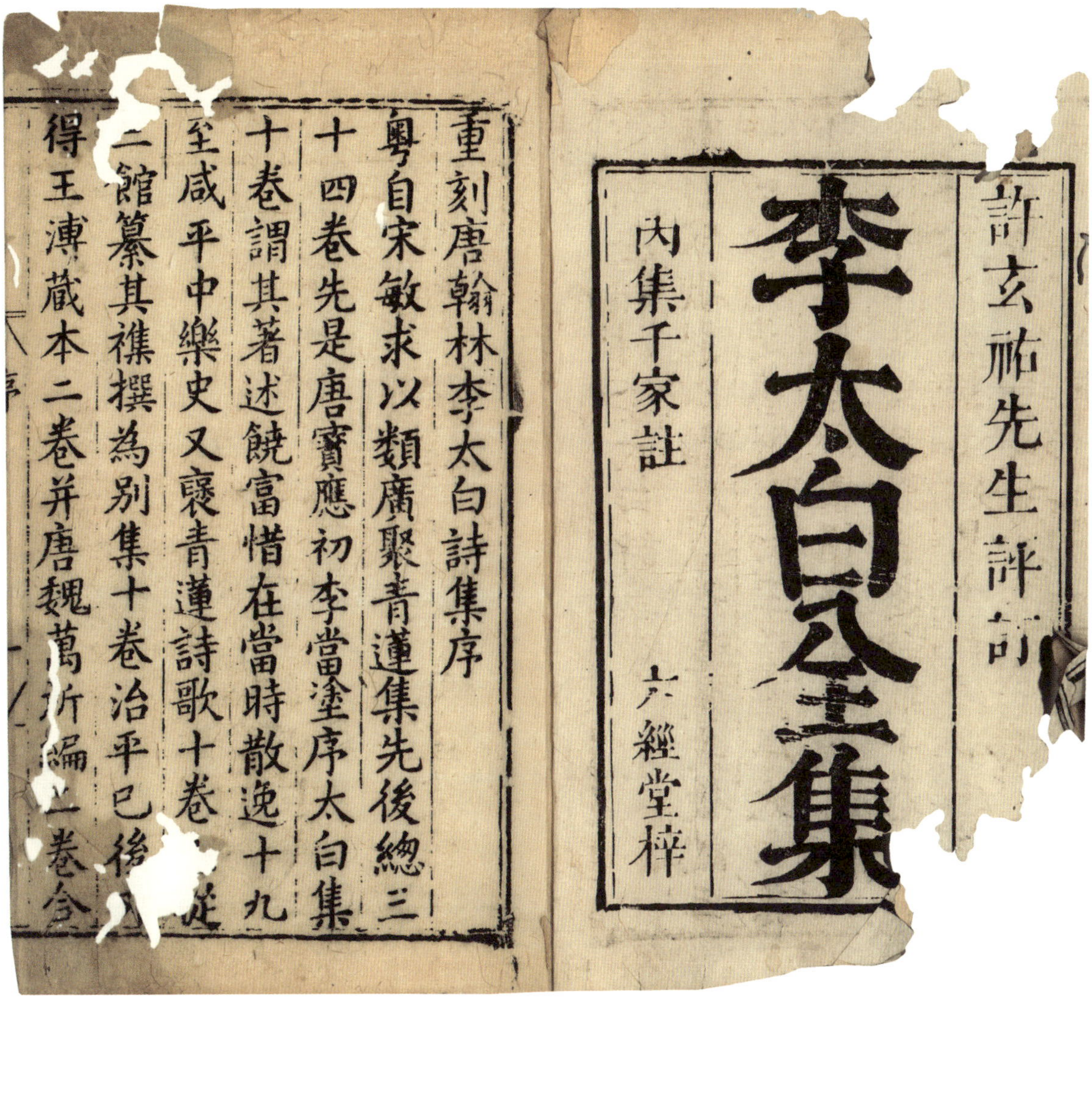
許玄祐先生評訂
李太白全集
內集千家註
六經堂梓

重刻唐翰林李太白詩集序
粵自宋敏求以類廣聚青蓮集先後總三
十四卷先是唐竇應初李當塗序太白集
十卷謂其著述饒富惜在當時散逸十九
至咸平中樂史又裒青蓮詩歌十卷[illegible]從
二館纂其襍撰為別集十卷治平已後[illegible]
得王溥藏本二卷并唐魏萬所編二卷合

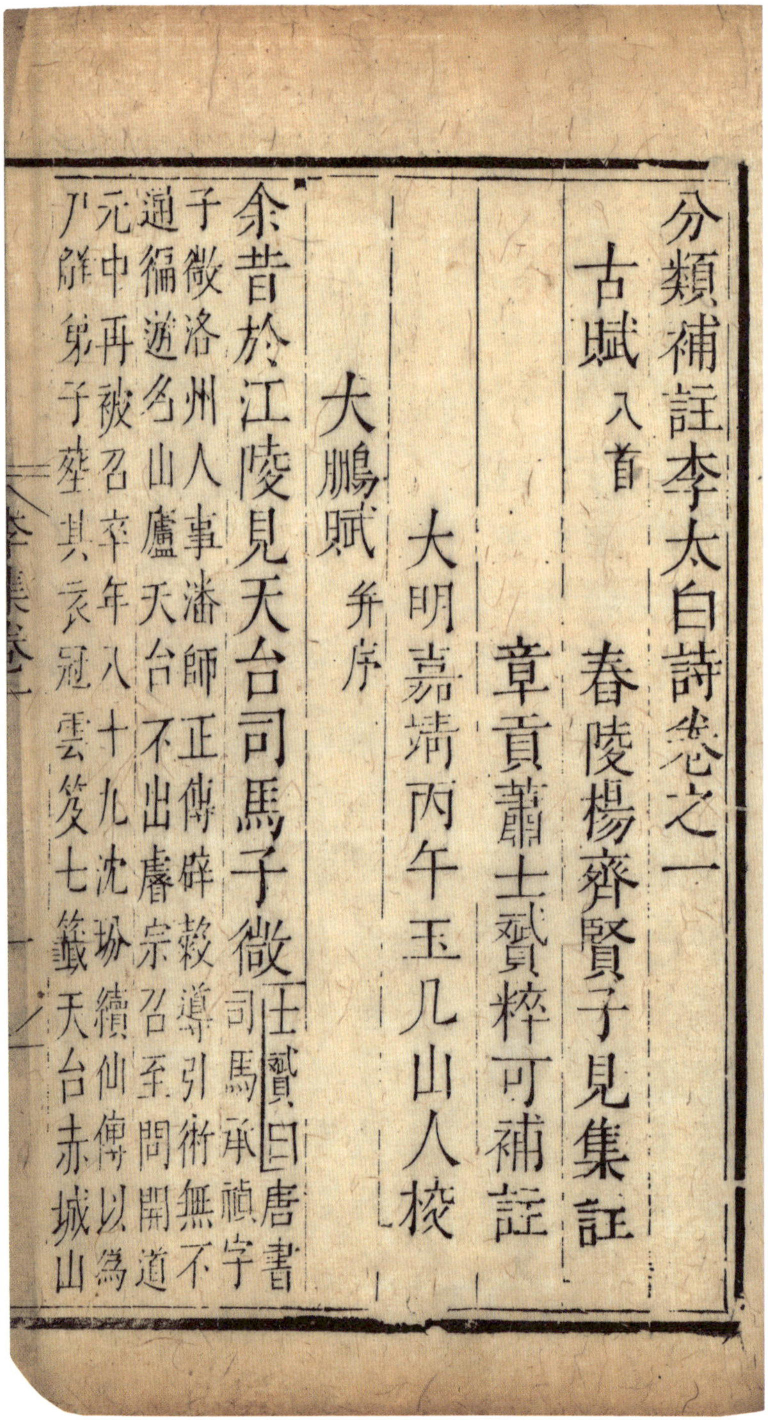

分類補註李太白詩卷之一

古賦 八首　春陵楊齊賢子見集註

章貢蕭士贇粹可補註

大明嘉靖丙午玉几山人校

大鵬賦 并序

余昔於江陵見天台司馬子微士贇曰唐書司馬承禎字子微洛州人事潘師正傳辟穀導引術無不通徧遊名山廬天台不出睿宗召至問開道元中再被召卒年八十九沈汾續仙傳以為尸解弟子葬其衣冠雲笈七籤天台赤城山

李集卷之一　一

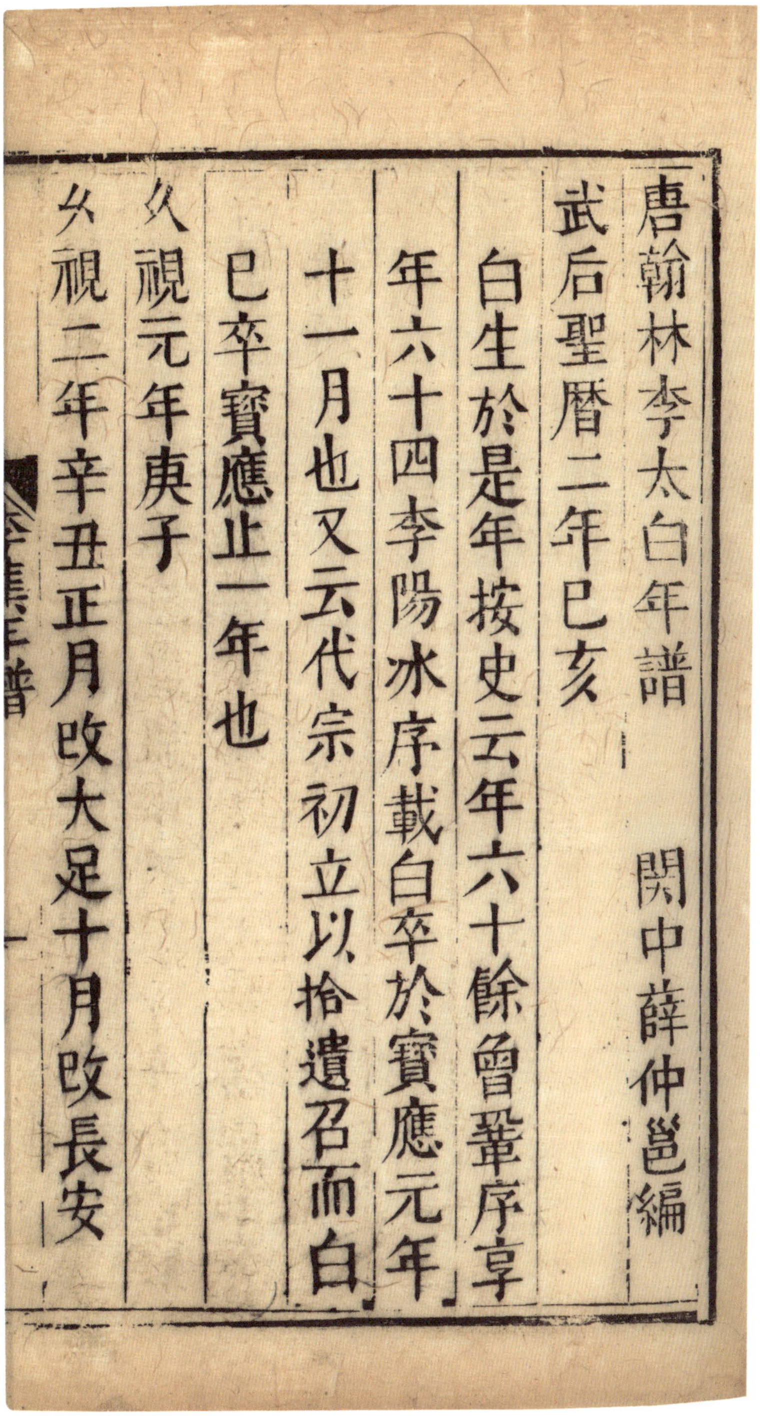
唐翰林李太白年譜　　閩中薛仲邕編
武后聖曆二年己亥
白生於是年按史云年六十餘曾鞏序享
年六十四李陽冰序載白卒於寶應元年
十一月也又云代宗初立以拾遺召而白
已卒寶應止一年也
久視元年庚子
久視二年辛丑正月改大足十月改長安
李集年譜　一

筠溪牧潛集七卷

（元）釋圓至撰　明崇禎十二年（1639）毛氏汲古閣刻本

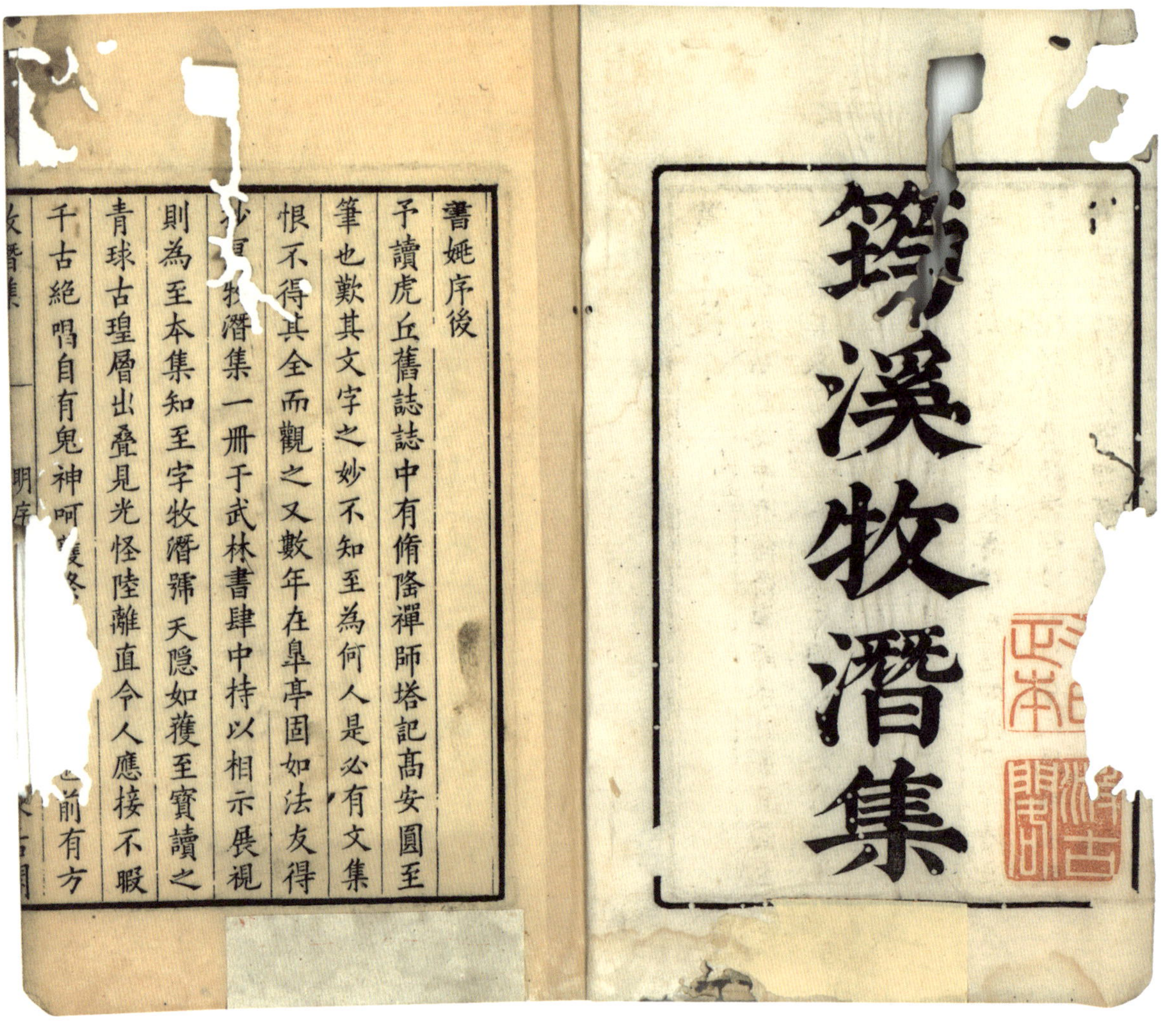

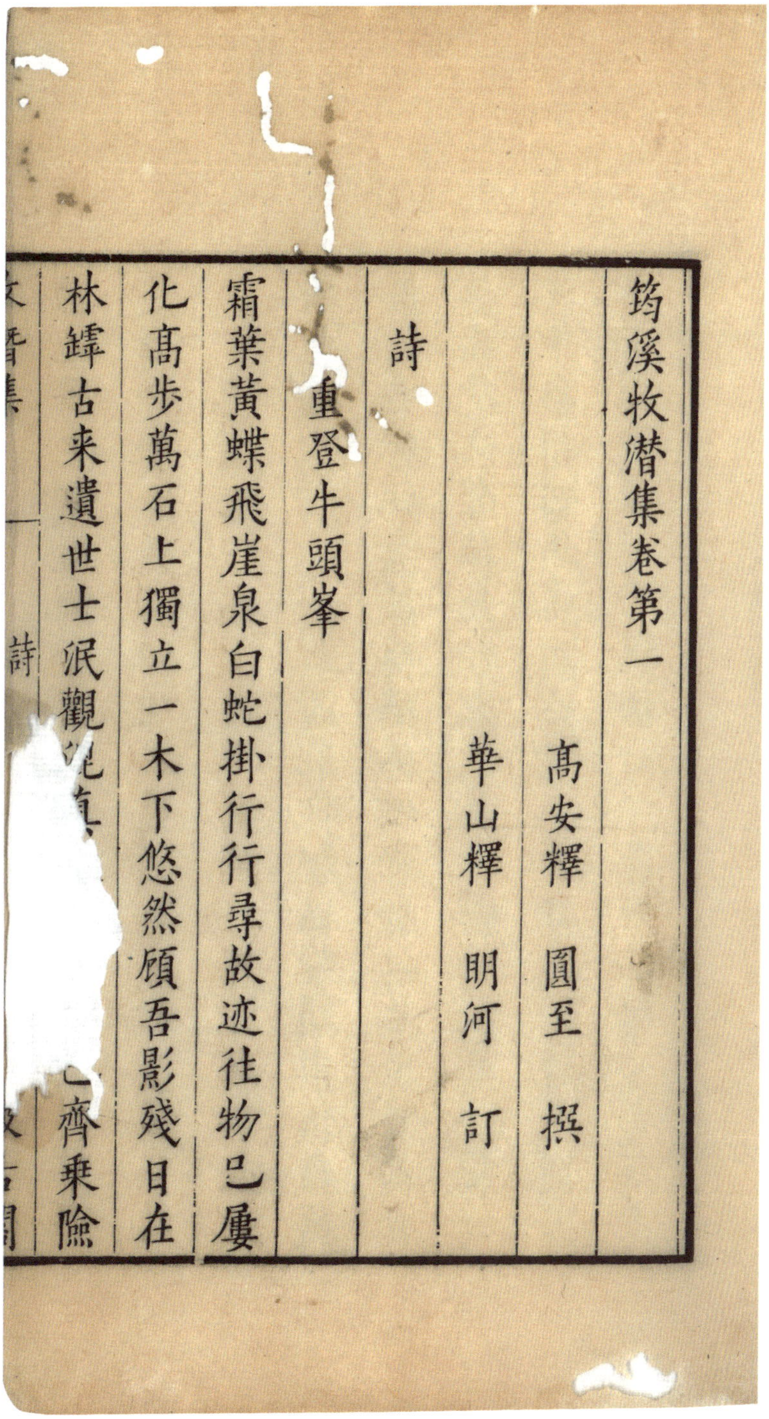
筠溪牧潛集卷第一

高安釋　圓至　撰

華山釋　明河　訂

詩

重登牛頭峯

霜葉黃蝶飛崖泉白蛇掛行行尋故迹往物已屢化高步萬石上獨立一木下悠然頋吾影殘日在林鐔古来遺世士泯觀[illegible]齊乗險

牧潛集　一　詩

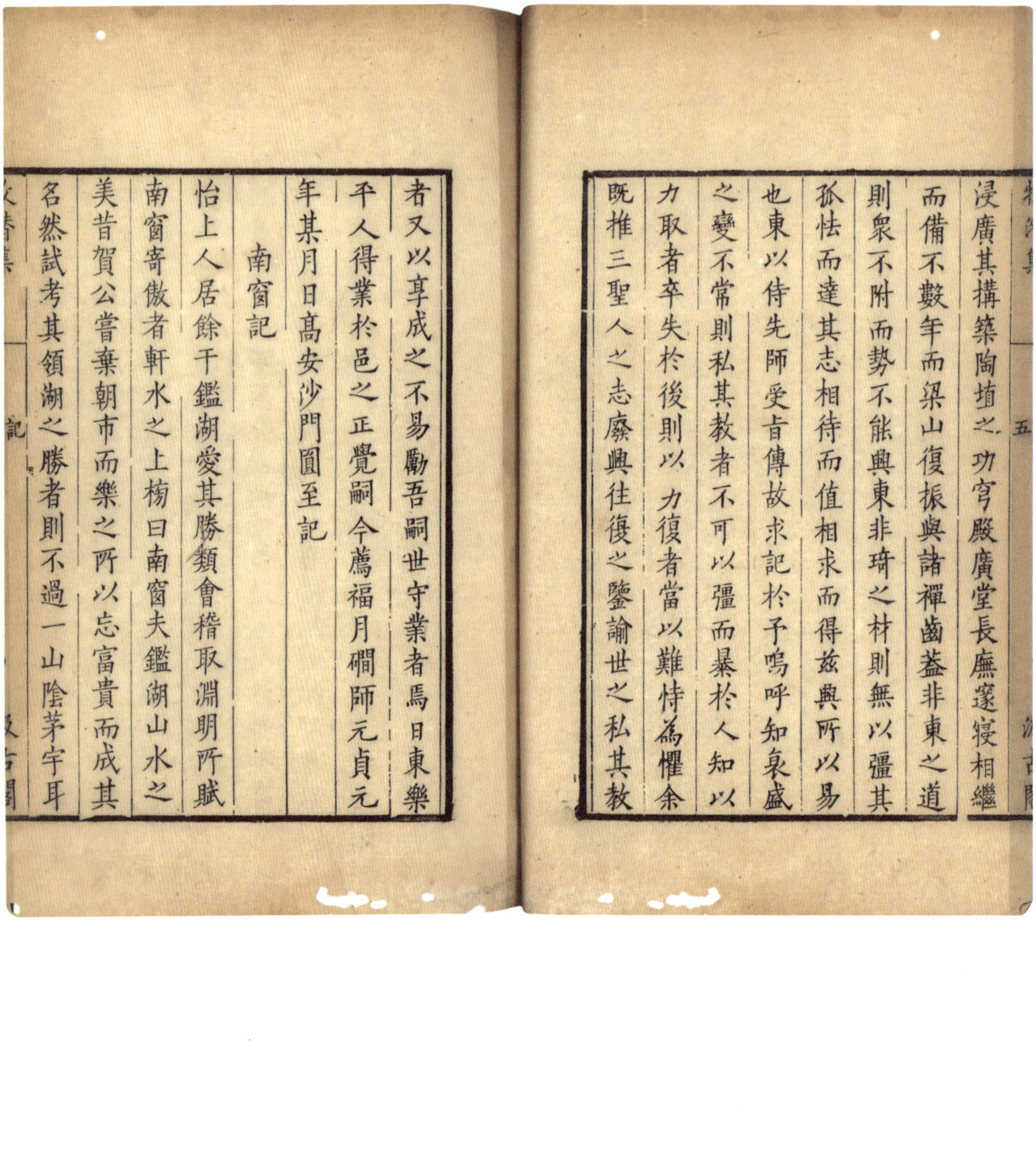

浸廣其搆築陶埴之功穹殿廣堂長廡邃寢相繼而備不數年而梁山復振與諸禪齒益非東之道則衆不附而勢不能興東非琦之材則無以彊其孤怯而達其志相待而值相求而得玆與所以易也東以侍先師受旨傳故求記於予嗚呼知衰盛之變不常則私其教者不可以彊而暴於人知以力取者卒失於後則以力復者當以難恃爲懼余既推三聖人之志廢興往復之鑒諭世之私其教者又以享成之不易勖吾嗣世守業者焉曰東樂平人得業於邑之正覺嗣今薦福月磵師元貞元年某月日高安沙門圓至記

南窗記

怡上人居餘干鑑湖愛其勝類會稽取淵明所賦南窗寄傲者軒水之上榜曰南窗夫鑑湖山水之美昔賀公嘗棄朝市而樂之所以忘富貴而成其名然試考其領湖之勝者則不過一山陰茅宇耳

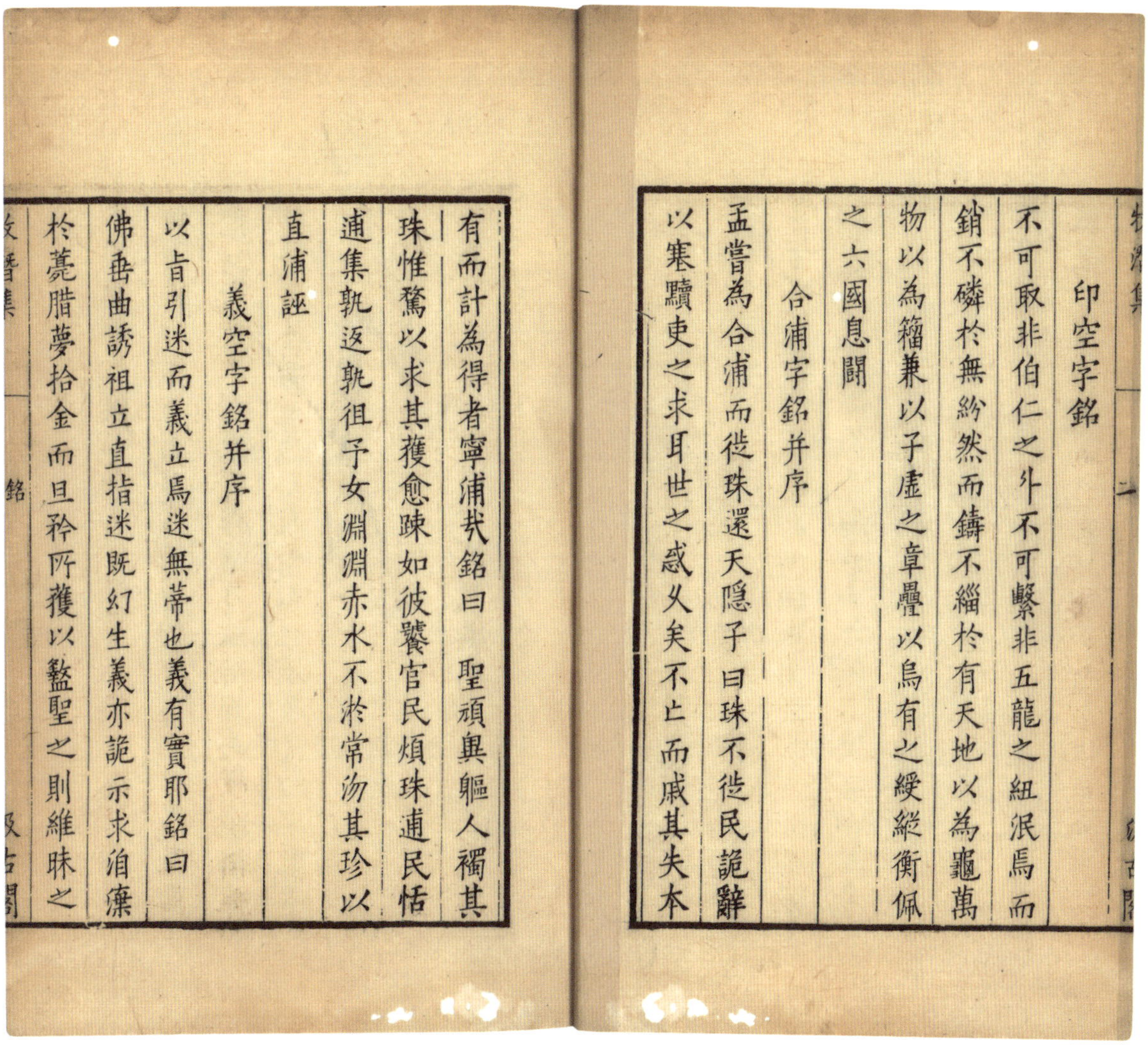

印空字銘

不可取非伯仁之外不可繫非五龍之紐泯焉而銷不磷於無紛然而鑄不緇於有天地以爲龜萬物以爲箱兼以子虛之章疊以烏有之綬縱衡佩之六國息鬪

合浦字銘并序

孟嘗爲合浦而徙珠還天隱子曰珠不徙民詭辭以塞贖吏之求且世之惑久矣不亡而戚其失本有而計爲得者寧浦哉銘曰　聖頑輿軀人禰其珠惟鶩以求其獲愈踈如彼饕官民煩珠逋民恬逋集孰返孰徂予女淵淵赤水不淤常沕其珍以直浦誣

義空字銘并序

以旨引迷而義立焉迷無蒂也義有實耶銘曰

佛乗曲誘祖立直指迷既幻生義亦詭示求洎瘵於蕘腊夢拾金而且矜所獲以盭聖之則維昧之

魯齋遺書十四卷

（元）許衡撰　明萬曆二十四年（1596）刻本

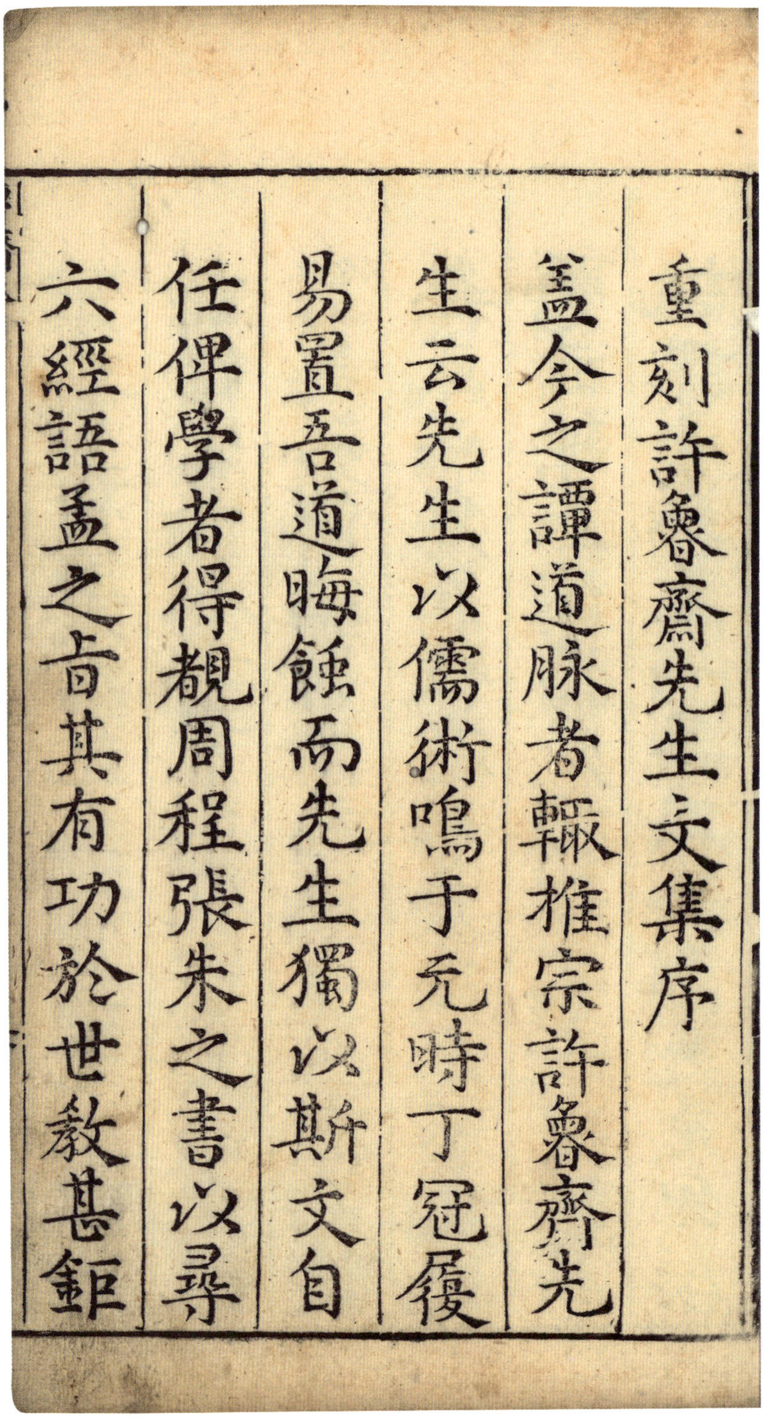
重刻許魯齋先生文集序
蓋今之譚道脉者輒推宗許魯齋先
生云先生以儒術鳴于元時丁冠履
易置吾道晦蝕而先生獨以斯文自
任俾學者得覩周程張朱之書以尋
六經語孟之旨其有功於世教甚鉅

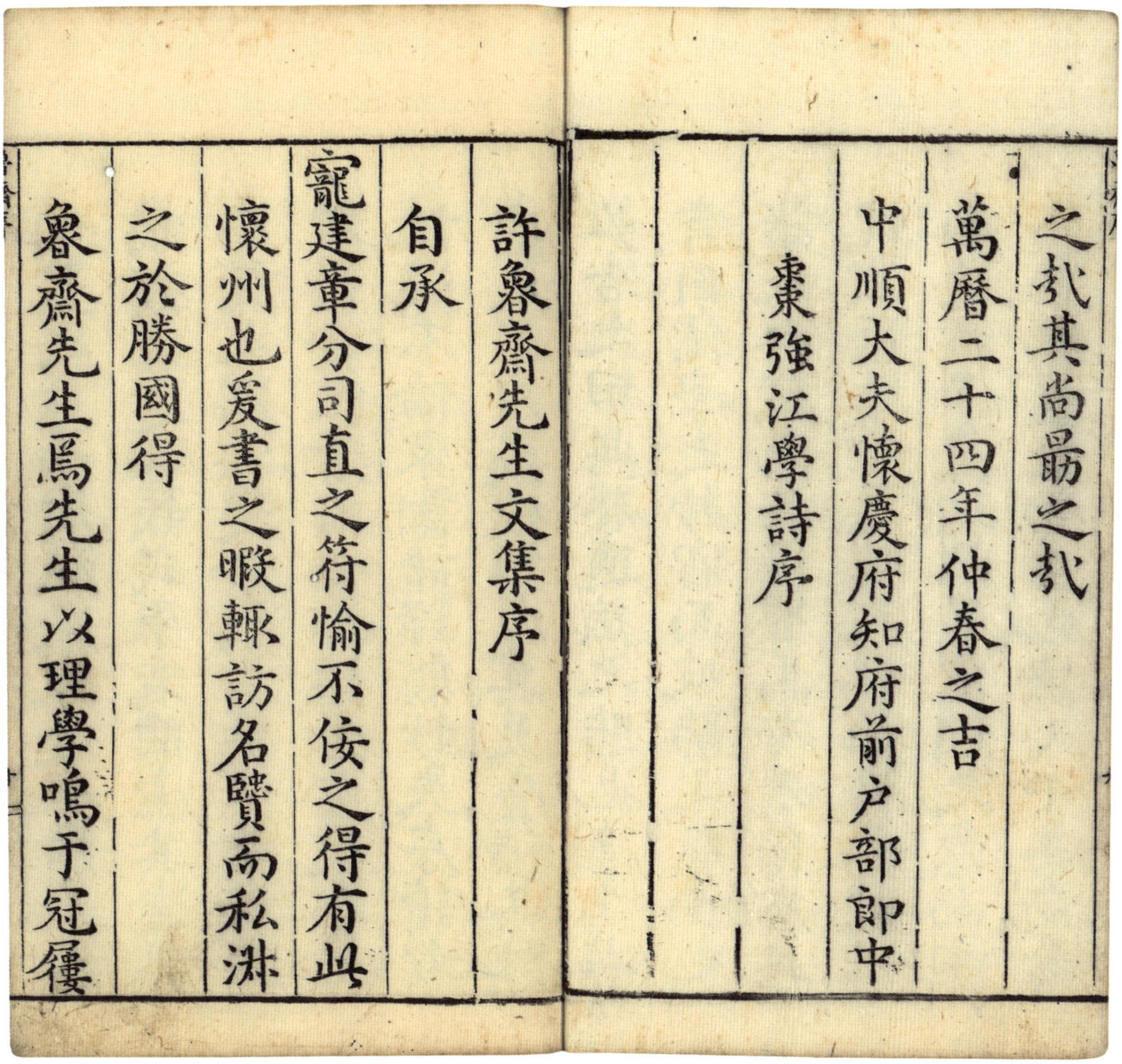

之㦲其尚勗之㦲
萬曆二十四年仲春之吉
中順大夫懷慶府知府前户部郎中
東強江學詩序

許魯齋先生文集序
自承
寵建章分司直之符愉不佞之得有此
懷州也爰書之暇輒訪名蹟而私淑
之於勝國得
魯齋先生焉先生以理學鳴于冠屨

魯齋遺書卷一

語錄上

○天之低以濁者又復清而浮地之裂以洩者又復凝而塡人物之歇滅萎敗者又復生息而繁滋此陰陽運氣泰而通則前日之混沌者復為之開闢矣

○天地陰陽精氣為日月星辰日月不是有輪郭生成只是至精之氣到處便如此光明陰精無光故遠近隨日所照日月行有度數人身血氣周流亦有度數天地六氣運轉亦如是到東方便是春到南方便是夏行到處便主一時日行十二時亦然萬物都隨他轉過去便不

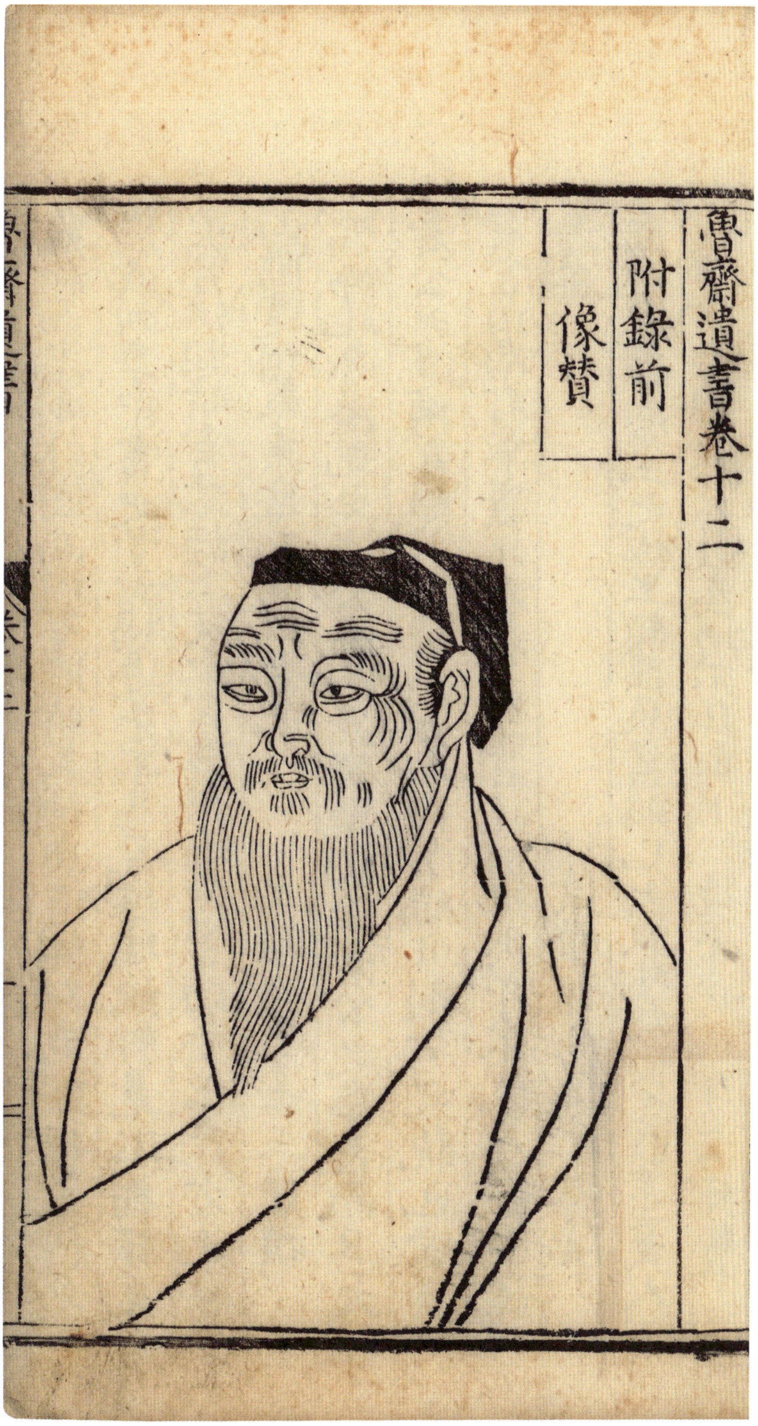
魯齋遺書卷十二
附錄前
像贊

容臺文集十卷詩集四卷別集六卷

（明）董其昌撰　明末刻本

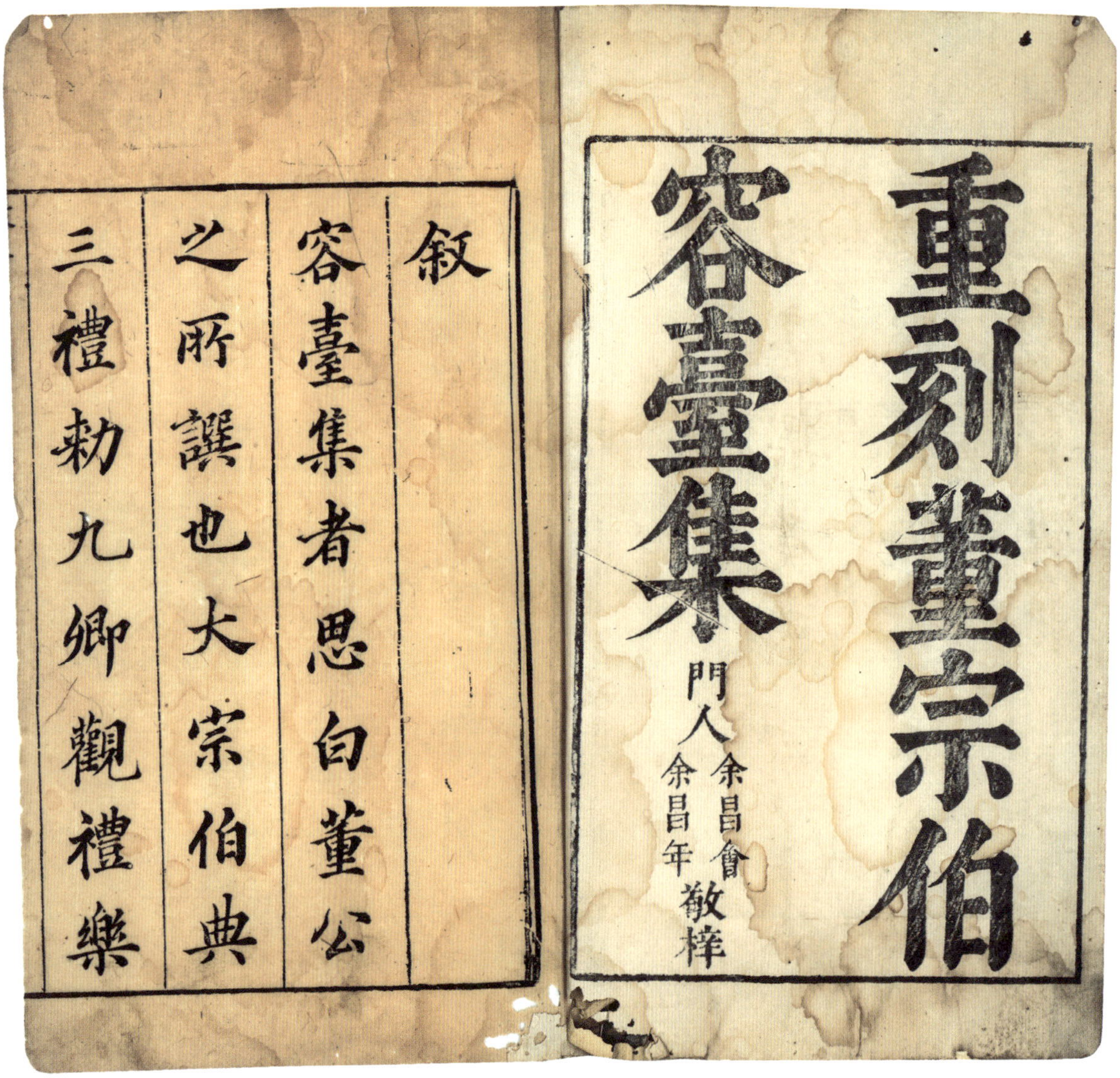
重刻董宗伯容臺集

門人余昌會 余昌年 敬梓

叙

容臺集者思白董公

之所譔也大宗伯典

三禮勅九卿觀禮樂

序

昔蘇子瞻出歐陽門下
因得交韓富兩公然終
以不見文正公爲恨白

容臺文集卷之一

華亭董其昌玄宰甫著　冢男祖和

海上葉有聲君實甫較　冢孫庭　輯

序

本草綱目序

郡國立醫學祀三皇神農黃帝是皆有當於醫
庖羲氏則未有知其緜來者也吾聞五帝之書
謂之三墳三墳言大道也道莫大於易近取諸

容臺集　卷一　序　一　龔鳳寫

容臺詩集卷之一

華亭董其昌玄宰甫著　冢男祖和
海上葉有聲君實甫較　冢孫庭　輯

五言古風

恭讀　宣宗皇帝　御製翰林院箴館課

崢嶸木天署七曜垂精芒璇題揭周訓麗藻炳堯章念此司言重温語申官常談經入禁籞起草直明光地望洵清切恩華難對揚俊乂思獻

容臺别集卷之一

華亭董其昌玄宰甫著　冢男祖和

海上葉有聲君實甫較　冢孫庭　輯

題

題杜九如像贊

生闕西習江左游吳越友千古金石籙圖書府辯王羊識彪虎是法物恣網罟擘編鐘陳熱釜擲千金如委土劒延津珠合浦耻錢癖笑財虜

詩紀一百三十卷前集十卷附録一卷外集四卷别集十二卷

（明）馮惟訥輯　明萬曆四十一年（1613）黄承玄、馮珣刻本

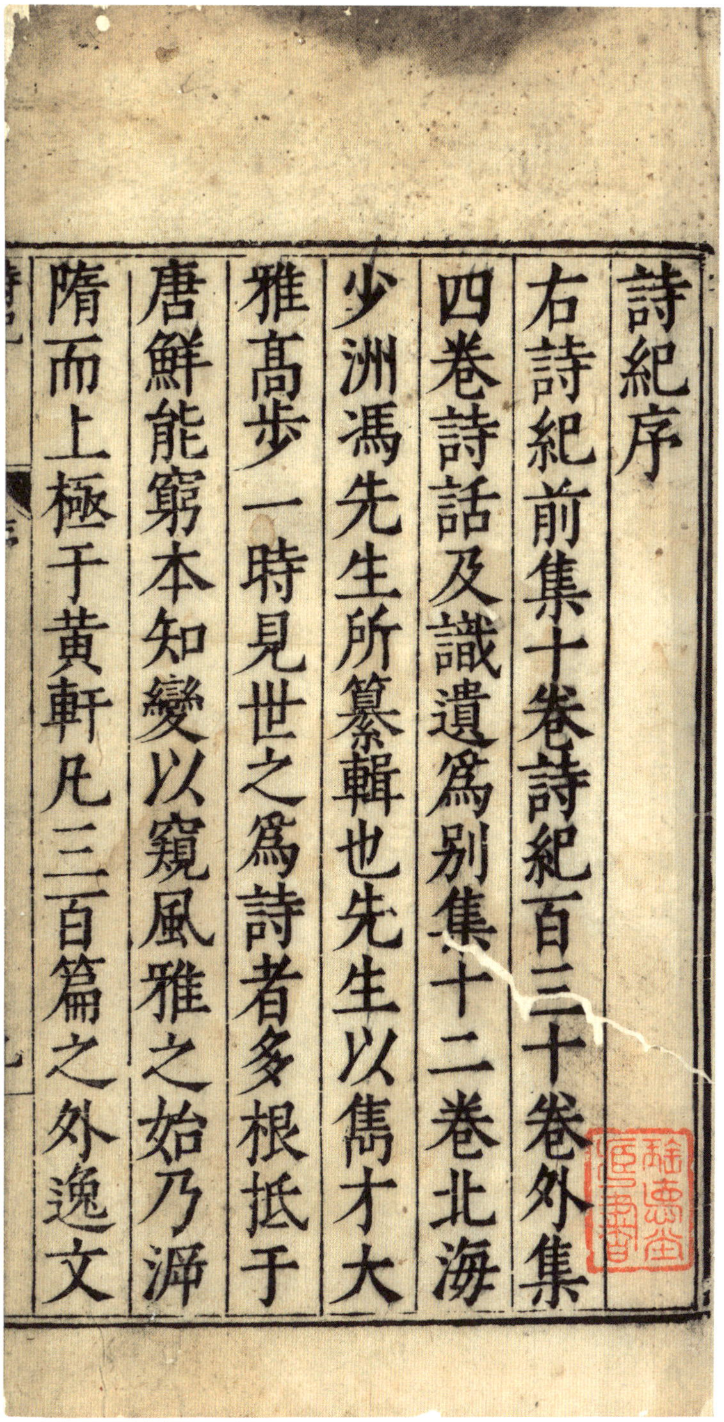

詩紀序
右詩紀前集十卷詩紀百三十卷外集
四卷詩話及識遺爲别集十二卷北海
少洲馮先生所纂輯也先生以雋才大
雅高步一時見世之爲詩者多根抵于
唐鮮能窮本知變以窺風雅之始乃溯
隋而上極于黄軒凡三百篇之外逸文

古逸第一

詩紀一

北海馮惟訥彙編
海寧方天眷重訂

歌上

彈歌

吳越春秋曰越王欲謀復吳范蠡進善射者陳音音楚人也越王請音而問曰孤聞子善射道何所生音曰臣聞弩生于弓弓生于彈彈起于古之孝子不忍見父母爲禽獸所食故作彈以守之歌云云○劉勰云黃歌斷竹質之至也又曰斷竹黃歌乃二言之始○黃黃帝也

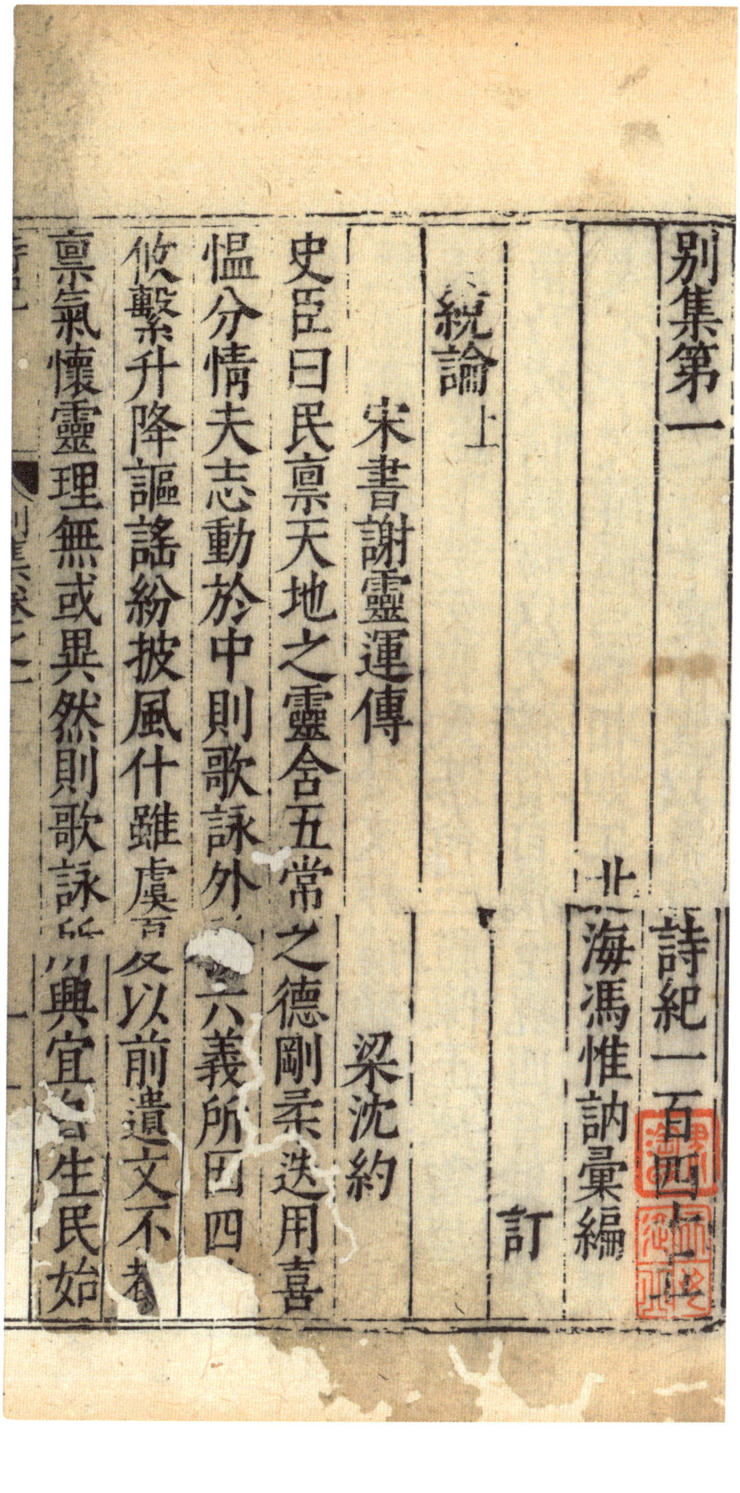
別集第一　　詩紀一百四十二

北海馮惟訥彙編

訂

統論上

宋書謝靈運傳　梁沈約

史臣曰民禀天地之靈含五常之德剛柔迭用喜
慍分情夫志動於中則歌詠外發六義所因四始
攸繫升降謳謡紛披風什雖虞夏以前遺文不覩
禀氣懷靈理無或異然則歌詠所興宜自生民始

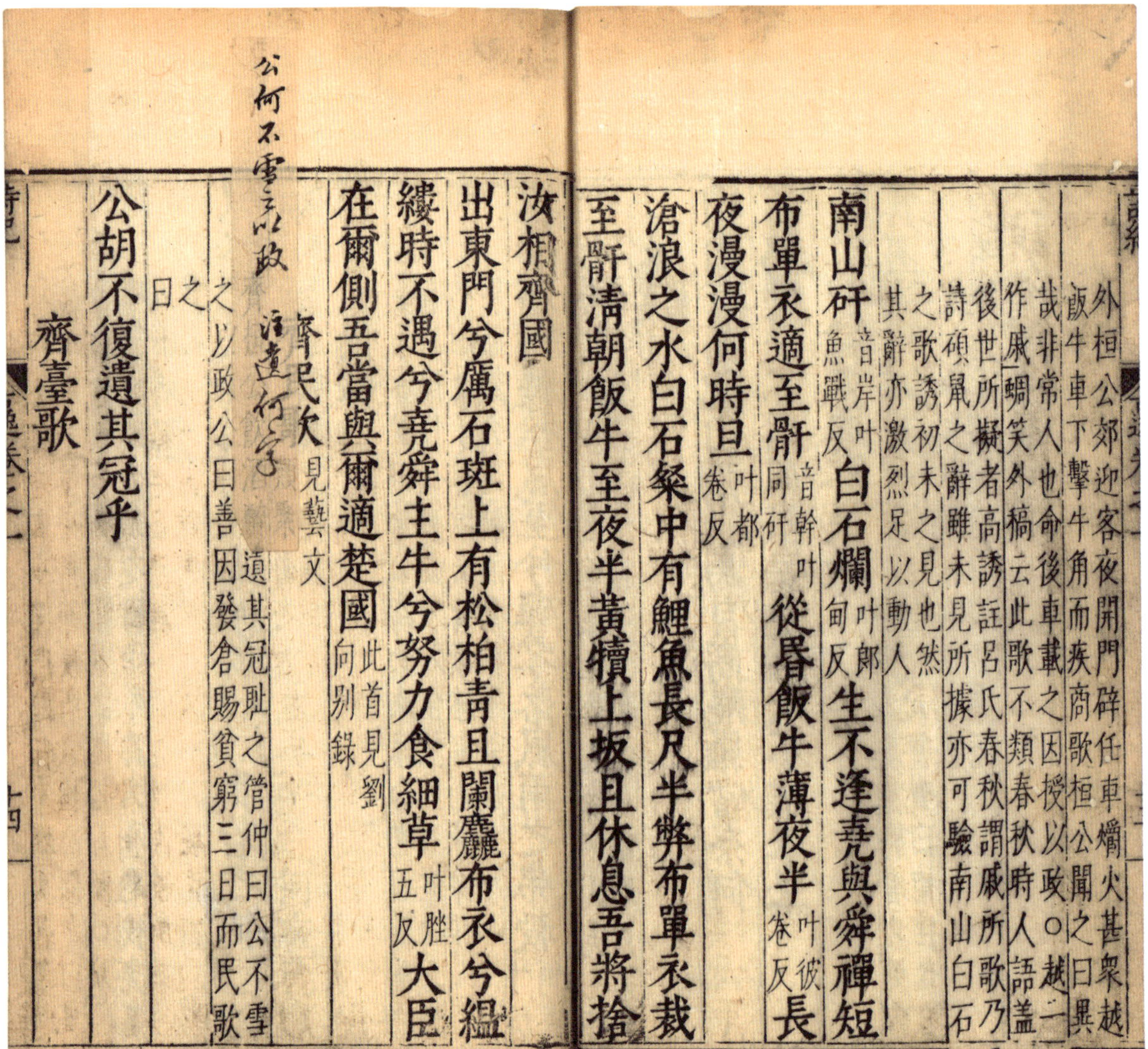

外桓公郊迎客夜開門辟任車爝火甚衆越飯牛車下擊牛角而疾商歌桓公聞之曰異哉非常人也命後車載之因授以政○越一作戚　蝴笑外稿云此歌不類春秋時人語盖後世所擬者高誘註呂氏春秋謂戚所歌乃詩碩鼠之辭雖未見所據亦可驗南山白石之歌誘初未之見也然其辭亦激烈足以動人

南山矸音岸叶魚戰反白石爛叶郎甸反生不逢堯與舜禪短布單衣適至骭音幹叶同矸從昏飯牛薄夜半叶彼卷反長夜漫漫何時旦叶都卷反

滄浪之水白石粲中有鯉魚長尺半弊布單衣裁至骭清朝飯牛至夜半黃犢上坂且休息吾將捨汝相齊國

出東門兮厲石斑上有松柏青且闌𪎊布衣兮緼縷時不遇兮堯舜主牛兮努力食細草叶胜五反大臣在爾側吾當與爾適楚國此首見劉向別錄

齊民歌見藝文

遺其冠耻之管仲曰公不雩之以政公曰善因發倉賜貧窮三日而民歌之曰

公胡不復遺其冠乎

齊臺歌

公何不雩之以政　注遺何字

節孝先生文集三十卷語録一卷事實一卷本朝名臣言行録一卷皇朝東都事略卓行傳序一卷諸君子帖一卷

（宋）徐積撰　清康熙六十年（1721）錫山王邦采刻本

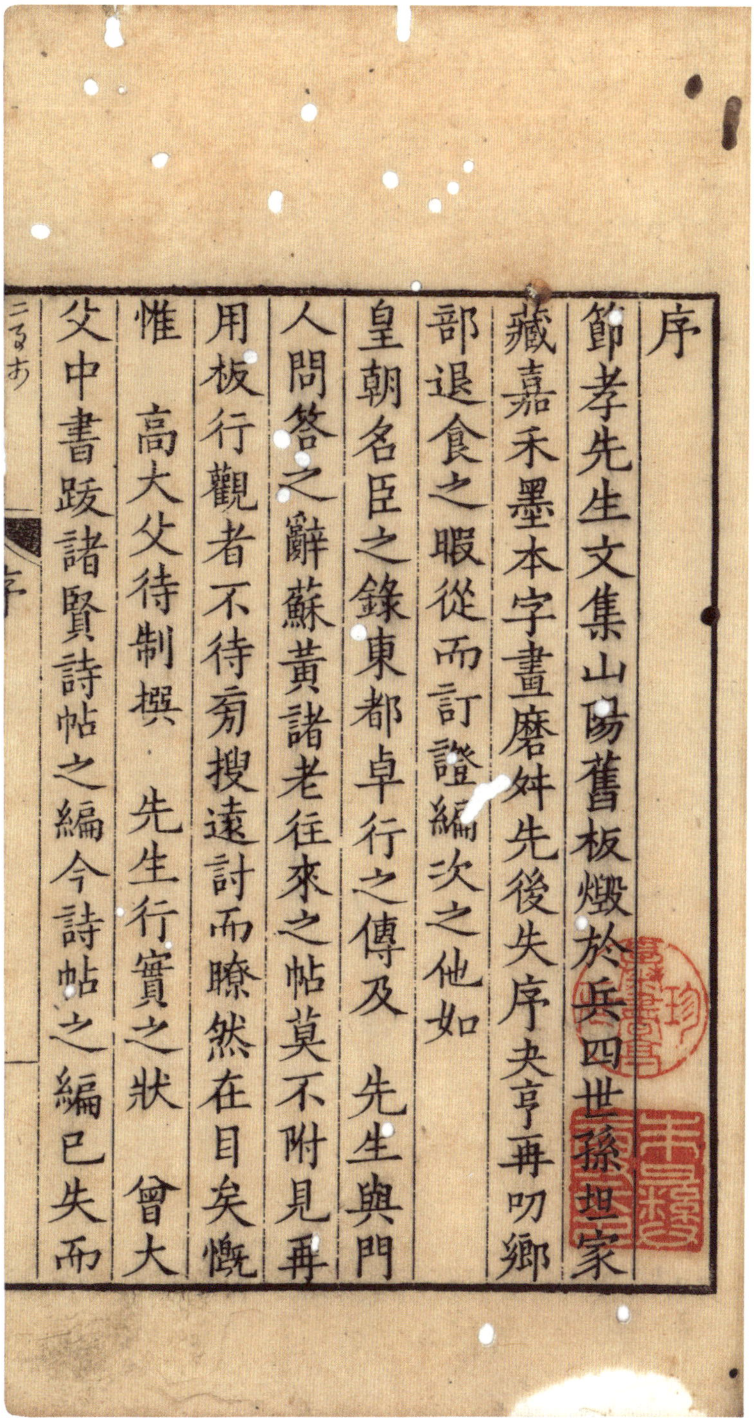
序

節孝先生文集山陽舊板燬於兵四世孫坦家藏嘉禾墨本字畫磨舛先後失序夬亭再叨鄉部退食之暇從而訂證編次之他如

皇朝名臣之錄東都卓行之傳及　先生與門人問答之辭蘇黃諸老往來之帖莫不附見再用板行觀者不待旁搜遠討而瞭然在目矣慨惟　高大父待制撰　先生行實之狀　曾大父中書跋諸賢詩帖之編今詩帖之編已失而

集部

節孝先生文集卷第一

詩十首

忠烈詩并序

皇祐四年山陽趙公以賛善大夫守晋康未逾厥月儂智高起於廣源遂及邕州賊乘其鋭勢如飄風突至晋康乘城而鬭公率羸師數百身爲扞蔽手殺數十人又射其二驍帥應弦俱倒賊勢雖沮而其徒大至盡鋭攻之於是軍吏輩請公避賊公曰全家嘝著是國

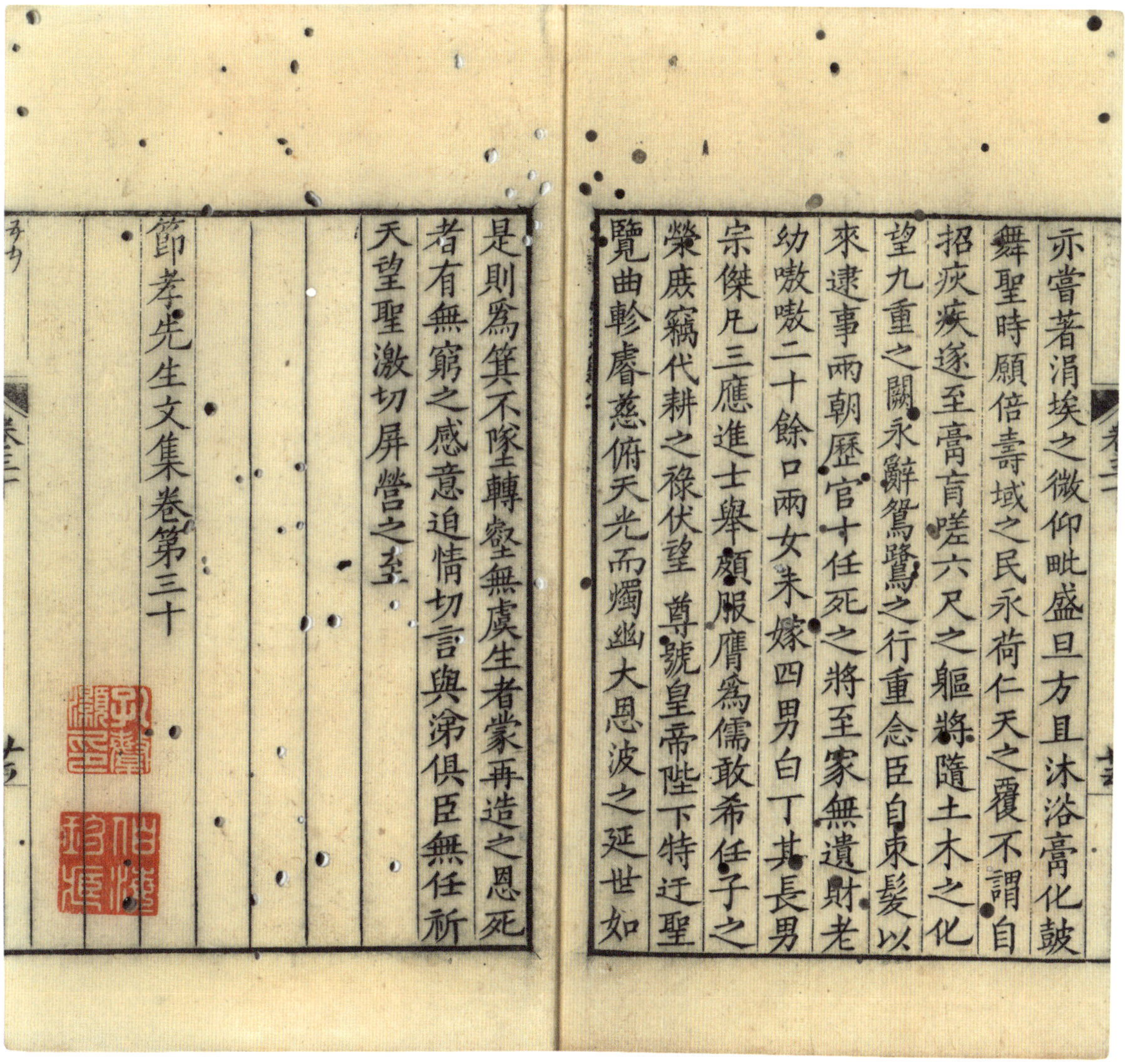

亦嘗著涓埃之微仰毗盛旦方且沐浴膏化鼓舞聖時願倍壽域之民永荷仁天之覆不謂自招疢疾遂至膏肓嗟六尺之軀將隨土木之化望九重之闕永辭鴛鷺之行重念臣自束髮以來逮事兩朝歷官十任死之將至家無遺財老幼嗷嗷二十餘口兩女未嫁四男白丁其長男宗傑凡三應進士舉頗服膺爲儒敢希任子之榮庶竊代耕之祿伏望 尊號皇帝陛下特迂聖覽曲軫睿慈俯天光而燭幽大恩波之延世如是則爲箕不墜轉壑無虞生者蒙再造之恩死者有無窮之感意迫情切言與涕俱臣無任祈天望聖激切屏營之至

節孝先生文集卷第三十

節孝先生語

蘇東坡志林云徐積字仲車古之獨行也於陵仲子不能過然其詩文則怪而放如玉川子此一反也耳聵甚畫地爲字乃始通語終日面壁坐不與人接而四方事無不周知其詳雖新且密無不先知此二反也

門人江端禮季恭錄

公曰凡人爲文必出諸已而簡易乃爲佳耳爲

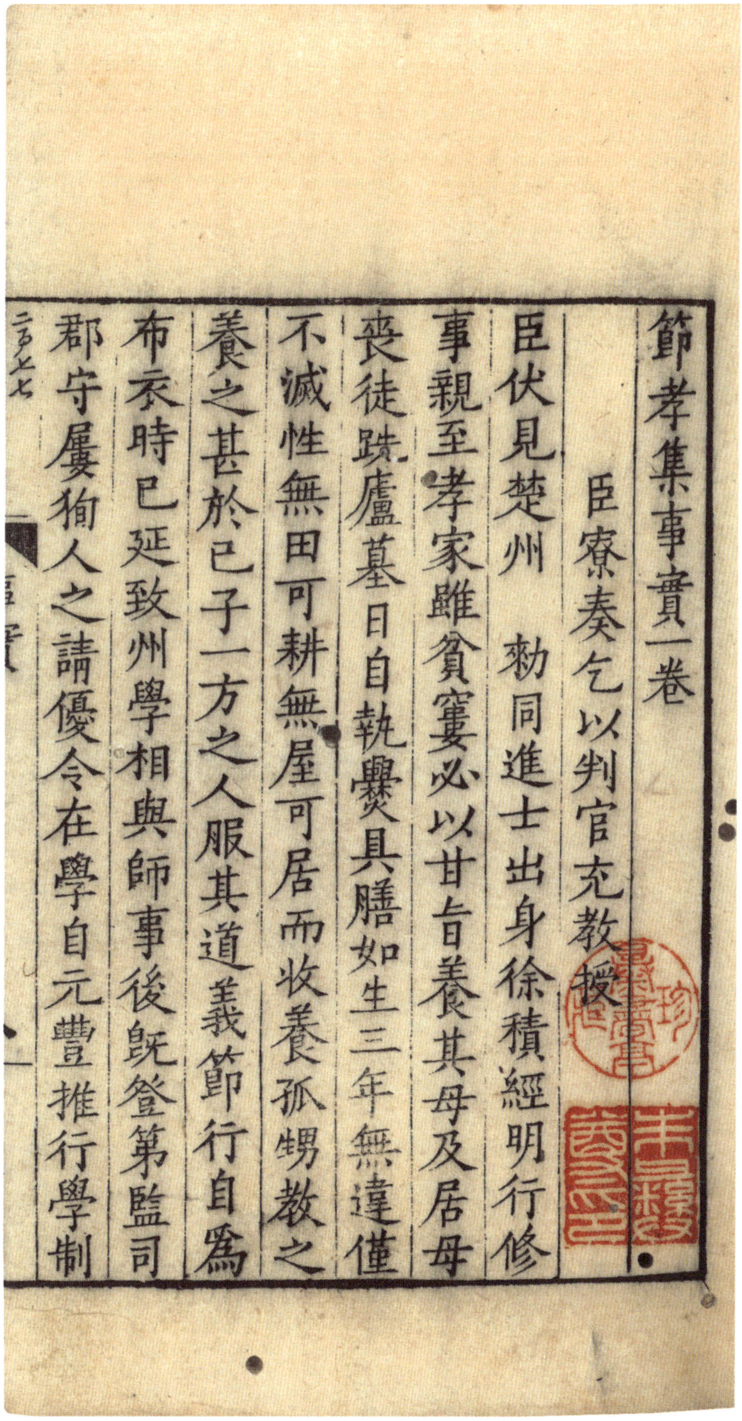

節孝集事實一卷

臣寮奏乞以判官充教授

臣伏見楚州　勑同進士出身徐積經明行修事親至孝家雖貧窶必以甘旨養其母及居母喪徒跣廬墓日自執爨具膳如生三年無違僅不滅性無田可耕無屋可居而收養孤甥教之養之甚於己子一方之人服其道義節行自爲布衣時已延致州學相與師事後既登第監司郡守屢徇人之請優令在學自元豐推行學制

耕學齋詩集十卷

（明）袁華撰　清抄本

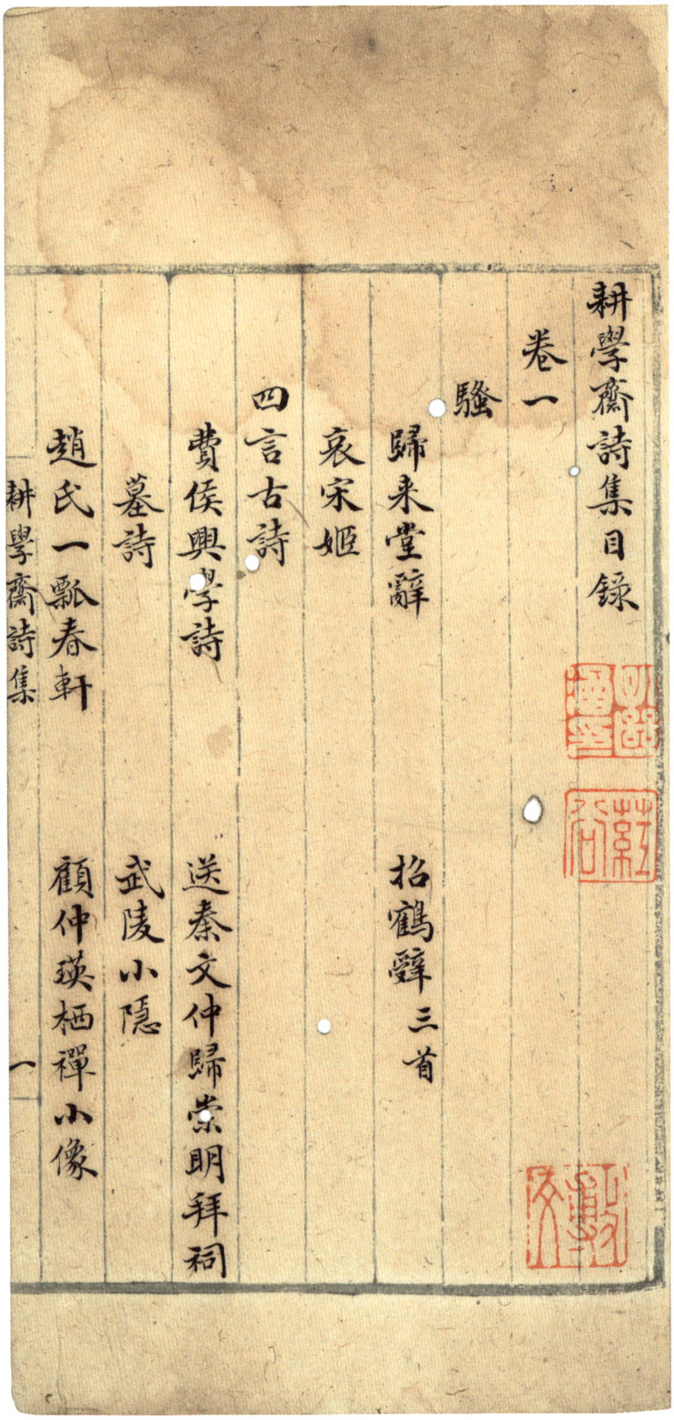
耕學齋詩集目録

卷一

騷

歸来堂辭　招鶴辭三首

哀宋姬

四言古詩

費侯興學詩　送秦文仲歸崇明拜祠

墓詩　武陵小隱

趙氏一瓢春軒　顧仲瑛棲禪小像

耕學齋詩集　一

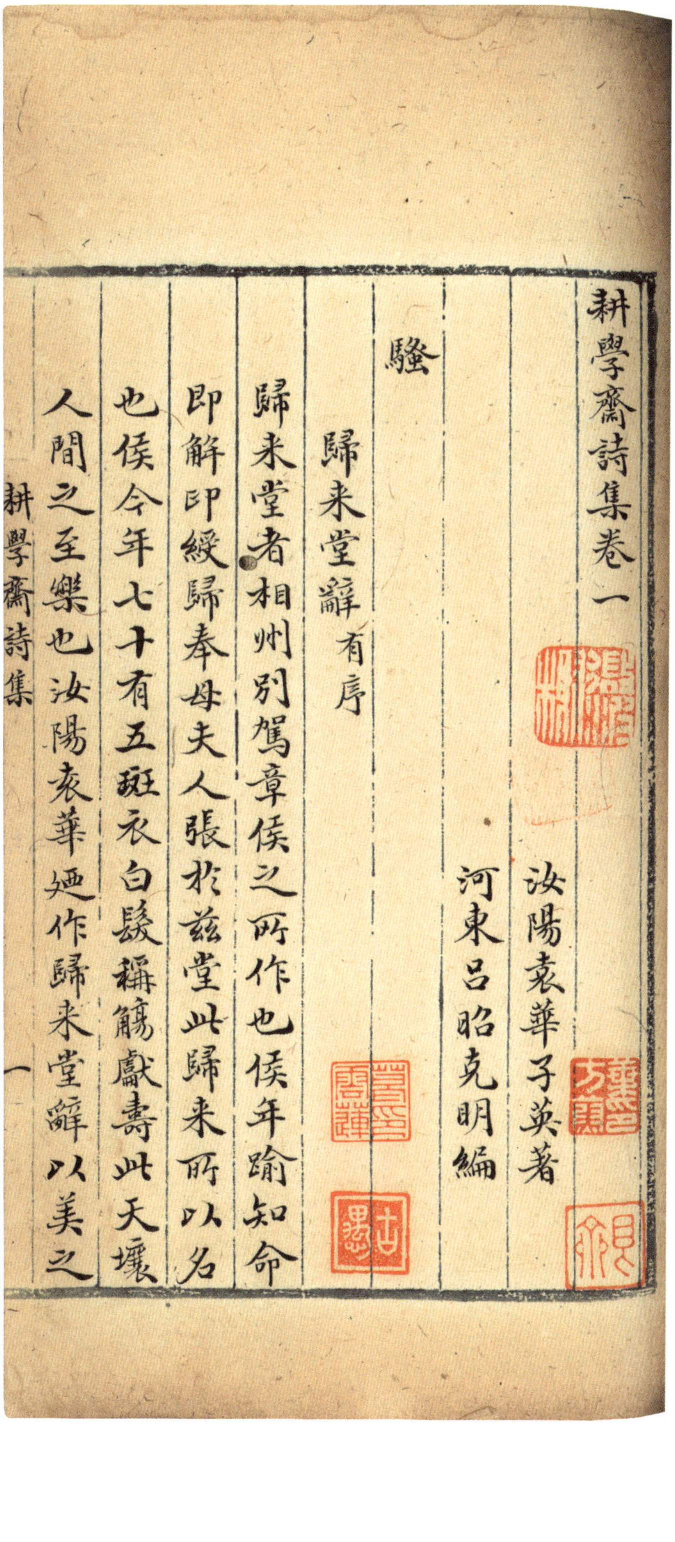
耕學齋詩集卷一

汝陽袁華子英著

河東呂昭克明編

騷

歸来堂辭 有序

歸来堂者相州別駕章侯之所作也侯年踰知命即解印綬歸奉母夫人張於茲堂此歸来所以名也侯今年七十有五斑衣白髮稱觴獻壽此天壤人間之至樂也汝陽袁華廼作歸来堂辭以美之

耕學齋詩集 一

耕學齋詩集卷二

汝陽袁華子英著

河東呂昭克明編

古樂府

塞下曲

積雪深沒脛衘枚夜出關奇兵分三道已奪紇干山

樵言

君心如皦日妾心似明月永願承清光豎須嘆圓缺

采菱曲

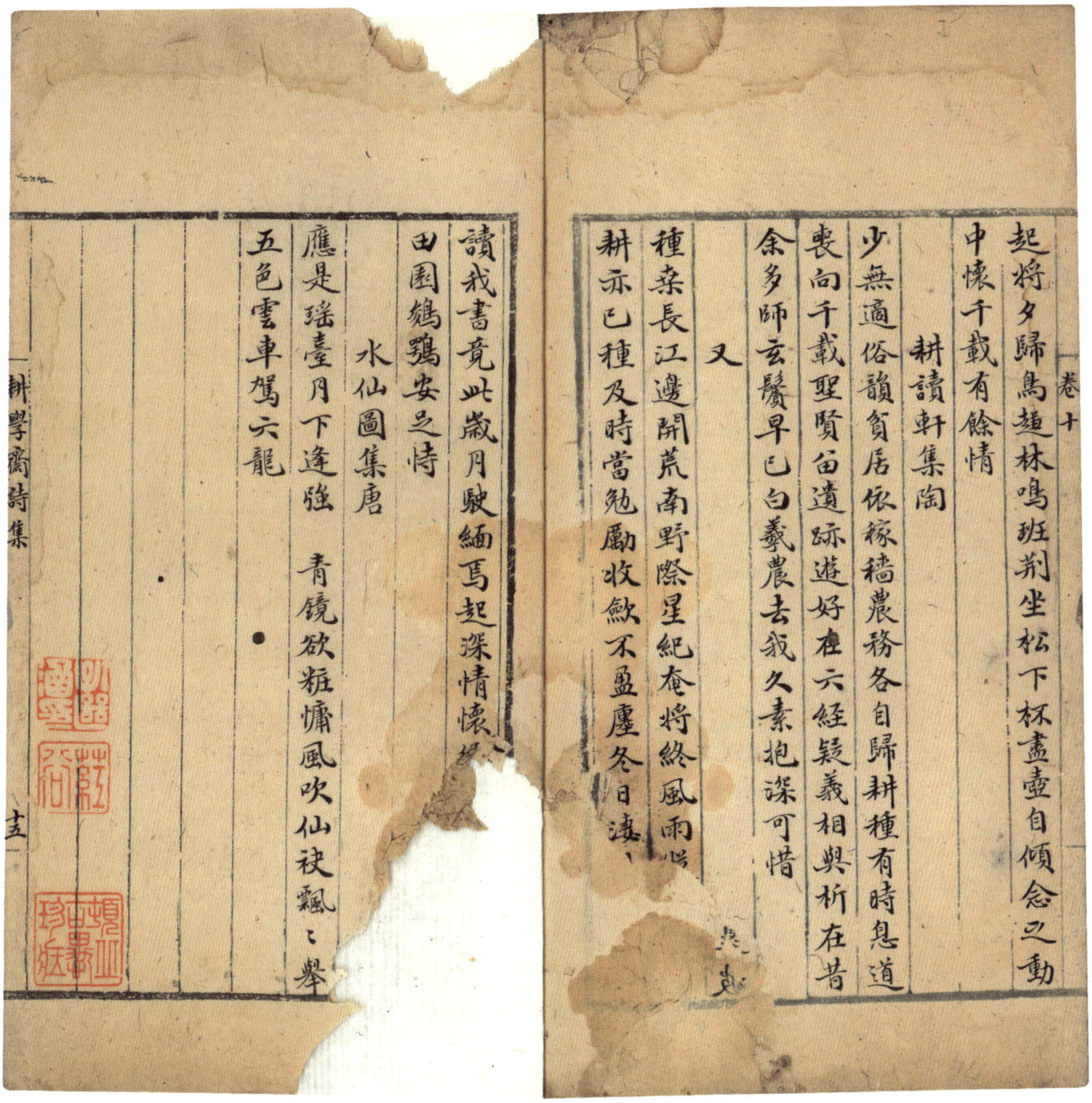

卷十

起将夕歸鳥趣林鳴班荊坐松下杯盡壺自傾念之動
中懷千載有餘情

耕讀軒集陶

少無適俗韻貧居依稼穡農務各自歸耕種有時息道
喪向千載聖賢留遺跡遊好在六經疑義相與析在昔
余多師玄鬢早已白蓺農去我久素抱深可惜

又

種桑長江邊開荒南野際星紀奄将終風雨
耕亦已種及時當勉勵收斂不盈廛冬日淒淒

讀我書竟此歲月駛緬焉起深情懷
田園鵁鶄安之恃

水仙圖集唐

應是瑶臺月下逢強　青鏡欲粧慵風吹仙袂飄飄舉
五色雲車駕六龍

耕學齋詩集　十五

修吉堂文稿八卷道貴堂類稿二十一卷

（清）徐倬撰　清康熙刻本　存二十七卷（修吉堂文稿八卷、道貴堂類稿十九卷）

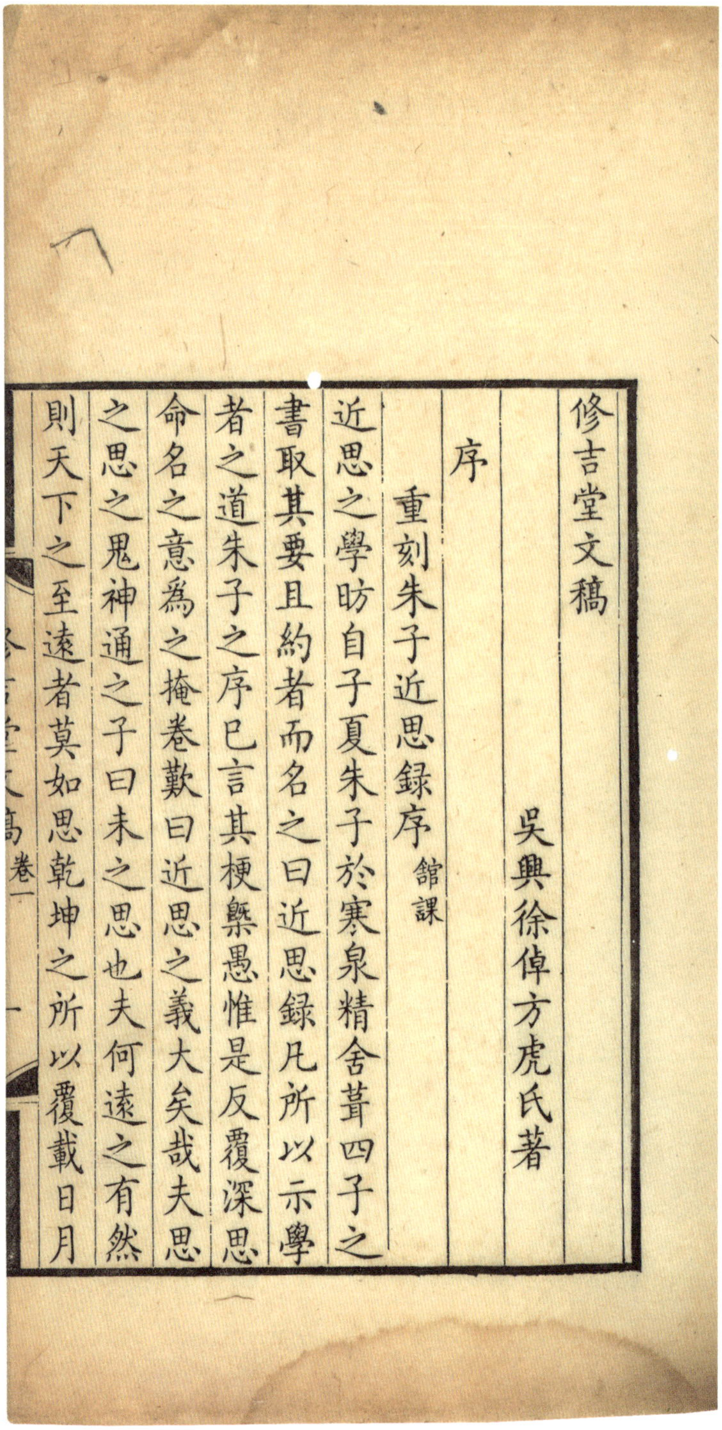
修吉堂文稿

吳興徐倬方虎氏著

序

重刻朱子近思録序 館課

近思之學昉自子夏朱子於寒泉精舍葺四子之書取其要且約者而名之曰近思録凡所以示學者之道朱子之序已言其梗槩愚惟是反覆深思命名之意爲之掩卷歎曰近思之義大矣哉夫思之思之鬼神通之子曰未之思也夫何遠之有然則天下之至遠者莫如思乾坤之所以覆載日月

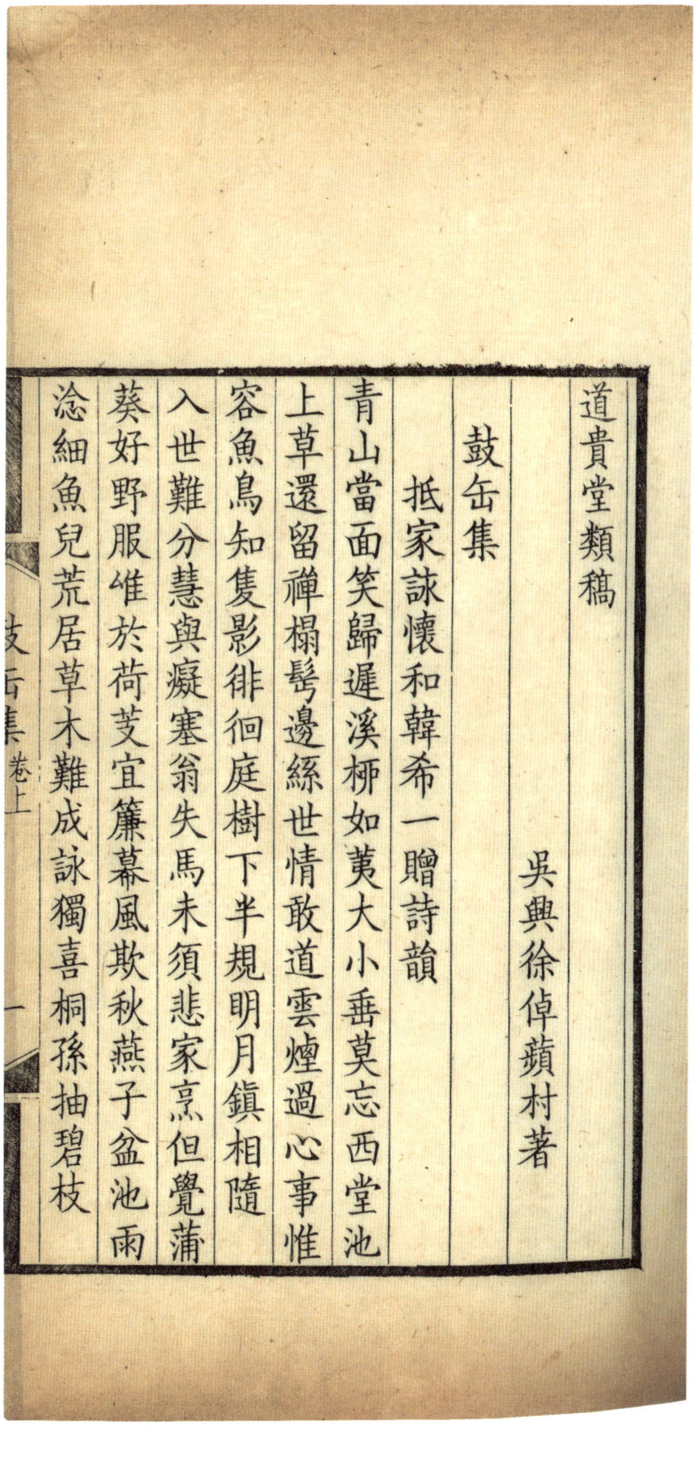
道貴堂類稿

吳興徐倬蘋村著

鼓缶集

抵家詠懷和韓希一贈詩韻

青山當面笑歸遲溪柳如黃大小垂莫忘西堂池
上草還留禪榻鬢邊絲世情敢道雲煙過心事惟
容魚鳥知隻影徘徊庭樹下半規明月鎮相隨
入世難分慧與癡塞翁失馬未須悲家烹但覺蒲
葵好野服唯於荷芰宜簾幕風欺秋燕子盆池雨
淰細魚兒荒居草木難成詠獨喜桐孫抽碧枝

鼓缶集 卷上 一

道貴堂類稿

吳興徐倬蘋村著

甲乙友抄

甲子孟冬孫屺瞻學士扈
蹕東巡承　恩省侍賦詩紀盛
詞臣身從屬車回
天子親宣定省來衣帶尚霑河嶽氣枌榆爭看棟
梁材起居堂上東封頌拜獻堦前長壽杯自歎周
南留滯久祇將盛事托蘭臺
屺瞻學士還朝復踵前韻奉送

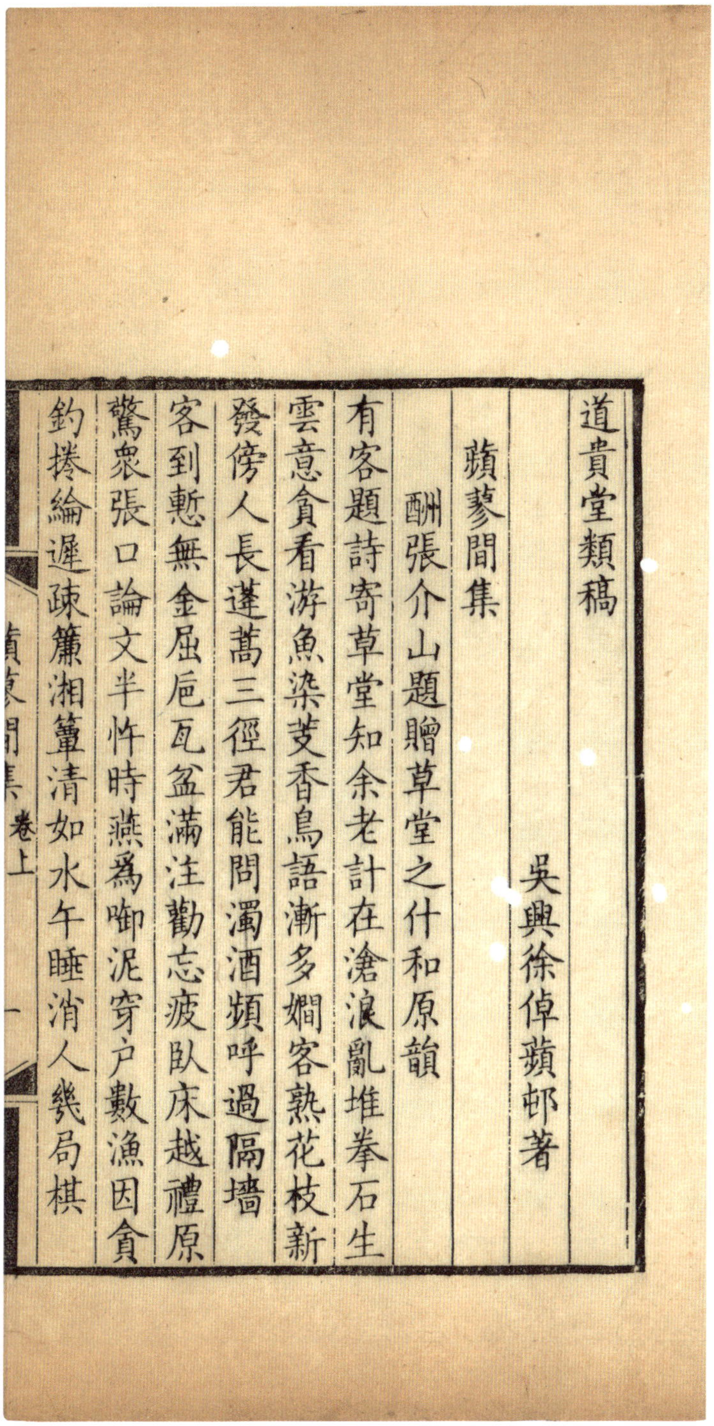

道貴堂類稿

吳興徐倬蘋邨著

蘋蓼間集

酬張介山題贈草堂之什和原韻

有客題詩寄草堂知余老計在滄浪亂堆拳石生雲意貪看游魚染芰香鳥語漸多嫺客熟花枝新發傍人長蓬蒿三徑君能問濁酒頻呼過隔墻

客到慙無金屈卮瓦盆滿注勸忘疲臥床越禮原驚衆張口論文半忤時燕為啣泥穿户數漁因貪釣捲綸遲疏簾湘簟清如水午睡消人幾局棋

蘋蓼間集　卷上　一

御選唐宋詩醇四十七卷目録二卷

（清）高宗弘曆選輯　清乾隆十五年（1750）内府刻四色套印本　存四十三卷（一、六至八、十一至四十七、目録二卷）

本書是一部由清高宗御選的詩歌總集，收唐詩四家，即李白、杜甫、白居易、韓愈，宋詩二家，即蘇軾、陸游。書前有乾隆十五年清高宗御製序，序末鈐“惟精惟一”“乾隆宸翰”二印。本書朱、墨、藍、緑四色套印，版式精美。2014 年入選第三批《山東省珍貴古籍名録》。

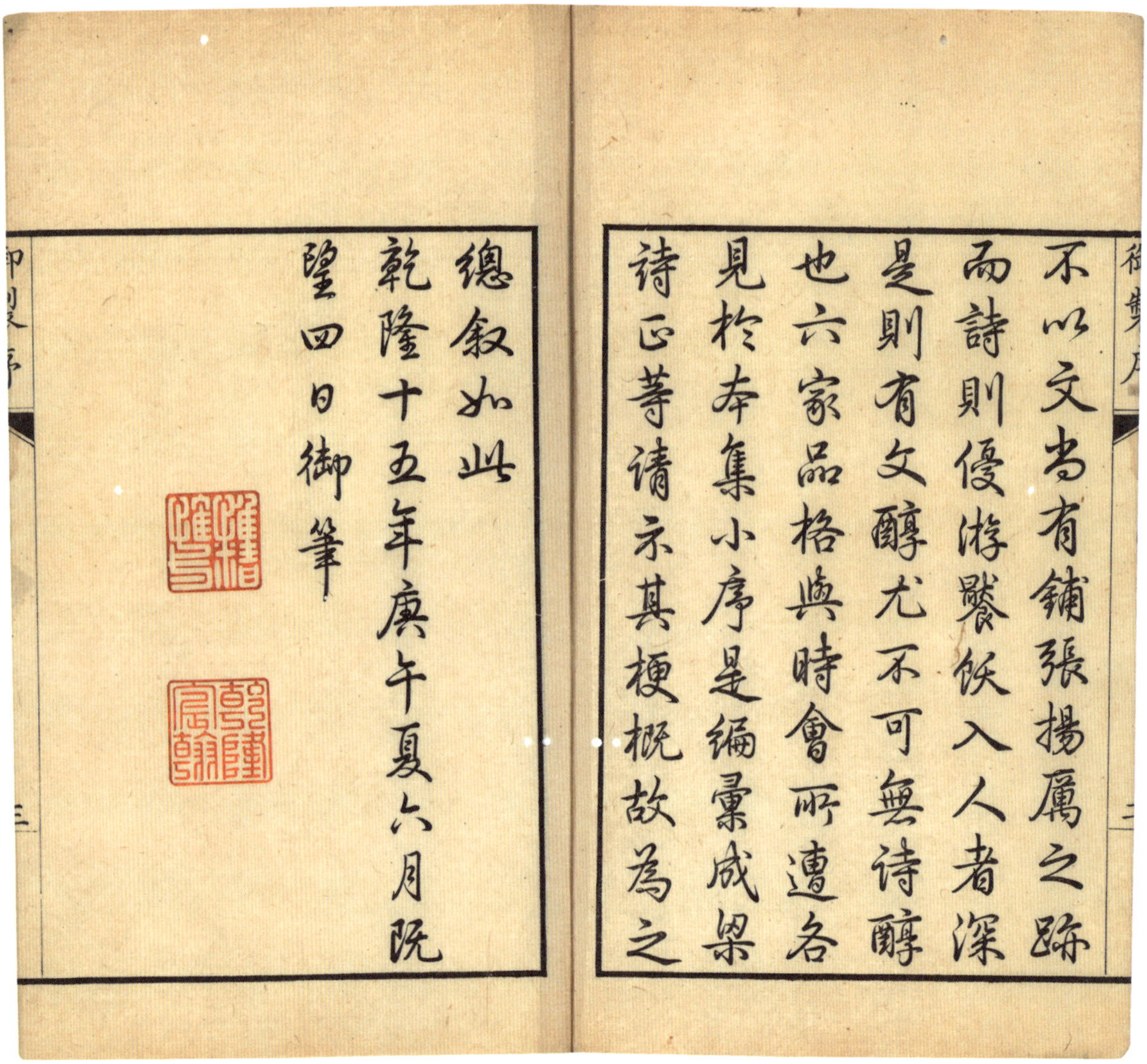
不以文為有鋪張揚厲之跡而詩則優游饜飫入人者深是則有文醇尤不可無詩醇也六家品格與時會所遭各見於本集小序是編彙成梁詩正等請示其梗概故為之總敘如此

乾隆十五年庚午夏六月既望四日御筆

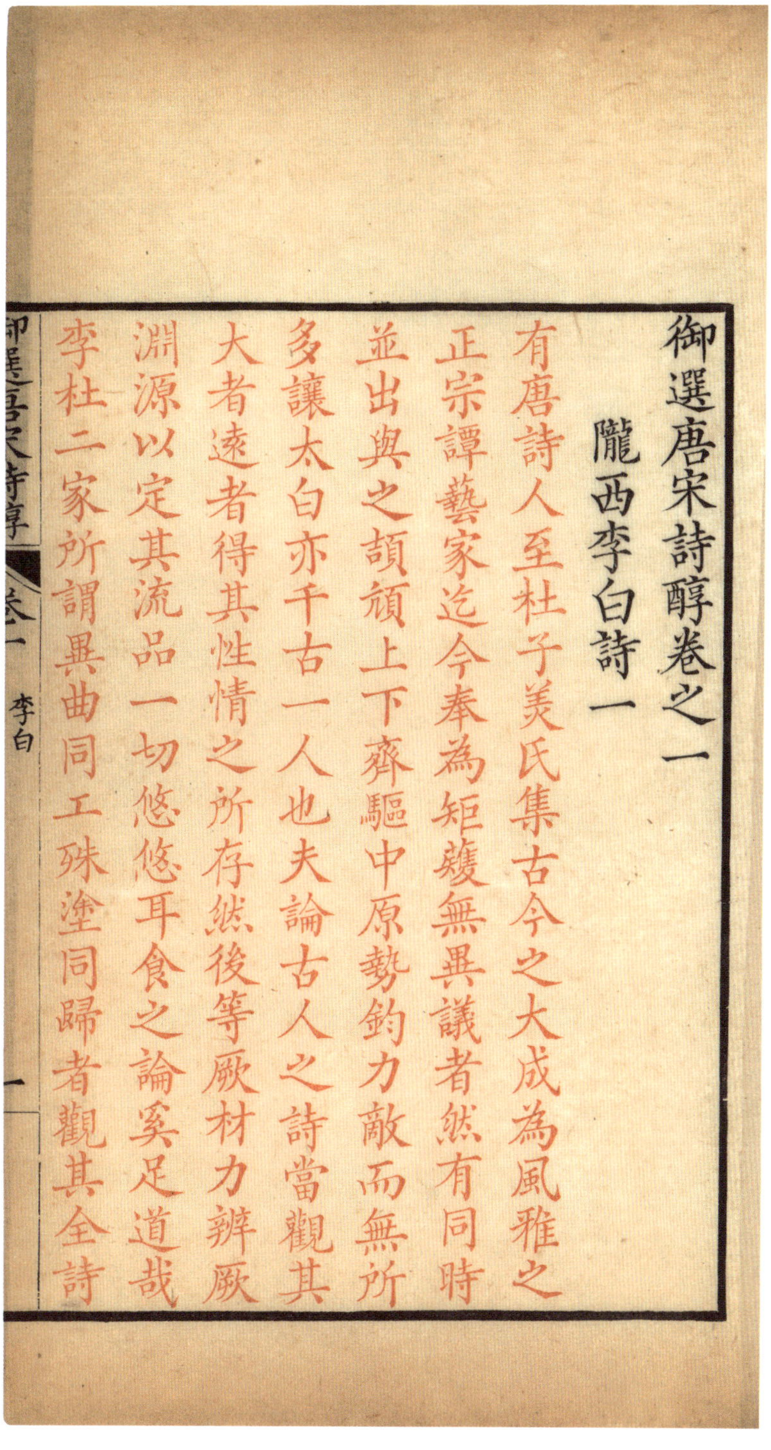

御選唐宋詩醇卷之一

隴西李白詩一

有唐詩人至杜子美氏集古今之大成為風雅之正宗譚藝家迄今奉為矩矱無異議者然有同時並出與之頡頏上下齊驅中原勢鈞力敵而無所多讓太白亦千古一人也夫論古人之詩當觀其大者遠者得其性情之所存然後等厥材力辨厥淵源以定其流品一切悠悠耳食之論奚足道哉李杜二家所謂異曲同工殊塗同歸者觀其全詩

御選唐宋詩醇　卷一　李白　一

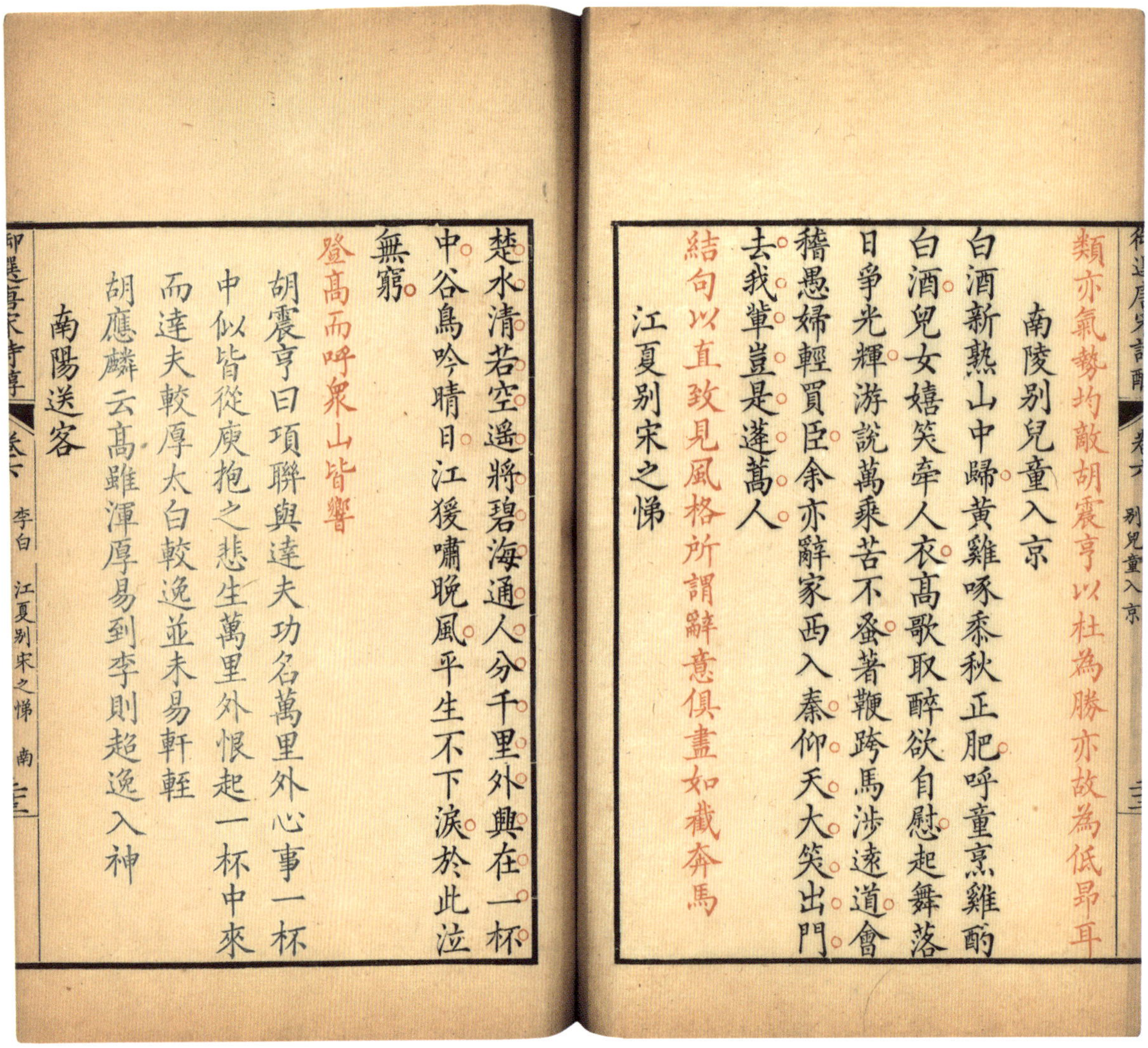

類亦氣勢均敵胡震亨以杜為勝亦故為低昂耳

南陵別兒童入京

白酒新熟山中歸黃雞啄黍秋正肥呼童烹雞酌白酒兒女嬉笑牽人衣高歌取醉欲自慰起舞落日爭光輝游說萬乘苦不蚤著鞭跨馬涉遠道會稽愚婦輕買臣余亦辭家西入秦仰天大笑出門去我輩豈是蓬蒿人

結句以直致見風格所謂辭意俱盡如截奔馬

江夏別宋之悌

楚水清若空遥將碧海通人分千里外興在一杯中谷鳥吟晴日江猨嘯晚風平生不下淚於此泣無窮

登高而呼衆山皆響

胡震亨曰項聯與達夫功名萬里外心事一杯中似皆從庾抱之悲生萬里外恨起一杯中來而達夫較厚太白較逸並未易軒輊

胡應麟云高雖渾厚易到李則超逸入神

南陽送客

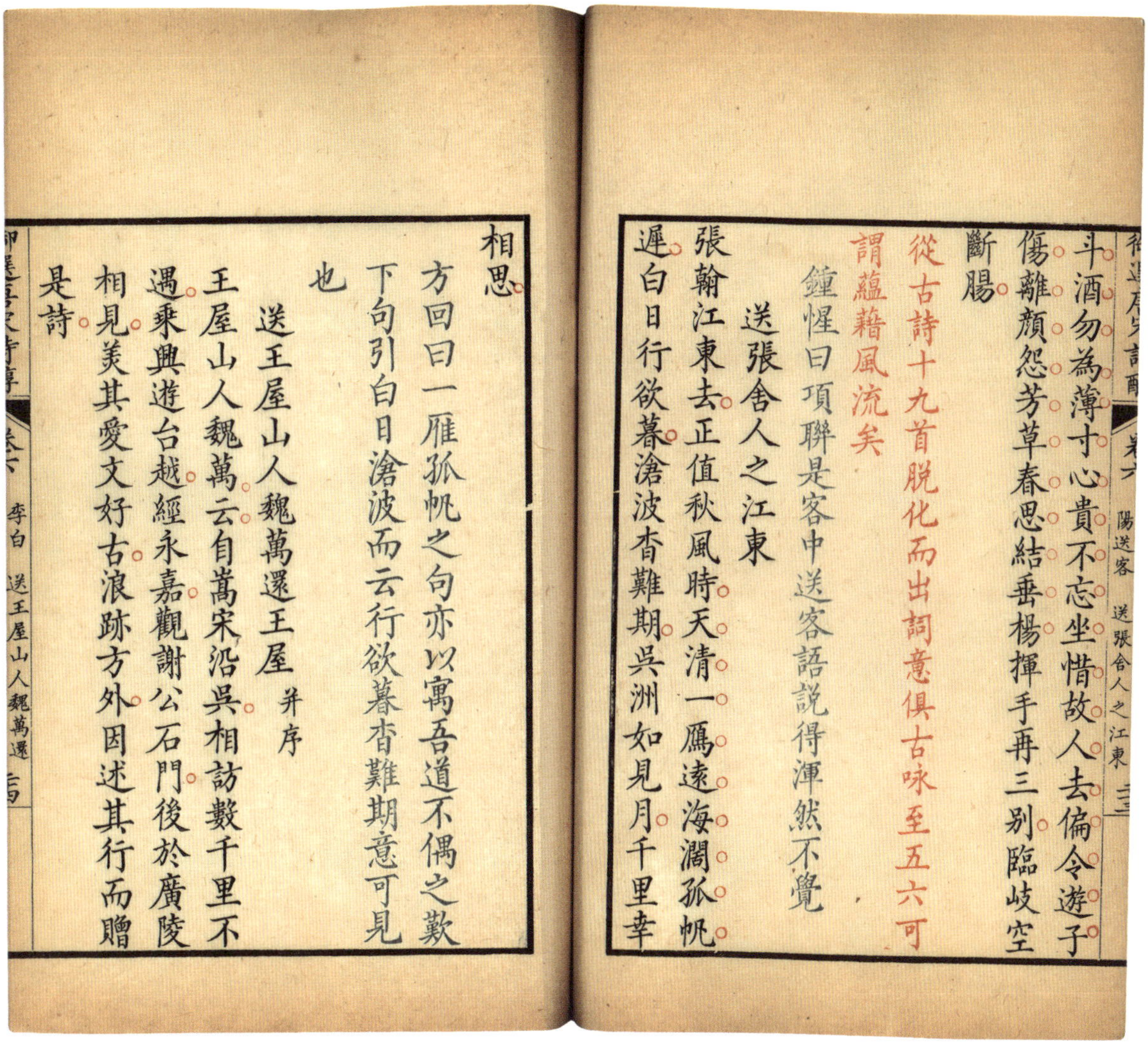

御選唐宋詩醇　卷六　陽送客　送張舍人之江東　三三

斗酒勿為薄寸心貴不忘坐惜故人去偏令遊子傷離顏怨芳草春思結垂楊揮手再三別臨岐空斷腸

從古詩十九首脫化而出詞意俱古咏至五六可謂蘊藉風流矣

鍾惺曰項聯是客中送客語說得渾然不覺

送張舍人之江東

張翰江東去正值秋風時天清一鴈遠海濶孤帆遲白日行欲暮滄波杳難期吳洲如見月千里幸相思

方回曰一雁孤帆之句亦以寓吾道不偶之歎下句引白日滄波而云行欲暮杳難期意可見也

送王屋山人魏萬還王屋 并序

王屋山人魏萬云自嵩宋沿吳相訪數千里不遇乘興遊台越經永嘉觀謝公石門後於廣陵相見美其愛文好古浪跡方外因述其行而贈是詩

御選唐宋詩醇　卷六　李白　送王屋山人魏萬還　三四

述本堂詩集十八卷續集五卷

（清）方登嶧　（清）方式濟　（清）方觀承撰　清乾隆二十年（1755）刻嘉慶十四年（1809）續刻本

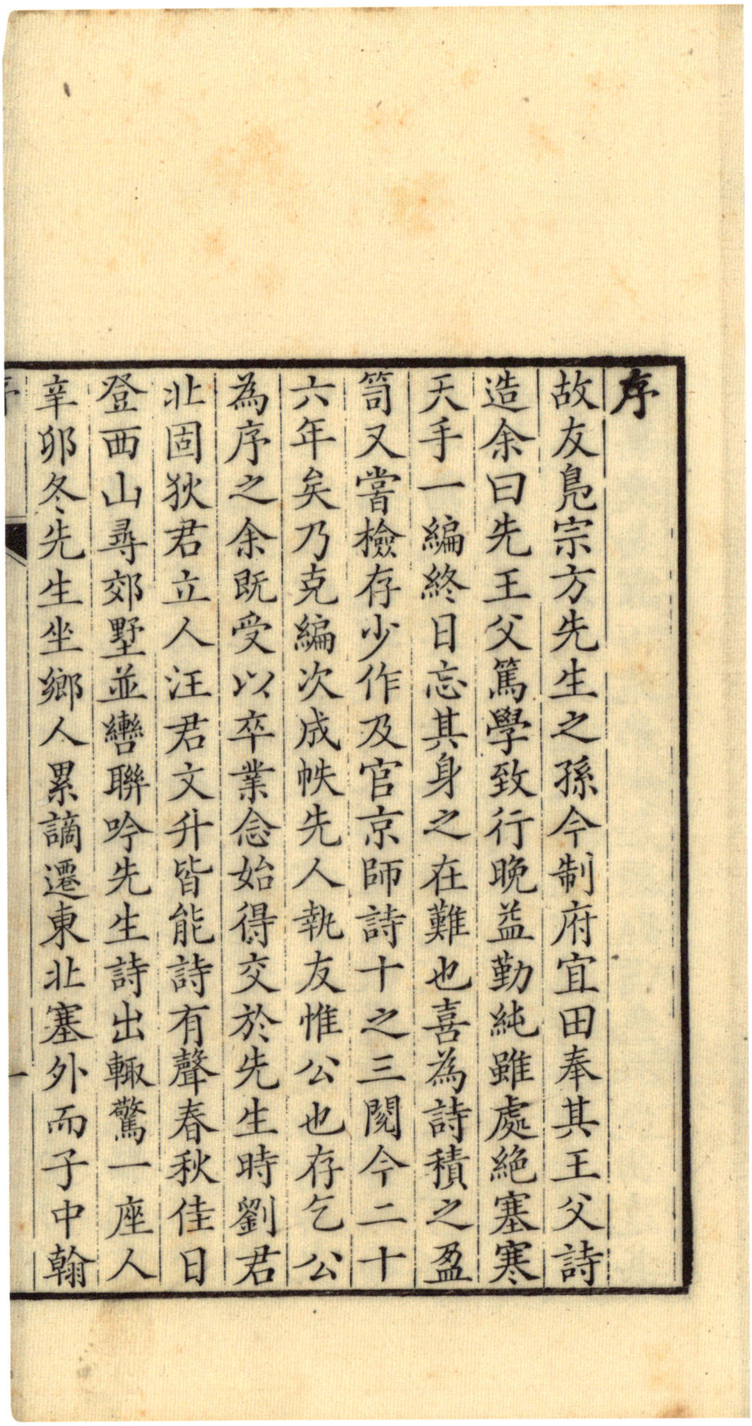
序
故友鳧宗方先生之孫令制府宜田奉其王父詩造余曰先王父篤學致行晚益勤純雖處絶塞寒天手一編終日忘其身之在難也喜為詩積之盈笥又嘗檢存少作及官京師詩十之三閱今二十六年矣乃克編次成帙先人執友惟公也存乞公為序之余既受以卒業念始得交於先生時劉君北固狄君立人汪君文升皆能詩有聲春秋佳日登西山尋郊墅並轡聯吟先生詩出輒驚一座人辛卯冬先生坐鄉人累謫遷東北塞外而子中翰

序

始讀少陵詩是吾家事語而疑之何大而夸若是偶一念至則固先師遺訓也抑詩教也鯉庭之趨不聞曰學詩乎而子夏序詩謂先王以是成孝敬厚人倫人倫孝敬非家事而何東山零雨之作上繼采薇卷阿游歌之音下開常武作之述之以詩為家人言蓋自三百篇已然矣而豈惟少陵又怪少陵接武必簡厥子宗文宗武明云覓句知律而一毛片甲遺風蔑如豈終穨其家聲耶極盛固難為繼耶或者書缺有間故不傳之其人耶於戲此

述本堂詩集

依園詩畧

桐城方登嶧鳧宗著

有鳥二首

山有鳥田有禾田父護禾張綱羅雖有稻粱非爾之粻寧輟爾食毋羅爾傷鳥兮鳥兮慎翱翔

山有木田有水水不可棲木可止水流無常木植有方鳥兮鳥兮還高岡

擬古三首

驅車出東門高桑繞鳴烏路旁有美人涕泣沾衣

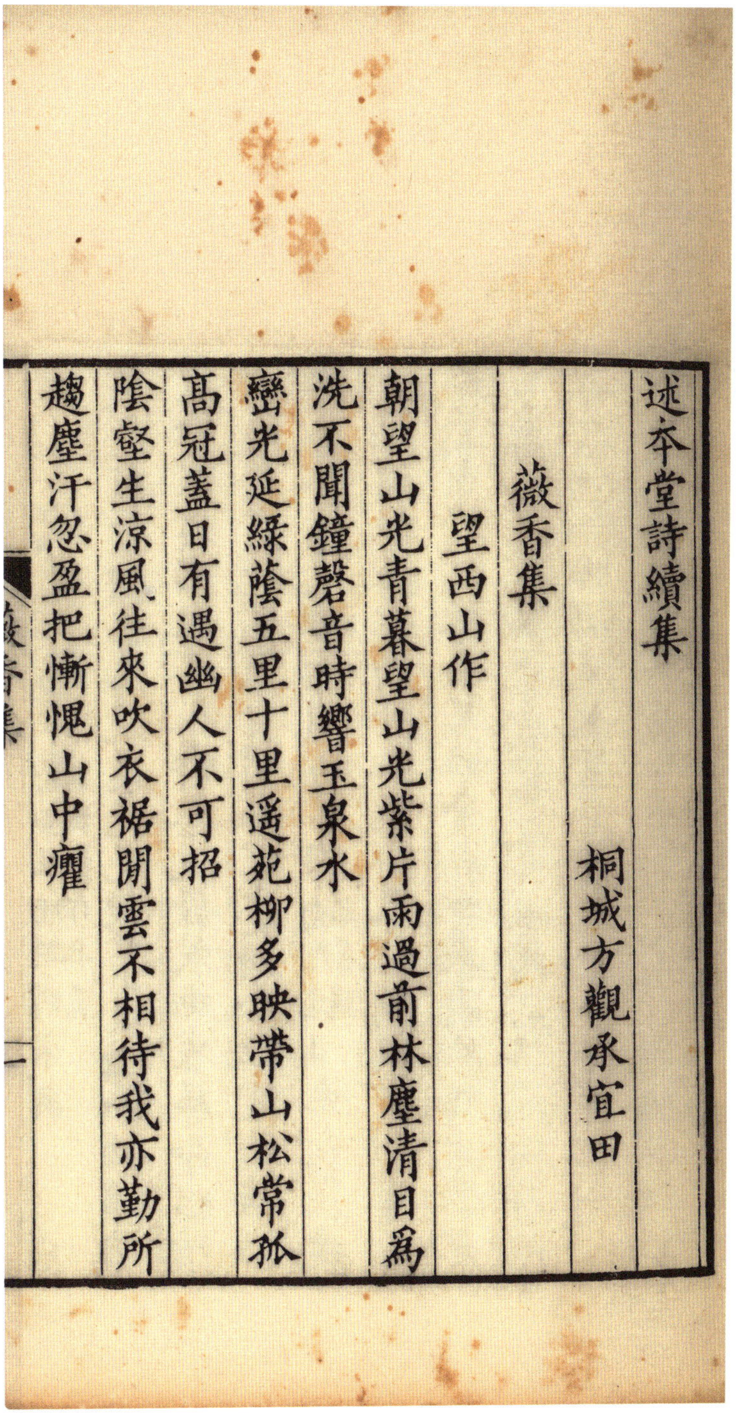

述本堂詩續集

桐城方觀承宜田

薇香集

望西山作

朝望山光青暮望山光紫片雨過前林塵清目爲洗不聞鐘磬音時響玉泉水巒光延綠陰五里十里遥苑柳多映帶山松常孤高冠蓋日有遇幽人不可招陰壑生涼風往來吹衣裾閒雲不相待我亦勤所趨塵汗忽盈把慚愧山中癯

薇香集　一

詞鈔十卷

清抄本

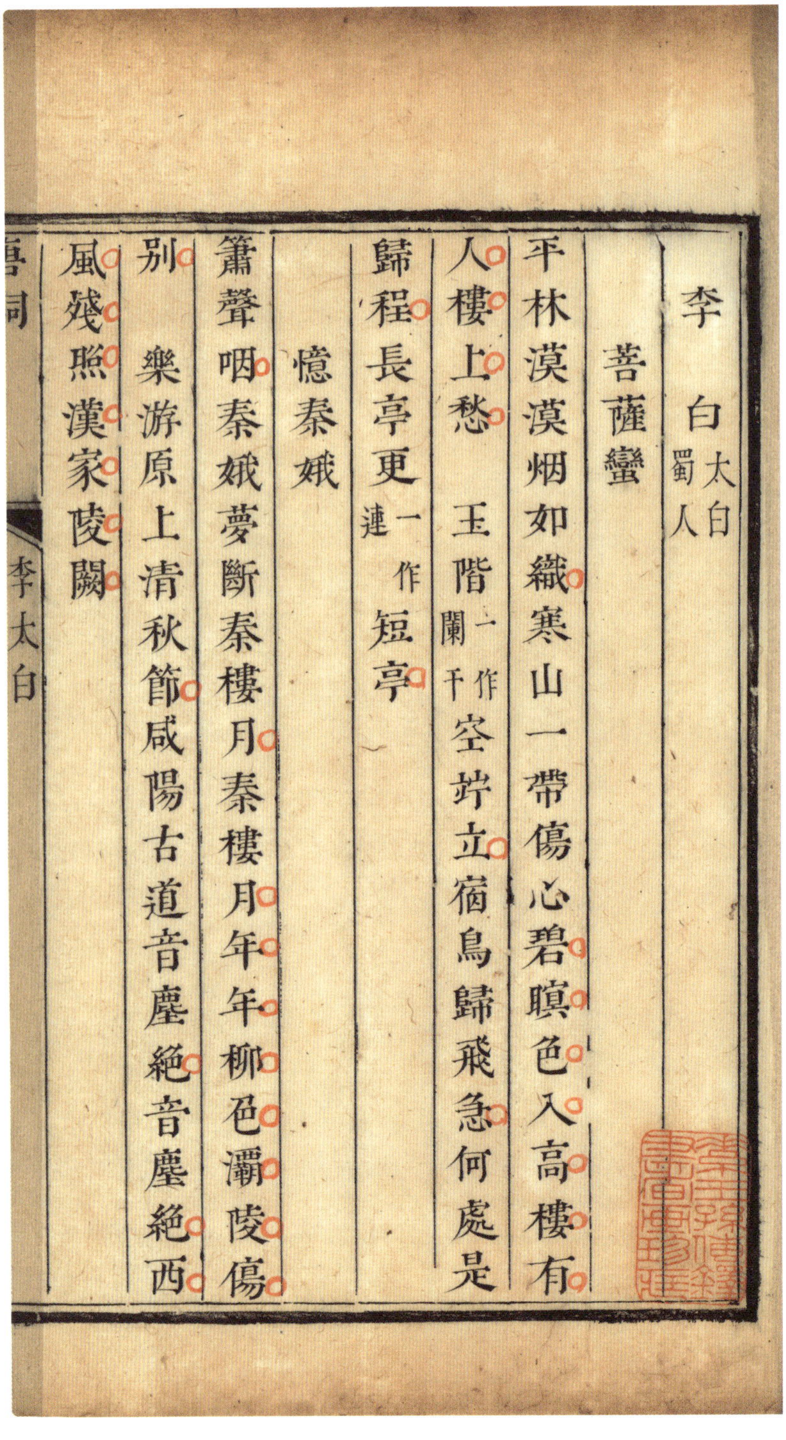
唐詞
李太白
李　白 太白 蜀人
菩薩蠻
平林漠漠烟如織寒山一帶傷心碧暝色入高樓有
人樓上愁 玉階 一作闌干 空竚立宿鳥歸飛急何處是
歸程長亭更 一作連 短亭
憶秦娥
簫聲咽秦娥夢斷秦樓月秦樓月年年柳色灞陵傷
別 樂游原上清秋節咸陽古道音塵絕音塵絕西
風殘照漢家陵闕

珠玉詞

晏殊 同叔臨川人

浣溪沙 向誤入南唐二主詞

一曲新詞酒一盃去年天氣舊亭臺夕陽西下幾時廻無可奈何花落去似曾相識燕歸來小園香徑獨徘徊

又

小閣重簾有燕過晚花紅片落庭莎曲闌干影入涼波一霎好風生翠幕幾回疎雨滴圓荷酒醒人散

完顔亮

昭君怨 雪

昨日樵村漁浦今日瓊川銀渚山色捲簾看老峰巒

錦帳美人貪睡不覺天花剪碎驚問是楊花是蘆花

吳激 彥高建州人

人月圓 宴張侍御家有感

南朝千古傷心地還唱後庭花舊時王謝堂前燕子飛入人家　恍然在遇天姿勝雪宮鬟堆鴉江州司馬青衫淚濕同是天涯

春從天上來 感舊

海角飄零歎漢苑秦宮墜露飛螢夢裏天上金屋銀屏歌吹競舉青冥問當時遺譜有絕藝鼓瑟湘靈促哀彈似林鶯嚦嚦山溜泠泠　梨園太平樂府醉幾

三蘇先生文萃七十卷

（宋）蘇洵　（宋）蘇軾　（宋）蘇轍撰　明刻本

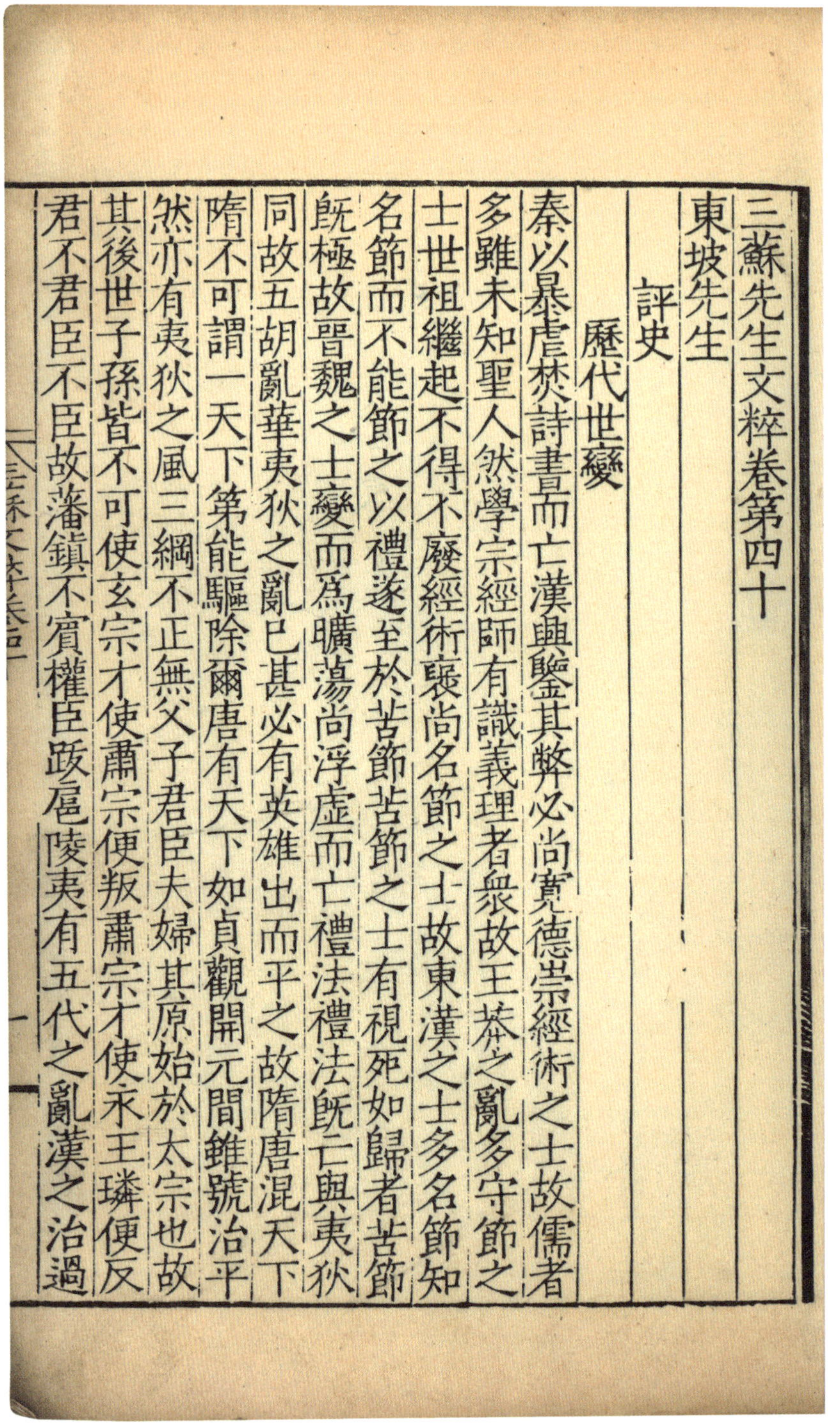

三蘇先生文粹卷第四十

東坡先生

評史

歷代世變

秦以暴虐焚詩書而亡漢興鑒其弊必尚寬德崇經術之士故儒者多雖未知聖人然學宗經師有識義理者衆故王莽之亂多守節之士世祖繼起不得不廢經術褒尚名節之士故東漢之士多名節知名節而不能節之以禮遂至於苦節苦節之士有視死如歸者苦節既極故晉魏之士變而爲曠蕩尚浮虛而亡禮法禮法既亡與夷狄同故五胡亂華夷狄之亂已甚必有英雄出而平之故隋唐混天下隋不可謂一天下第能驅除爾唐有天下如貞觀開元間雖號治平然亦有夷狄之風三綱不正無父子君臣夫婦其原始於太宗也故其後世子孫皆不可使玄宗才使肅宗便叛肅宗才使永王璘便反君不君臣不臣故藩鎮不賓權臣跋扈陵夷有五代之亂漢之治過

三蘇文粹卷四十　一

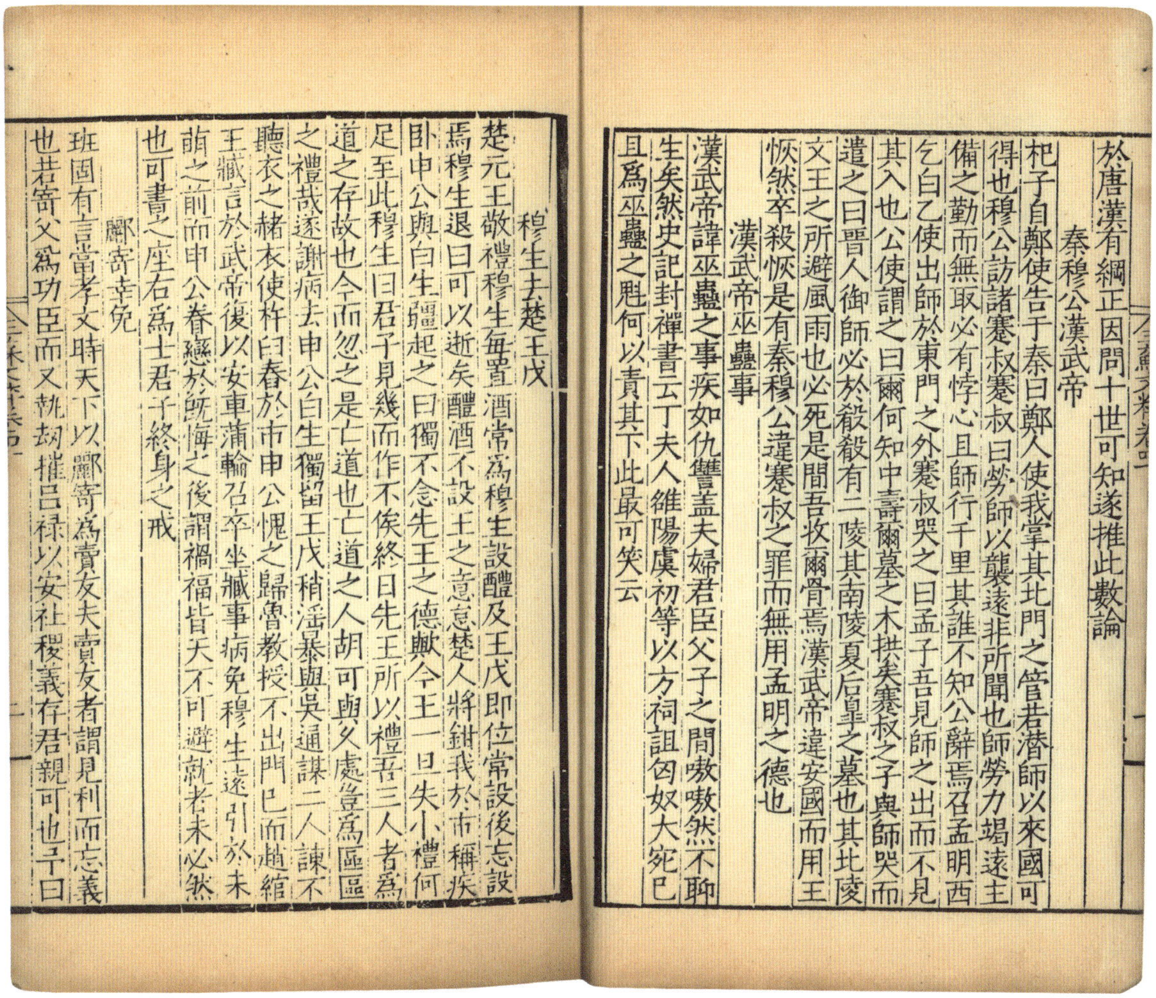

於唐漢有綱正因問十世可知遂推此數論

秦穆公漢武帝

杞子自鄭使告于秦曰鄭人使我掌其北門之管若潛師以來國可得也穆公訪諸蹇叔蹇叔曰勞師以襲遠非所聞也師勞力竭遠主備之勤而無取必有悖心且師行千里其誰不知公辭焉召孟明西乞白乙使出師於東門之外蹇叔哭之曰孟子吾見師之出而不見其入也公使謂之曰爾何知中壽爾墓之木拱矣蹇叔之子與師哭而遣之曰晉人御師必於殽殽有二陵其南陵夏后皐之墓也其北陵文王之所避風雨也必死是間吾收爾骨焉漢武帝違安國而用王恢然卒殺恢是有秦穆公違蹇叔之罪而無用孟明之德也

漢武帝巫蠱事

漢武帝諱巫蠱之事疾如仇讐蓋夫婦君臣父子之間嗷嗷然不聊生矣然史記封禪書云丁夫人雒陽虞初等以方祠詛匈奴大宛巳且爲巫蠱之魁何以責其下此最可笑云

穆生去楚王戊

楚元王敬禮穆生每置酒常爲穆生設醴及王戊即位常設後忘設焉穆生退曰可以逝矣醴酒不設王之意怠楚人將鉗我於市稱疾卧申公與白生彊起之曰獨不念先王之德歟今王一旦失小禮何足至此穆生曰君子見幾而作不俟終日先王所以禮吾三人者爲道之存故也今而忽之是亡道也亡道之人胡可與久處豈爲區區之禮哉遂謝病去申公白生獨留王戊稍淫暴與吳通謀二人諫不聽衣之赭衣使杵臼舂於市申公愧之歸魯教授不出門巳而趙綰王臧言於武帝復以安車蒲輪召卒坐臧事病免穆生遂引於未萌之前而申公眷戀於旣悔之後謂禍福皆天不可避就者未必然也可書之座右爲士君子終身之戒

酈寄幸免

班固有言當孝文時天下以酈寄爲賣友夫賣友者謂見利而忘義也若寄父爲功臣而又執劫推呂祿以安社稷義存君親可也子曰

剛

孔子曰剛毅木訥近仁又曰巧言令色鮮矣仁所好夫剛者非好其剛也好其仁也所惡夫佞者非惡其佞也惡其不仁也吾平生多難常以身試之凡免我于厄者皆平日可畏人也擠我于險者皆異時可喜人也吾是以知剛者之必仁佞者之必不仁也建中靖國之初吾歸自海南見故人問存没追論平生所見剛者或不幸死矣若孫君介夫諱立節者眞可謂剛者也始吾弟子由爲條例司屬官以議不合引去王荆公謂君曰吾條例司當得開敏如子者君笑曰公過矣當求勝我者若我輩人則亦不肯爲條例司矣公不荅徑起入戶君亦趨出君爲鎭江軍書記吾時通守錢塘往來常潤間見君京口方新法之初監司皆新進少年馭吏如束濕不復以禮遇士大夫而獨敬憚君曰是抗丞相不肯爲條例司者謝麟經制溪洞事宜州守王奇與蠻戰死君爲桂州節度判官被旨鞫吏士有罪者麟因收大小使臣十二人付君并按且盡斬之君持不可麟以語侵君君曰獄當論情吏當守法逗撓不進諸將罪也既伏其辜矣餘人可盡戮乎若必欲以非法斬人則經制司自爲之我何與焉麟奏君抗拒君亦奏麟侵獄事刑部定如君言十二人皆不死或以遷官吾以是益知剛者之必仁也不仁而能以一言活十二人於必死乎方孔子時可謂多君子而曰未見剛者以明其難得如此而世乃曰太剛則折士患不剛耳長養成就猶恐不足當憂其太剛而懼之以折耶折不折天也非剛之罪爲此論者鄙夫患失者也君平生可紀者甚多獨書此二事遺其子勰勵明剛者之必仁以信孔子之說

稼說送張琥

曷嘗觀於富人之稼乎其田美而多其食足而有餘其田美而多則可以更休而地力得完其食足而有餘則種之常不後時而斂之常及其熟故富人之稼常美少秕而多實久藏而不腐今吾十口之家而共百畝之田寸寸而取之日夜以望之鋤耰銍艾相尋於其上者如魚鱗而地力竭矣種之常不及時而斂之常不待其熟此豈能復

三蘇先生文粹卷第七十

潁濱先生

記

齊州閔子廟

歷城之東五里有丘焉曰閔子之墓墳而不廟秩祀不至邦人不寧守土之吏有將舉焉而不克者熙寧七年天章閣待制右諫議大夫濮陽李公來守濟南越明年政修事治邦之耋老相與來告曰此邦之舊有如閔子而不廟食豈不大闕公唯不知苟知之其有不飭公曰噫信其可以緩於是庀工爲祠堂且使春秋修其常事堂成具三獻焉籩豆有列儐相有位百年之廢一日而舉學士大夫觀禮祠下咨嗟涕洟有言者曰惟夫子生於亂世周流齊魯宋衛之間無所不仕其弟子之高第亦咸仕於諸國宰我仕齊子貢冉有子游仕魯季路仕衛子夏仕魏弟子之仕者亦衆矣然其稱德行者四人獨仲弓嘗爲季氏宰其上三人皆未嘗仕季氏嘗欲以閔子爲費宰閔子辭

宋名家詞九十卷

明汲古閣刻本

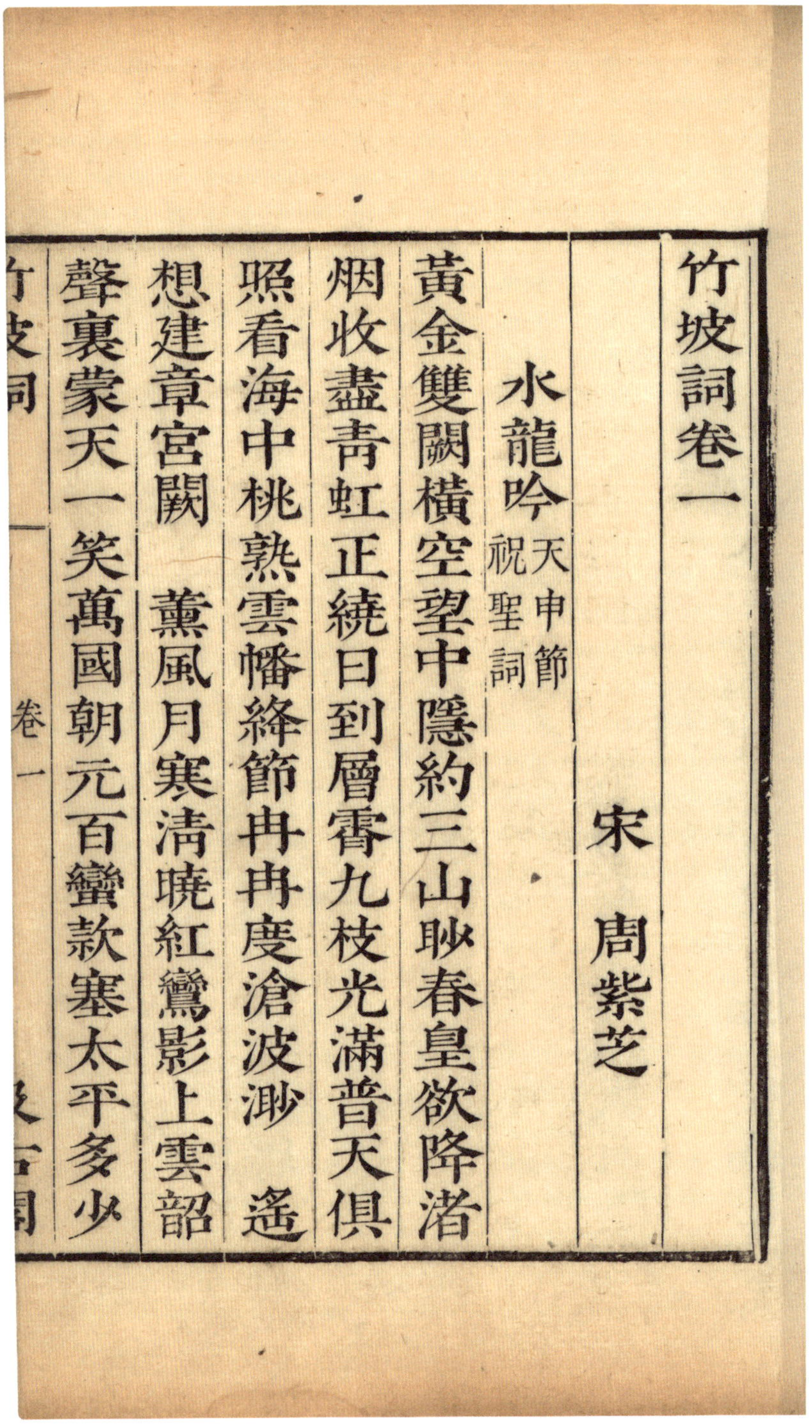

竹坡詞卷一

宋　周紫芝

水龍吟 天申節祝聖詞

黃金雙闕橫空望中隱約三山眇春皇欲降渚烟收盡青虹正繞日到層霄九枝光滿普天俱照看海中桃熟雲幡絳節冉冉度滄波渺　遙想建章宮闕　薰風月寒清曉紅鸞影上雲韶聲裏蒙天一笑萬國朝元百蠻款塞太平多少

竹坡詞　卷一　汲古閣

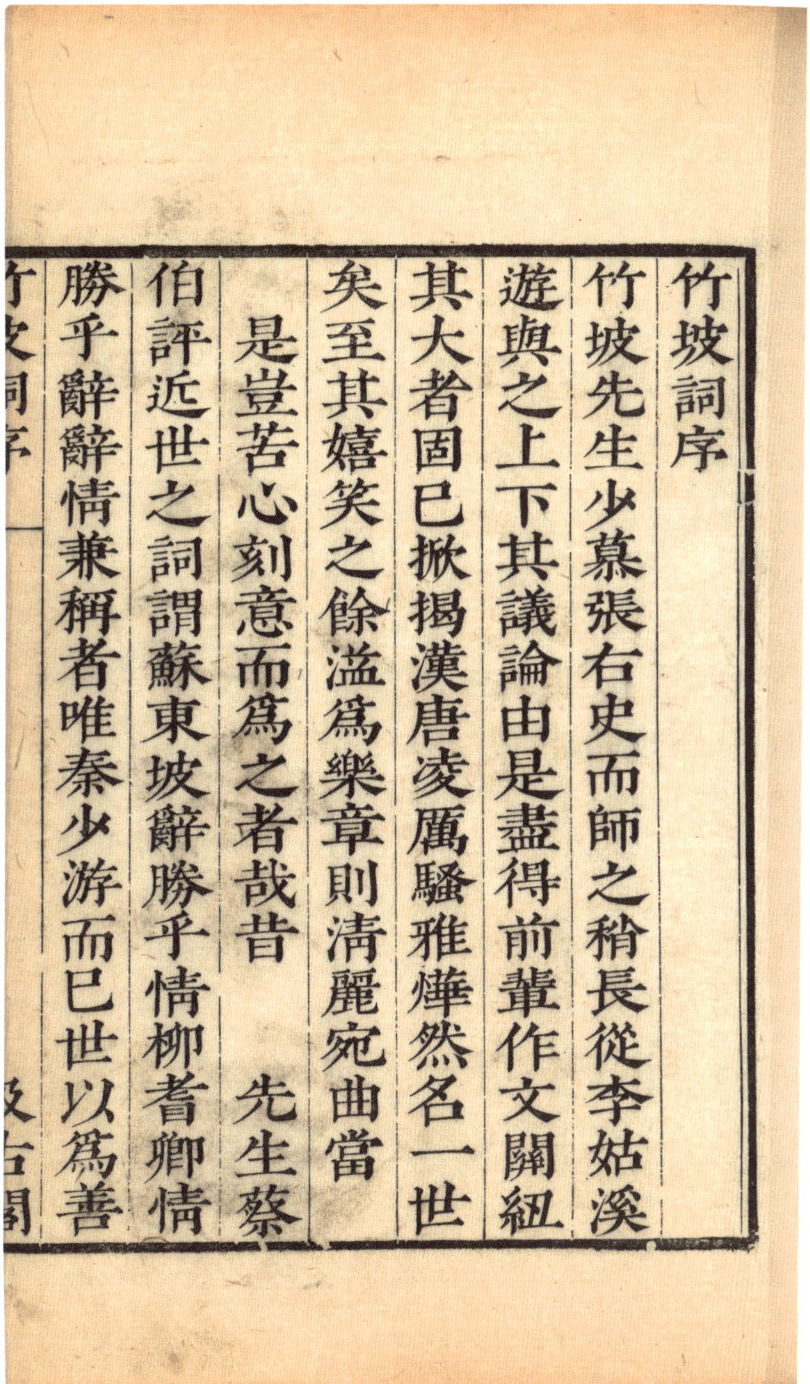
竹坡詞序
竹坡先生少慕張右史而師之稍長從李姑溪
遊與之上下其議論由是盡得前輩作文關紐
其大者固已掀揭漢唐凌厲騷雅燁然名一世
矣至其嬉笑之餘溢爲樂章則淸麗宛曲當
是豈苦心刻意而爲之者哉昔　先生蔡
伯評近世之詞謂蘇東坡辭勝乎情柳耆卿情
勝乎辭辭情兼稱者唯秦少游而已世以爲善
竹坡詞序　汲古閣

後山詞

宋 陳師道

菩薩蠻 七夕

行雲過盡星河爛爐煙未斷蛛絲滿想得兩眉顰停鍼憶遠人 河橋知有路不解留郎住天上隔年期人間長別離

又

東飛烏鵲西飛燕盈盈一水經年見急雨洗香

後山詞 汲古閣

夢窗甲藁

宋　吳文英

鎖寒窗　玉蘭

紺縷堆雲清顋潤玉記人初見蠻腥未洗梅谷一懷淒惋渺征槎去乘閬風占香上國幽心展遺芳揜色眞姿凝淡返魂騷畹　一盼千金換又笑伴鴟夷共歸吳苑離煙恨水夢杳南天秋晚比來時瘦肌更銷冷薰沁骨悲鄉遠最傷情

石湖居士詩集三十四卷

（宋）范成大撰　（清）顧嗣皋等重訂　清康熙刻本

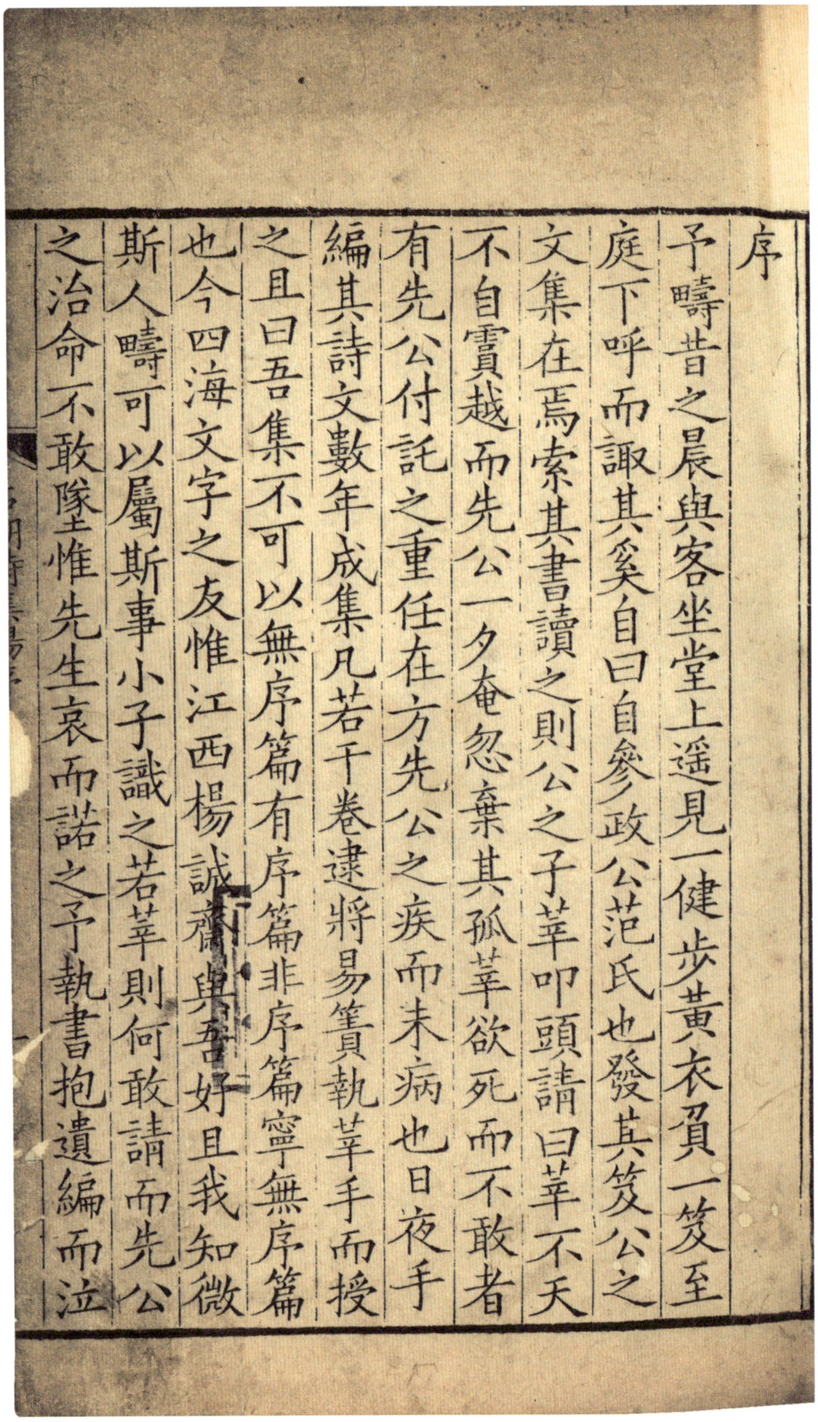
序

予疇昔之晨與客坐堂上遥見一健步黄衣負一笈至庭下呼而諏其奚自曰自參政公范氏也發其笈公之文集在焉索其書讀之則公之子莘叩頭請曰莘不天不自霣越而先公一夕奄忽棄其孤莘欲死而不敢者有先公付託之重任在方先公之疾而未病也日夜手編其詩文數年成集凡若干卷逮將易簀執莘手而授之且曰吾集不可以無序篇有序篇非序篇寧無序篇也今四海文字之友惟江西楊誠齋與吾好且我知微斯人疇可以屬斯事小子識之若莘則何敢請而先公之治命不敢墜惟先生哀而諾之予執書抱遺編而泣

石湖居士詩集卷一

嗣協迂客
吴郡　顧嗣皋漢魚　重訂
嗣立俠君

行路難

贈君以丹棘忘憂之草青棠合歡之花馬腦遊仙之夢枕龍綜辟寒之寶紗天河未翻月未落夜長如年引春酌昔人安在空城郭今夕不飲何時樂

西江有單鵠行

西江有單鵠託身萬里雲猥爲稻粱謀墮此鷗鷺羣朝遊楓葉杪暮宿蘆花根懷安浦溆暖忘記雲海寬忽有

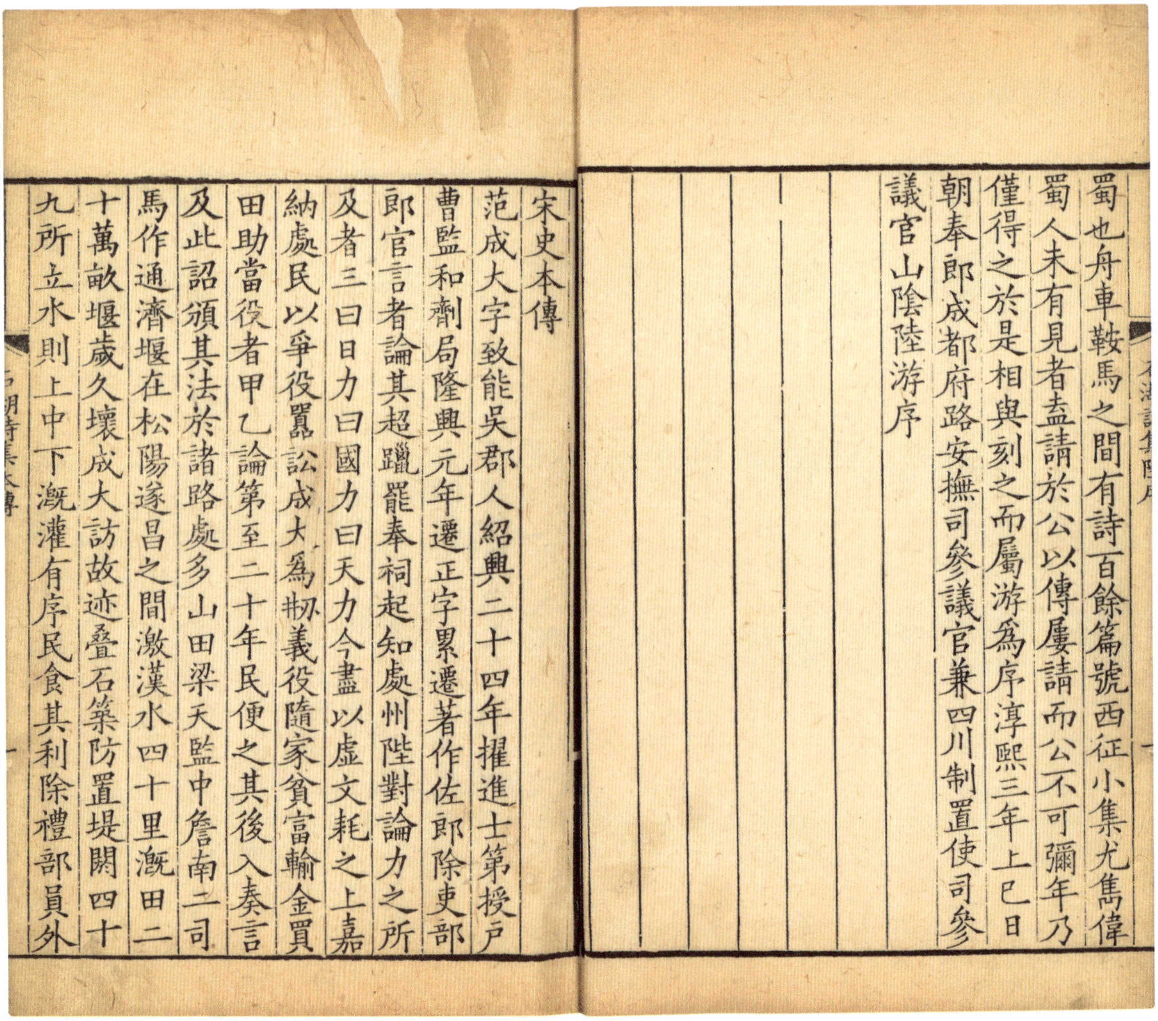

蜀也舟車鞍馬之間有詩百餘篇號西征小集尤雋偉
蜀人未有見者盍請於公以傳屢請而公不可彌年乃
僅得之於是相與刻之而屬游爲序淳熙三年上巳日
朝奉郎成都府路安撫司參議官兼四川制置使司參
議官山陰陸游序

宋史本傳
范成大字致能吳郡人紹興二十四年擢進士第授戶
曹監和劑局隆興元年遷正字累遷著作佐郎除吏部
郎官言者論其超躐罷奉祠起知處州陛對論力之所
及者三曰日力曰國力曰天力今盡以虛文耗之上嘉
納處民以爭役囂訟成大爲勸義役隨家貧富輸金買
田助當役者甲乙論第至二十年民便之其後入奏言
及此詔頒其法於諸路處多山田梁天監中詹南二司
馬作通濟堰在松陽遂昌之間激溪水四十里溉田二
十萬畝堰歲久壞成大訪故迹疊石築防置堤閘四十
九所立水則上中下溉灌有序民食其利除禮部員外

跋

先人嘗爲莘等言自十四五始爲詩文晚而罙篤或寢疾醫以勞心見止亦以政自不能不爾謝之手編僅成帙而棄不肖之孤其尚忍言哉當從九京遊而未敢者以先人之志未承也詩文凡百有三十卷求序於楊先生誠齋求校於龔編修芥隱而刊於家之壽櫟堂春秋霜露思其志意思其所樂僾然如見愾然如聞庶得藉口以告吾先人云

嘉泰三年十二月初三日莘兹謹書

榕村詩選八卷首一卷

清雍正八年（1730）石川方氏刻本

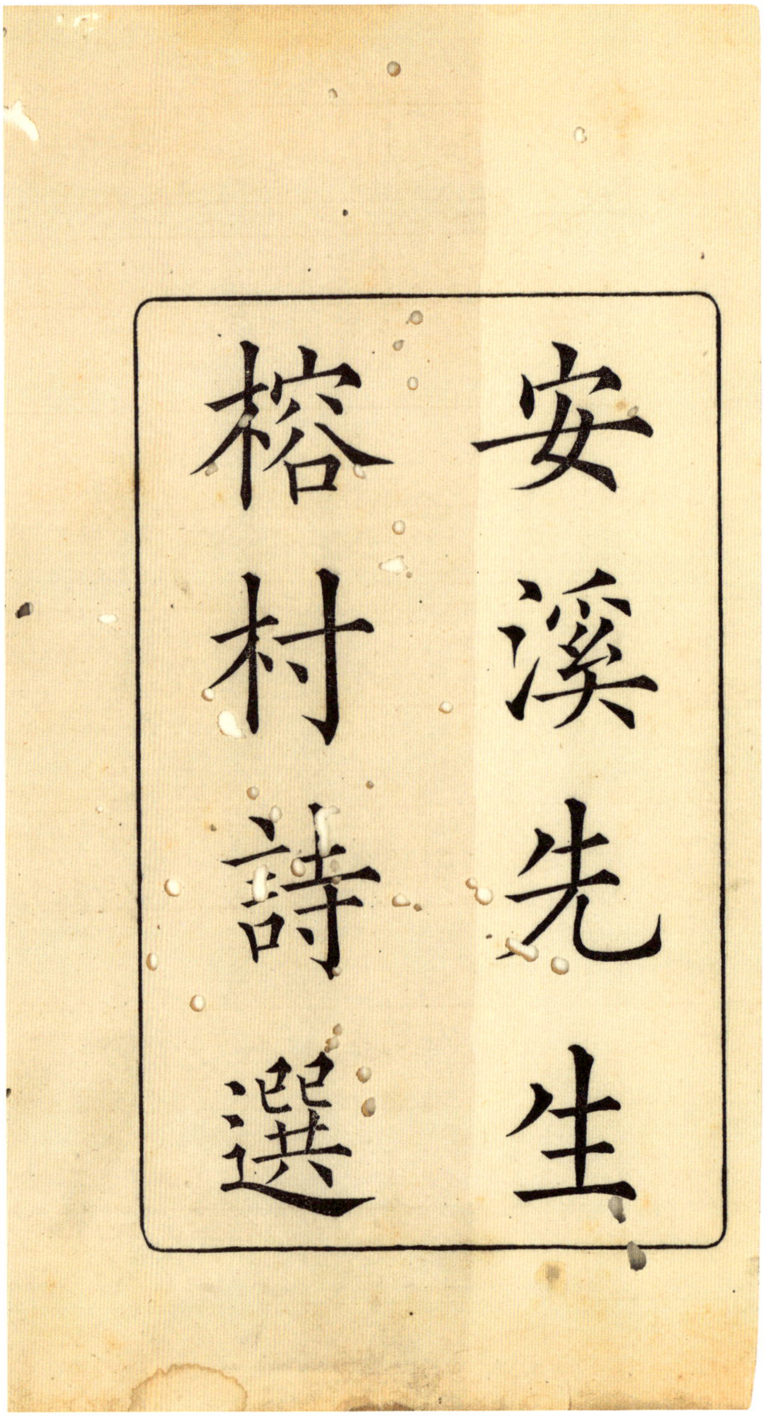
安溪先生
榕村詩選

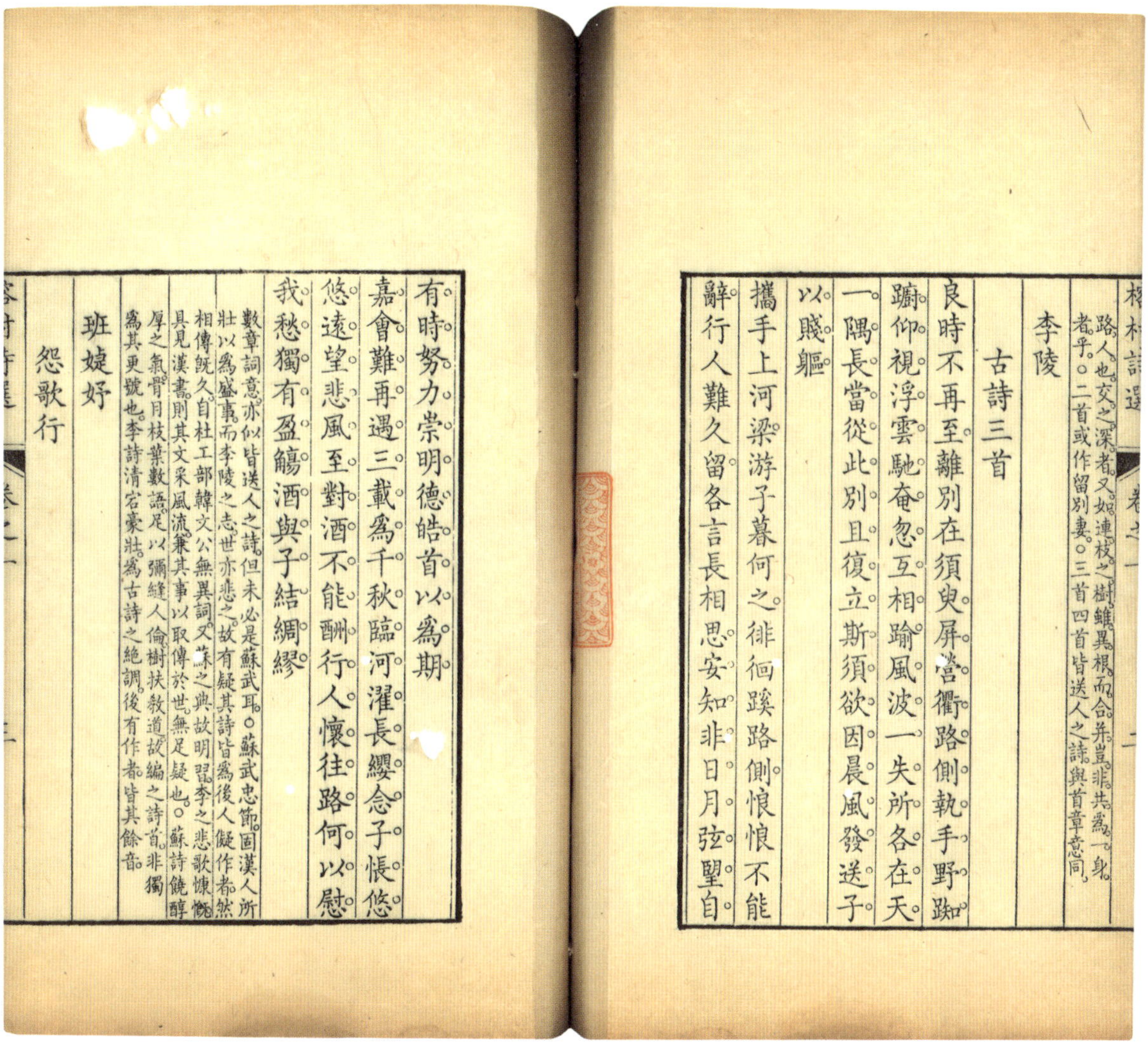

榕村詩選 卷之一 二

路人也交之深者又如連枝之樹雖異根而合并豈非共爲一身
者乎○二首或作留別妻○三首四首皆送人之詩與首章意同

李陵

古詩三首

良時不再至離別在須臾屏營衢路側執手野踟
躕仰視浮雲馳奄忽互相踰風波一失所各在天
一隅長當從此別且復立斯須欲因晨風發送子
以賤軀
攜手上河梁游子暮何之徘徊蹊路側悢悢不能
辭行人難久留各言長相思安知非日月弦望自

有時努力崇明德皓首以爲期
嘉會難再遇三載爲千秋臨河濯長纓念子悵悠
悠遠望悲風至對酒不能酬行人懷往路何以慰
我愁獨有盈觴酒與子結綢繆

數章詞意亦似皆送人之詩但未必是蘇武耳○蘇武忠節固漢人所
壯以爲盛事而李陵之志世亦悲之故有疑其詩皆爲後人擬作者然
相傳既久自杜工部韓文公無異詞又蘇李之典故明習李之悲歌慷慨
具見漢書則其文采風流兼其事以取傳於世無足疑也○蘇詩饒醇
厚之氣骨月枝葉數語足以彌縫人倫樹扶教道故編之詩首非獨
爲其更號也李詩清宕豪壯爲古詩之絕調後有作者皆其餘音

班婕妤

怨歌行

榕村詩選 卷之一 三

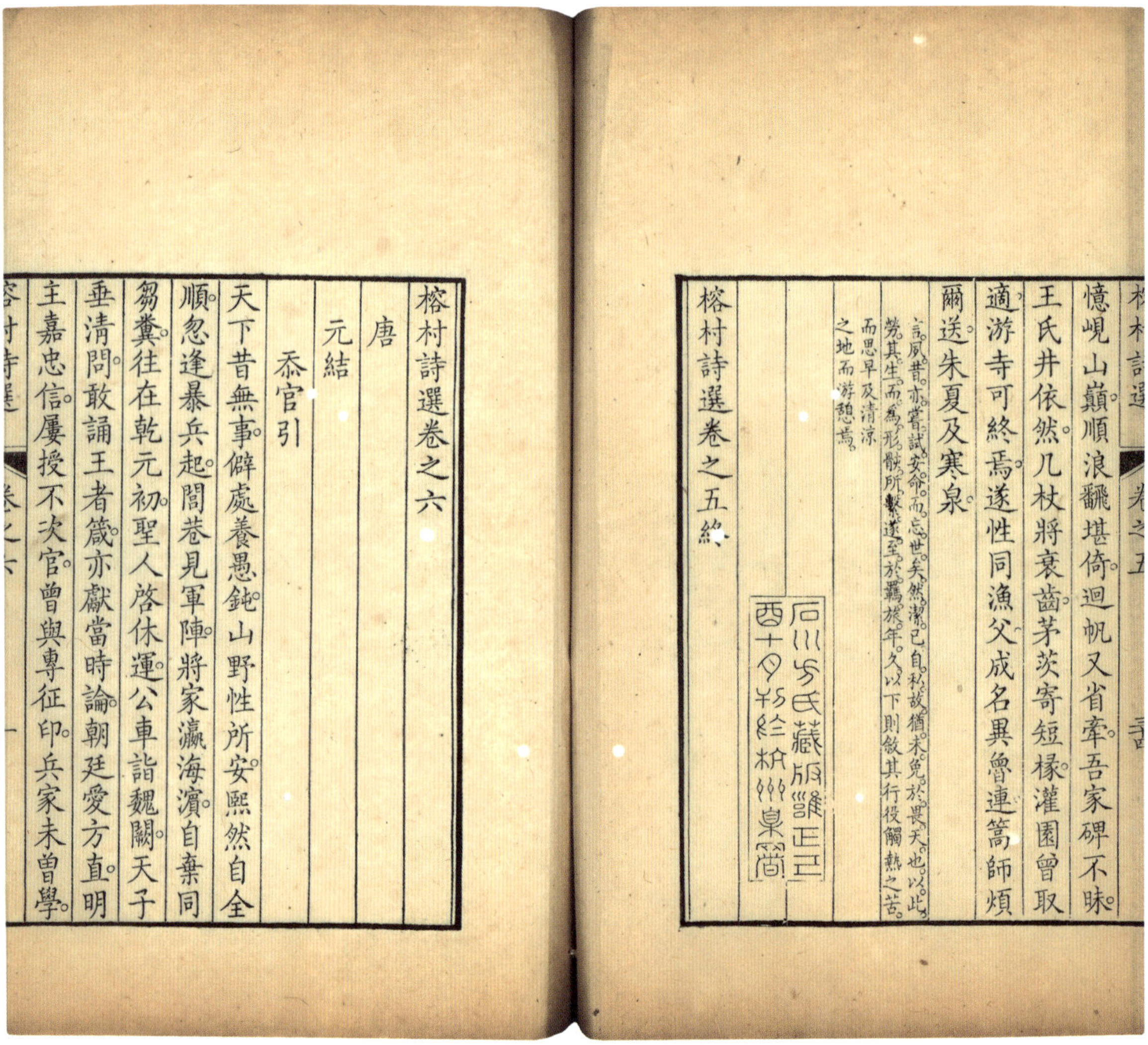

榕村詩選　卷之五

憶峴山巔順浪飜堪倚迴帆又省牽吾家碑不昧
王氏井依然几杖將衰齒茅茨寄短椽灌園曾取
適游寺可終焉遂性同漁父成名異魯連篙師煩
爾送朱夏及寒泉

言夙昔亦嘗試安命而忘世矣然潔已自私故猶未免於畏天也以此勞其生而爲形骸所繫遂至於羈旅年久以下則敘其行役觸熱之苦而思早及清涼之地而游憩焉

榕村詩選卷之五終

石川方氏藏版雍正己酉十月刊於杭州泉閣

榕村詩選卷之六

唐

元結

忝官引

天下昔無事僻處養愚鈍山野性所安熙然自全
順忽逢暴兵起閭巷見軍陣將家瀛海濱自棄同
芻糞往在乾元初聖人啓休運公車詣魏闕天子
垂清問敢誦王者箴亦獻當時論朝廷愛方直明
主嘉忠信屢授不次官曾與專征印兵家未曾學

榕村詩選　卷之六　一

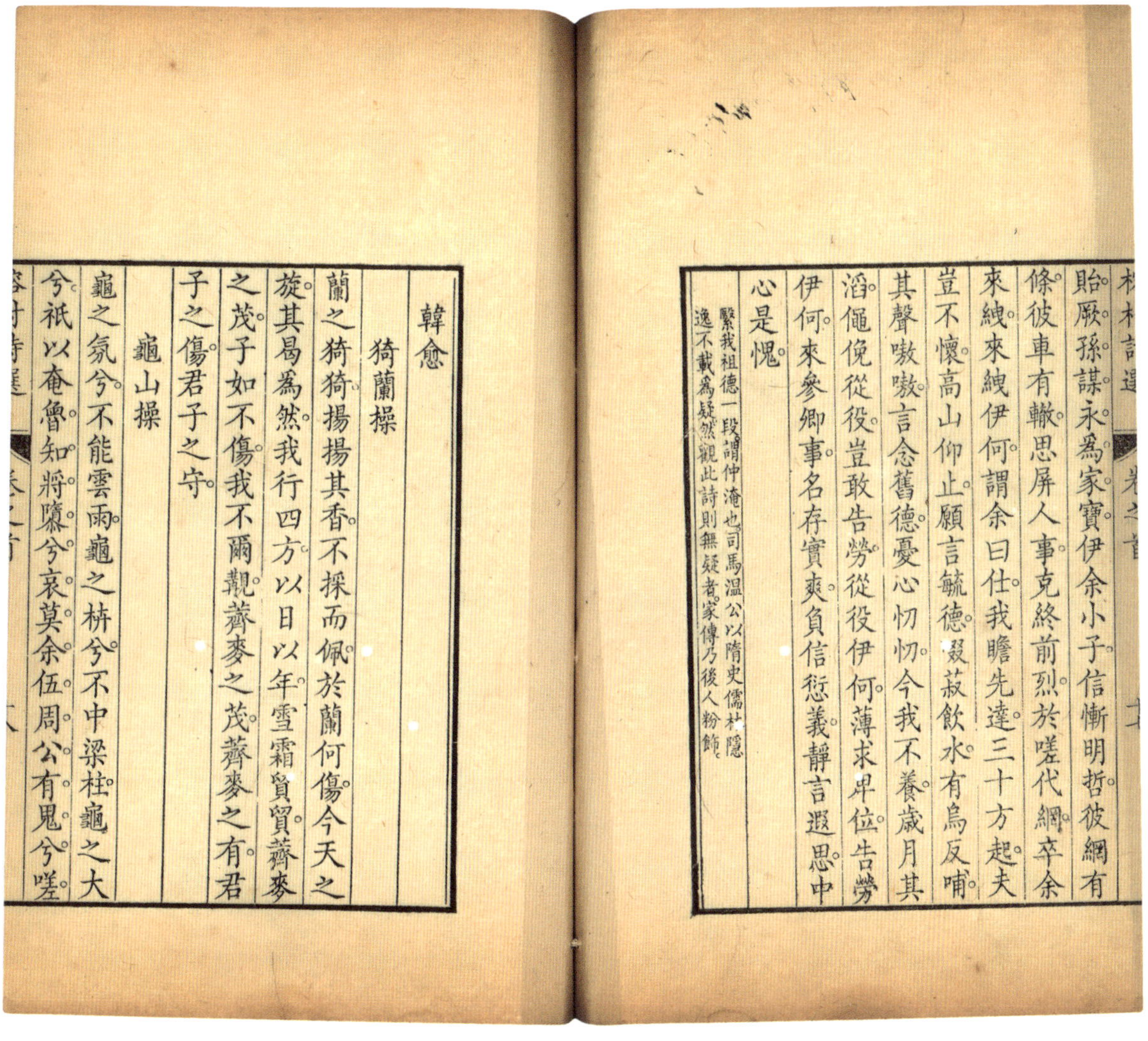

貽厥孫謀永爲家寶伊余小子信慚明哲彼綱有條彼車有轍思屏人事克終前烈於嗟代綱卒余來紲來紲伊何謂余曰仕我瞻先達三十方起夫豈不懷高山仰止願言毓德啜菽飲水有烏反哺其聲嗷嗷言念舊德憂心忉忉今我不養歲月其滔僶俛從役豈敢告勞從役伊何薄求卑位告勞伊何來參卿事名存實爽負信愆義靜言遐思中心是愧

繄我祖德一段謂仲淹也司馬温公以隋史儒林隱逸不載爲疑然觀此詩則無疑者家傳乃後人粉飾

韓愈

猗蘭操

蘭之猗猗揚揚其香不採而佩於蘭何傷今天之旋其曷爲然我行四方以日以年雪霜貿貿薺麥之茂子如不傷我不爾覯薺麥之茂薺麥之有君子之傷君子之守

龜山操

龜之氛兮不能雲雨龜之枿兮不中梁柱龜之大兮祇以奄魯知將隳兮哀莫余伍周公有鬼兮嗟

御定歷代題畫詩類一百二十卷

（清）陳邦彦輯　清康熙四十六年（1707）内府刻本

陳邦彦（1678—1752），字世南，一作思南，號匏廬，匏廬道人，又號春暉，晚自稱春暉老人，浙江海寧人，陳元龍從子，康熙四十二年（1703）進士，官至禮部侍郎，有《春暉堂書課》傳世。題畫詩集起於宋代，其後歷代多有編纂，然内容未爲賅備，義例未能盡協。該書匯輯唐宋至明代題畫詩八千九百餘首，分三十類，編次一百二十卷，蔚爲大觀。書前有清聖祖御製序，謂“讀是編者，可以觸類而知所務矣”。2019年入選第四批《山東省珍貴古籍名録》。

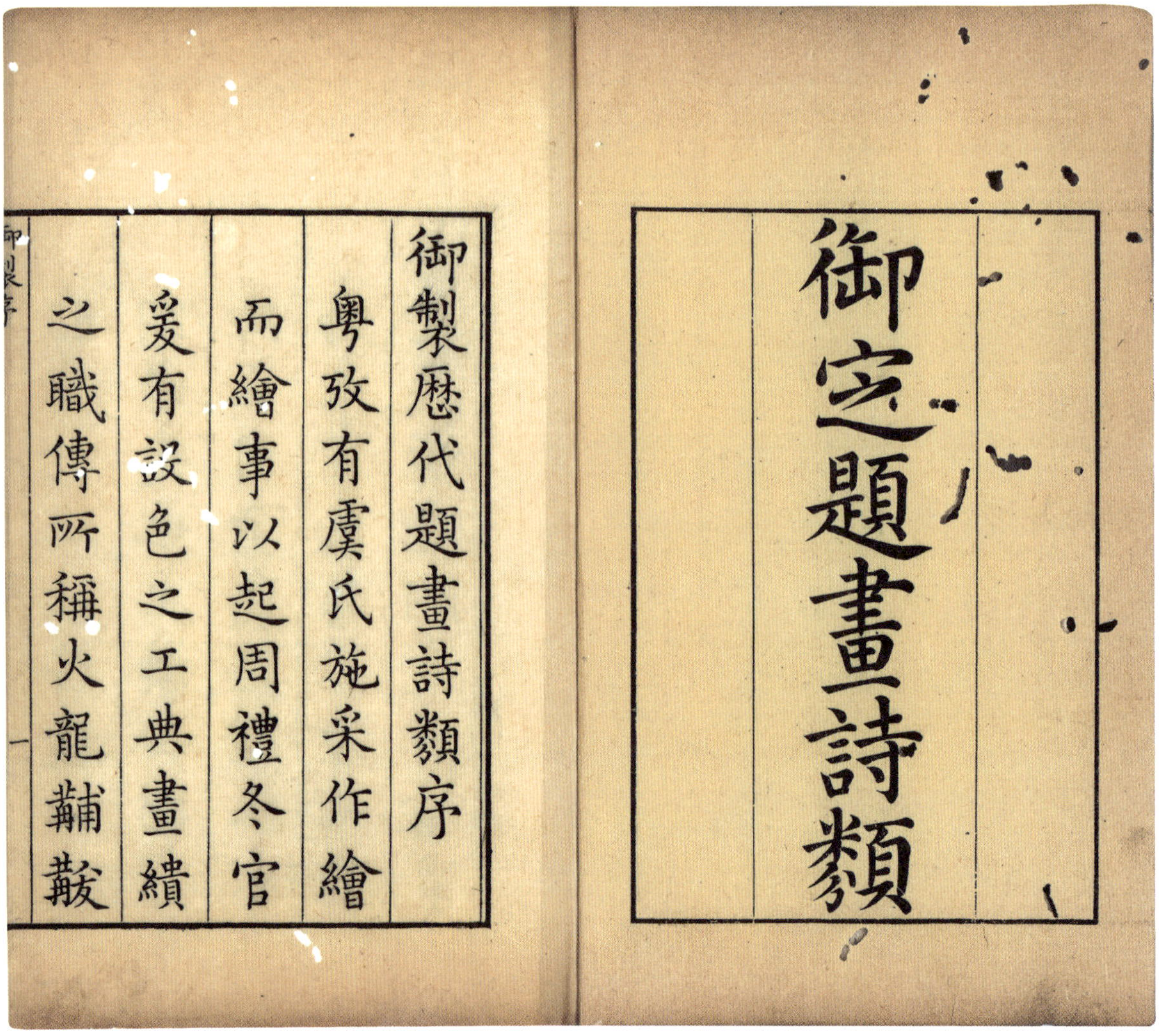

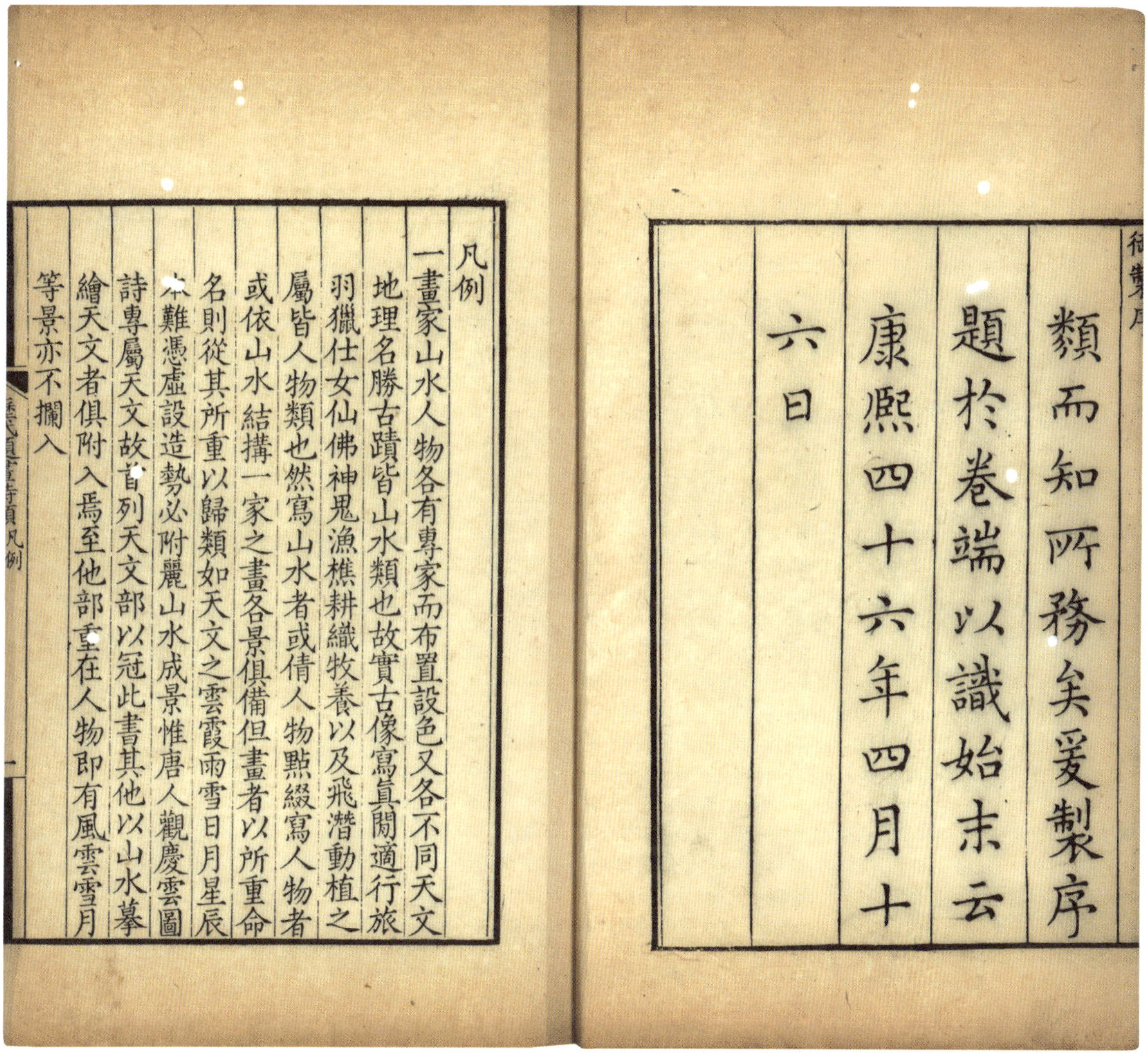

御製序

類而知所務矣爰製序

題於卷端以識始末云

康熙四十六年四月十

六日

凡例

一畫家山水人物各有專家而布置設色又各不同天文地理名勝古蹟皆山水類也故實古像寫眞閒適行旅羽獵仕女仙佛神鬼漁樵耕織牧養以及飛潛動植之屬皆人物類也然寫山水者或倩人物點綴寫人物者或依山水結搆一家之畫各景俱備但畫者以所重命名則從其所重以歸類如天文之雲霞雨雪日月星辰本難憑虛設造勢必附麗山水成景惟唐人觀慶雲圖詩專屬天文故首列天文部以冠此書其他以山水摹繪天文者俱附入焉至他部壹在人物即有風雲雪月等景亦不攔入

歷代題畫詩類　凡例　一

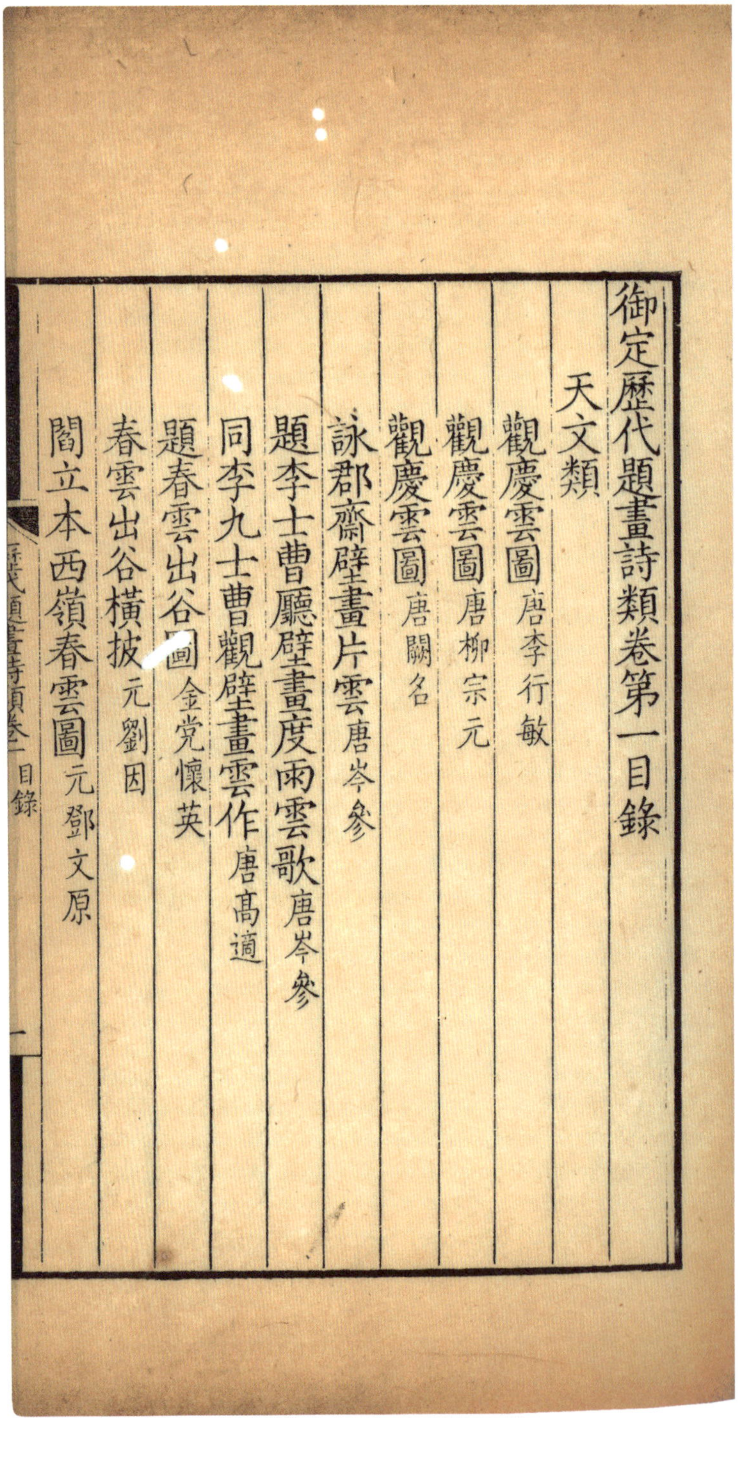
御定歷代題畫詩類卷第一目錄
天文類
觀慶雲圖唐李行敏
觀慶雲圖唐柳宗元
觀慶雲圖唐闕名
詠郡齋壁畫片雲唐岑參
題李士曹廳壁畫度雨雲歌唐岑參
同李九士曹觀壁畫雲作唐高適
題春雲出谷圖金党懷英
春雲出谷橫披元劉因
閻立本西嶺春雲圖元鄧文原
歷代題畫詩類卷一目錄
一